中国政法大学国际法文库
THE SERIES OF INTERNATIONAL LAW
CHINA UNIVERSITY OF POLITICAL SCIENCE AND LAW

国际难民法新论

国际难民法新论

A New Study on International Refugee Law

汪　阳◇著

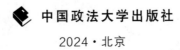

中国政法大学出版社

2024·北京

图书在版编目（CIP）数据

国际难民法新论 / 汪阳著. -- 北京 ：中国政法大

学出版社，2024. 11. -- ISBN 978-7-5764-1600-8

Ⅰ. D998.2

中国国家版本馆 CIP 数据核字第 20242LR422 号

出 版 者	中国政法大学出版社
地　　址	北京市海淀区西土城路 25 号
邮寄地址	北京 100088 信箱 8034 分箱　邮编 100088
网　　址	http://www.cuplpress.com (网络实名：中国政法大学出版社)
电　　话	010-58908289(编辑部) 58908334(邮购部)
承　　印	保定市中画美凯印刷有限公司
开　　本	720mm×960mm　1/16
印　　张	15.25
字　　数	235 千字
版　　次	2024 年 11 月第 1 版
印　　次	2024 年 11 月第 1 次印刷
定　　价	75.00 元

总　序

　　进入 21 世纪以来，和平发展已经成为国际社会的主流和共识。各国政府认识到，基于和平共处的合作与发展是国家间关系的理想状态。尽管国际关系中依然存在各种矛盾和冲突，但是，在和而不同、求同存异的基础上解决国际争端，和衷共济地建设和谐世界符合各国人民的根本利益。而国际法在建设和谐世界，实现全球法治和治理方面无疑具有无可替代的作用。

　　中国的建设和发展同样需要这种和平共处的国际环境。不过，随着中国国力的增长和国际局势的演变，中国须直面的重大国际性法律问题与日俱增且日益复杂：从领土争端到海洋权益纠纷，从国际贸易摩擦到民商事法律冲突，从应对全球气候变化到资源争夺，从打击恐怖主义和国际犯罪到海外中国公民及企业权益的保护……这些超越国界的法律问题，无一不关乎中国的重大利益，也无一不需要中国国际法学者予以关注、思考和回应。

　　正是基于这一背景，在我的倡议下，经过中国政法大学国际法学院和中国政法大学出版社的共同努力，"中国政法大学国际法文库"得以破茧而出。值此"文库"面世之际，我在欣喜之余，感到有必要谈谈对国际法学界同仁和"国际法文库"的殷切希望。鞭策之言，不足以为弁首也。

　　中国政法大学拥有世界上最大的法学家集团，其法学研究与教育在我国乃至国际上均享有盛誉。作为这个法学家集团的一部分，中国政法大学国际法学人的规模和研究能力也一直为各方所关注和重视。不过，我们应该有更广阔的国际视野和历史责任感，不能故步自封，或者对过往取得的成绩沾沾自喜。坦率地讲，无论是与西方发达国家的国际法研究水准相比，还是与我国国际法同行的最高研究水平相比，我们仍然存在不小的差距。这主要表现在两个方面：第一，在面对重大、突发的国际法理论与实践问题时，鲜有我校国际法学者发出的声音、阐释的观点或者发表的著述；第二，与国内其他一流法学院校相比，我们在国际法研究方面的优势并不明显。现有的地位，在很大程度上是依靠规模而不是质量上的优势获得的。

因此，我希望中国政法大学从事国际法研究的各位同仁能对此有清醒的认识，并产生忧患意识和危机意识，自觉抵御浮华的社会风气和浮躁的学术氛围，沉下心来做学问，以科学的精神和理性的态度关注当代中国面对的重大国际法理论与实践问题，产出高质量、高水平并经得起历史检验的学术成果。"板凳须坐十年冷，文章不写半句空。"以此与各位共勉！

基于上述认识，我希望"中国政法大学国际法文库"能够成为激励中国政法大学内外国际法学界同仁潜心研究的助推器；成为集中展示具有高水平和原创力的中国国际法学术作品的窗口；成为稳定而持续地推出国内高层次国际法理论成果的平台。欲达此目的，确保"文库"作品的质量是重中之重。

"中国政法大学国际法文库"应该以"开放性"为宗旨、以"精品化"为内涵。第一，"开放性"是中国政法大学的办学理念之一，也是"文库"的首要宗旨。这里所谓的"开放性"，一是指"文库"收录的著述以"宏观国际法"为范畴，凡属对国际公法、国际私法、国际经济法，以及涉外性、跨国性法律问题进行研究的优秀成果，均可收录其中；二是"文库"收录的作品，应当囊括校内外和国内外国际法学者的精品力作，凡达到国内一流或国际领先的高水平的国际法著述，均在收录之列。在我看来，坚持"开放性"宗旨，是对"文库"范围的合理及必要的拓展，这不仅表明它海纳百川、百家争鸣的胸怀，更是它走"精品化"路线的前提与基础。

第二，"文库"以"精品化"为内涵与品质要求。所谓精品化，是指"文库"收录的作品应该是精品，只能是精品，必须是精品。为达此目的，"文库"要建立严格的申请和遴选制度，对申请文稿进行匿名评审，并以学术水平为评审的唯一标准。"文库"编委会应当适时召开会议，总结实际工作中的经验和教训，不断完善作品的遴选程序和办法，使"文库"出版的作品确实能够代表我国国际法学术研究的最新和最高水准。

我认为，只有秉持"开放性"与"精品化"的出版理念，坚持严格的遴选程序与标准，"中国政法大学国际法文库"才能获得持久的生命力。同时，我相信，经过一段时间的积淀，"中国政法大学国际法文库"必将成为法大乃至中国国际法研究的一个公认的学术品牌，并为构建具有"中国特色、中国风格、中国气派"的高水平国际法理论体系做出自己的贡献。

是谓序。

黄 进

2012 年 12 月 12 日

于北京

序　言

　　难民保护是国际社会早已有之并持续关注的问题，格劳秀斯在《战争与和平法》中便对复境权、"途经本国者"的临时居留权以及"被逐出家园正在寻找避难所的外国人"的永久居留权等进行了论述。由于战乱的发生，人们不得不背井离乡沦为难民，基本权利与自由难以得到保障。战争和武装冲突是难民产生的主要原因，从古至今，概莫能外。同时，大规模且无序的人口跨境流动严重影响着世界和平与国家、区域的安全稳定。对任何国家来说，根据国家主权原则，如何对待难民属于一国的内政，国家与难民之间并不存在国家与公民之间的权利义务关联，甚至没有接纳难民的当然义务。因此，在近代国际法时期及以前，难民的处境十分悲惨。

　　第一次世界大战后，国际社会开始逐渐关注到难民问题。伴随国际社会人权意识的觉醒，第二次世界大战造成的大规模"难民潮"使得联合国开始重视起这一问题，并先后主持制定了1951年《关于难民地位的公约》（以下简称《难民公约》）和1967年《关于难民地位的议定书》（以下简称《难民议定书》），并建立联合国难民事务高级专员署。自此，难民地位问题正式进入国际法学研究的视野中。本质上，难民问题涉及国际法和国内法的关系，它的解决主要取决于国家的意愿和能力。国家是否愿意加入有关国际公约，是否愿意接纳外国难民以及是否愿意给予他们国际公约规定的难民地位，主要受其国内政治与本国民众意愿的影响。除主观意愿以外，国家收容难民的能力同样是一个关键、现实的问题。在难民国际保护的问题上，国家主权与保护的需要是其主要矛盾。

　　尽管在联合国的组织协调和会员国的共同努力下，国际难民的处境目前有了一定的改善，但世界范围内的难民问题依然十分严重。联合国难民事务高级专员在纪念《难民公约》70 周年的文章中指出，过去 70 年，世界上几乎没有哪个角落未曾经历被迫流离失所问题的挑战。根据联合国难民署《2023 年被迫流离失所者全球趋势报告》显示，截至 2023 年底，全球被迫流离失所者人数已达到 1.173 亿人，中低收入国家收容了世界上 75% 的难民和其他需要国际保护的人。一些国家拒绝庇护难民，甚至将保护难民的责任"外包"，通过各种路径将他们转移至其他地方。由此可见，国际难民问题的解决依然任重而道远。

国际难民保护的研究兼具理论和实践的重要意义，涉及国际人道法、国际人权法、一般国际法、区域国际法和国内法等多个领域，因此，这一问题的研究极具挑战性。汪阳博士在总结国内外国际难民权利与自由保护的研究现状的基础上，依据丰富的一手资料，从理论和实践两个方面对难民的国际法保护进行了系统、深入的研究，在博士论文的基础上完成了本书的写作，值得肯定与祝贺。

首先，本书从理论上探讨了国际法上难民保护的主要矛盾。国际难民这一特殊群体同样享有自然人的基本权利与自由，依据国际人权法，他们有迁徙的自由，国际法对难民权利保护的目标是实现难民的平等、自由和正义。但与此同时，根据国家主权原则，国家享有对难民的甄别权和驱逐权，即通过行使甄别权设置难民的准入门槛并通过行使驱逐权将危害本国国家安全或公共秩序的难民驱逐出境。因此，如何平衡二者的关系是本书研究的一个重要问题。

其次，本书以 1951 年《难民公约》和 1967 年《难民议定书》为出发点，既论述了难民的基本权利与自由，又论述了难民在各个阶段的不同权利与待遇标准；既论述了难民权利的不可克减性，又论述了难民权利的限制和终止；既论述了国际难民法对难民的一般保护，又论述了其对难民中的弱势群体——妇女、儿童的特殊保护。既论述了普遍的国际难民保护制度，又论述了以欧盟为代表的卓有成效的区域难民保护制度；既论述了如何完善传统的难民保护制度，又论述了如何将以气候难民为代表的新型难民纳入难民保护的范畴。既论述了其他国家难民保护的立法与实践，又论述了中国在难民保护方面的做法和贡献。

　　最后,"国际法上难民权利保护的困与径"是对全书论述的总结。它既归纳了国际难民保护中存在的问题,又提出了对有关问题的因应之策。事实上,与国际法的其他领域一样,这是一个"应然"和"实然",或者"应然法"和"实然法"的问题。倘若研究者能够在对有关问题的研究中准确发现存在的问题并提出可行的建议,则该项研究就取得了理想的结果。显然,汪阳博士对国际法上难民保护的研究做到了这一点。

　　汪阳博士敏而好学,思定后动,对待学术研究严肃认真,踏实谦虚,有着很强的学习和研究能力。本书对国际难民保护问题的研究达到了国内同类研究的前沿地位,具有重要的学术价值及可读性。

　　是为序。

马呈元

2024 年 3 月 23 日

目 录

第一章　概　述

国际法上的难民权利保护是国际人权保护的特殊组成部分，以 1951 年《关于难民地位的公约》（以下简称《难民公约》）和 1967 年《关于难民地位的议定书》（以下简称《难民议定书》）为核心的国际难民法确定了国际法上的难民地位与该地位所对应的权利体系。伴随着国际社会人权理念的更迭，国际法上难民权利保护的侧重点也随之变化、发展。从自由到权利再到许可，国际法关于自然人之迁徙的规则也同样在发生转变。难民在国际法上所处的地位反映出的是其与原在国、国际社会之间的权利义务关联，而国际法所构建的难民权利体系体现的正是难民地位的实质内涵。国际社会对于难民的保护之底线在于国际法对于难民权利的保护，《难民公约》并不禁止缔约国给予难民更为广泛、全面的权利与待遇。国际社会对于非本国国民所承担的权利保护义务恰符合约翰·罗尔斯在《正义论》中所言正义之平等的侧面与正义之自由的侧面，且国际法上的难民权利保护不仅自身需要建立一种秩序以实现整体功能最优化，同时各国为难民提供的兜底性保护也意在维护秩序——保障国际社会的安全与稳定。

第一节　国际法上难民权利保护的历史沿革

本书落脚于国际法上的难民权利保护，但难民权利保护与难民保护是否具有相同的意涵？为了弄清这一问题的答案，我们需预先对权利进行界定。在明晰了权利的概念之后，才可形成对国际法上难民地位的定位与权利体系的正确认知。并借此厘清原在国、国际社会在难民权利保护中分别扮演怎样的角色。"难民"一词在历史上由来已久，两次世界大战之后，国际社会就其内涵达成共识，现行国际难民法随之形成并发展。《难民公约》及《难民议定书》的通过代表着国际社会在难民庇护上达成广泛共识，国际法上难民权利的基本范畴也自此得以明确。

一、国际法上自然人的基本权利与自由

"人权""权利""自由"，在国际性人权条约中这三个词语的踪迹并不鲜见，《世界人权宣言》第2条阐明："人人有资格享有本宣言所载的一切权利和自由"，而事实上，三者都有着自己独立的概念范畴，尽管这些范畴或是相互关联的。作为国际人权法重要组成部分，国际难民法所关注的避难者是自然人中的特殊群体，因此在研究其权利构造时，需预先讨论其作为自然人的基本权利与自由。在对矛盾的普遍性予以充分探讨的基础上，再关注其特殊性。厘清这三个词的内涵与外延，能够帮助理解《难民公约》所划设的难民权利范围。

（一）人权与权利的概念辨析

人权，顾名思义"人的权利"，人权的取得是每个权利主体生而为人所自然获得的，其核心是人类的生存与发展。格劳秀斯在《战争与和平法》中对于统治者权利的优先性进行了讨论，认定统治者权力具有不可挑战性，而在这种逻辑之下个人的权利是不能够对抗君主或者国家的[1]。1789年，法国《人权与公民权利宣言》（以下简称《人权宣言》）的颁布将可以对抗作为一个整体的国家的个人权利正式引入实证法领域，而此前1776年的美国《独立宣言》虽然已有关于人权的论述，可并未予以系统阐释。[2] 然而，在人权问题上并不能就此忽视《独立宣言》的重要性，即便《独立宣言》未能为《人权宣言》提供更为具体的参考，但是其出现为以后美国各州权利宣言的出台做出了示范。这些权利宣言分别对人权进行了更为详细的规定。耶里内克认

---

〔1〕 参见［荷］格劳秀斯：《战争与和平法》（第一卷·修订版），［美］弗朗西斯·W. 凯尔西等英译，马呈元译，中国政法大学出版社2018年版，第128~142页。

〔2〕 参见［德］格奥尔格·耶里内克：《〈人权与公民权利宣言〉——现代宪法史论》，李锦辉译，商务印书馆2013年版，第3~5页。

为有充足的理由相信这些各式各样的权利宣言才是拉法耶特起草《人权宣言》时参照的模板。[1]

"正如法国大革命结束了君主的神圣权利那样，开始于 1945 年联合国旧金山会议的人权革命使主权国家丧失作为国际法下权利的独占者所享有的独一无二的特权。"[2] 第二次世界大战之后，国际人权法出现并得到了长足发展，而《世界人权宣言》的出现为此后反酷刑、反种族歧视、保护妇女儿童权利、确立难民地位等超过 70 部国际人权条约的签订奠定了基础。《世界人权宣言》第 2 条明确了人权的获得有且仅有一个条件——自然人，而不必考虑种族、肤色、性别、语言、宗教、政治或其他见解、国籍或社会出身、财产、出生或其他身份等任何区别。简言之，人权是无差别的，且不为任何社会性因素所影响。在 1948 年《世界人权宣言》颁行以前，这些权利鲜少得到国际法上的明确。

或许，不同时代人们对于人权保护的认识存在差异，这是社会与人类意识发展的必然产物。因此，关于人权的理念曾经历过三次历史性的转变并最终反映为不同的国际条约或其他国际法文件。1966 年《公民权利及政治权利国际公约》（International Covenant on Civil and Political Rights，以下简称"ICCPR"）所代表的正是作为第一代人权的公民权利和政治权利。同样是在 1966 年 12 月 16 日联合国大会通过了《经济、社会及文化权利国际公约》（International Covenant on Economic，Social and Cultural Rights，以下简称"ICESCR"），该公约在其前文中确认："此种权利源天赋人格尊严……使人人除享有公民及政治权力而外，并得享受经济社会文化权利。"值得注意的是，第一代与第二代人权理念是早于 ICCPR 与 ICESCR 的通过出现的。20 世纪后期，以民族自决权、环境权、发展权等为代表的第三代人权兴起，并促成了《发展权利宣言》等国际法文件的通过。学界普遍认为第一代人权与第二、三代人权反映了不同类型国家的权利诉求，前者为发达国家积极倡导，后者则为

---

[1] 参见［德］格奥尔格·耶里内克：《〈人权与公民权利宣言〉——现代宪法史论》，李锦辉译，商务印书馆 2013 年版，第 11~13 页。

[2] Javaid Rehman, *International Human Rights Law*, Harlow UK：Longman, 2010, p. 3.

发展中国家或社会主义国家所强调。[1] 虽然，对于三种不同的人权理念采用了"代"这一历史分期性词汇，但是三代人权呈"递进拓展"式结构[2]，共同构成了当代人权体系。随着时代的发展，有学者提出了第四代人权理念。关于第四代人权的内容学界存在不同观点，其中较为有代表性的是强调人人为公权力所善待的和谐权[3]、以美好生活权为统领并以安全人权、环境人权与数字人权为主要内容的新时代人权[4]、"信息革命"中产生的数字人权[5]。历史唯物主义视域下社会存在决定社会意识，新时代生产力与生产关系的变化影响着社会的经济基础与上层建筑，随之而来的便是社会意识、个人意识、群体意识的转变。关于第四代人权的不同见解源自对社会存在的不同认知，这是人权理念发展所必经的阶段。人权理念更迭的背后是不同时代人类为维护其固有尊严而展现出的权利诉求，这种诉求往往是为应对新的挑战或侵害而出现的。人权保护与社会发展之间是具有相容性的。

权利，这里主要指法权，其主体要更为宽泛，可以是自然人、国家、民族或者某一群体。只要该主体权利主张的最终归宿是正义，那么法权的状态必然是完整的，法权与正义是休戚与共的——正义是衡量法权的维度，法权则需要借助正义的力量以实现和平的目的。[6] 格劳秀斯认为"权利使人合法地拥有某项财产或者实施某种行为成为可能"，将道德属性完整的权利称之为充分的权利，并指出这种充分权利便是法律上的权利。[7] 不仅如此，在《战争与和平法》中他还提到了私人权利与公共权利，但不容忽视的是在他的权利体系中公共权利是高于私人权利的。同时，无论任何权力都应服从于国王

〔1〕　Javaid Rehman, *International Human Rights Law*, Harlow UK: Longman, 2010, pp. 9-10.

〔2〕　参见张文显：《新时代的人权法理》，载《人权》2019 年第 3 期，第 18 页。

〔3〕　参见徐显明：《和谐权：第四代人权》，载《人权》2006 年第 2 期，第 31 页。

〔4〕　参见张文显：《新时代的人权法理》，载《人权》2019 年第 3 期，第 18 页。

〔5〕　参见马长山：《智慧社会背景下的"第四代人权"及其保障》，载《中国法学》2019 年第 5 期，第 16~19 页。

〔6〕　参见〔德〕耶林：《为权利而斗争》，郑永流译，商务印书馆 2018 年版，第 3~4 页。

〔7〕　参见〔荷〕格劳秀斯：《战争与和平法》（第一卷·修订版），〔美〕弗朗西斯·W. 凯尔西等英译，马呈元译，中国政法大学出版社 2018 年版，第 36~37 页。

权力，因此统治者的权力必然优先于私人权利。[1] 康德认为权利的概念"只表示他的自由行为与别人行为自由的关系"[2]，而不问行为对于另一人意志因素产生的影响。权利的行使的确需要考虑意志行为，但是仅在于意志行为是自由的，人们可自由地为某一行为或者根据自己的意愿做出选择，只要"与任何人的自由共存，行动就是正当的"[3]。在康德的法权学说中，权利的概念还有一项前提，即根据一项普遍的法则，他认为任何确定的权利具有的强制的权限均须由法律来确定。[4] 这与格劳秀斯所述"充分的权利"具有一定的相似性——他们均肯定了法定权利以外权利的存在。存在区别的是，康德所论述的不确定的权利中包括衡平法的部分，格劳秀斯却强调权利之道德属性的重要性。康德将权利分为自然的权利与实在法规定的权利，前者以"先验的纯粹理性的原则"为根据，而后者则反映"立法者的意志"。[5]

耶林并不支持康德的这种划分方式，他指出："权利自身不外是一个在法律上受保护的利益"[6]。耶林并不信奉"天赋论"，认为即使溯源于自然，法权概念的产生也是人类自我保存的本能所导致的，自然所给予人类的是区别于其他动物的"精神"，这种精神伴随着时间与自我保存的本能形成了道德。[7] 而在他看来，当道德作为"社会生物的秩序"为国家外在权力维护时即为法律，当道德为社会自身、公众的观点所维护时即为道德。[8] 作为新功利主义法学派的代表，耶林似乎为道德与法律划分出了一个边界——国家外

---

〔1〕 参见［荷］格劳秀斯：《战争与和平法》（第一卷·修订版），［美］弗朗西斯·W.凯尔西等英译，马呈元译，中国政法大学出版社2018年版，第37页。

〔2〕 ［德］伊曼努尔·康德：《法的形而上学原理——权利的科学》，沈叔平译，五南图书出版股份有限公司2019年版，第78页。

〔3〕 ［美］莱斯利·阿瑟·马尔霍兰：《康德的权利体系》，赵明、黄涛译，商务印书馆2011年版，第153页。

〔4〕 参见［德］伊曼努尔·康德：《法的形而上学原理——权利的科学》，沈叔平译，五南图书出版股份有限公司2019年版，第77~86页。

〔5〕 参见［德］伊曼努尔·康德：《法的形而上学原理——权利的科学》，沈叔平译，五南图书出版股份有限公司2019年版，第87页。

〔6〕 ［德］耶林：《为权利而斗争》，郑永流译，商务印书馆2018年版，第26页。

〔7〕 参见［德］鲁道夫·冯·耶林：《法权感的产生》，王洪亮译，商务印书馆2016年版，第14~17页。

〔8〕 参见［德］鲁道夫·冯·耶林：《法权感的产生》，王洪亮译，商务印书馆2016年版，第16~18页。

在权力的维护，由此或许可以推导出这样的结论：法律与道德均并非直接来源于自然，而权利也不是这样；故在定义权利时应当将之置于历史的、发展的视域中进行研究。不同历史阶段人们对于权利的诉求影响着立法，法律所赋予的国家权力保障也正是法权区别其他权利所具有的确定性与充分性。例如，以公平、正义为核心的衡平法，旨在避免机械遵守法律所导致的不公正结果，英国历史上的衡平法院便是据此诞生的。[1] 在特定的阶段，特别是在立法未能及时跟进对权利进行充分保障时，需要衡平法及衡平法院弥补法律的疏漏之处，这同时也是道德对于法律的补充作用。从这个角度来说，耶林对于权利的定义或更贴合权利的本质——为法律所保护的利益，法律以外的利益是存在的，可由于缺乏强制力的保障，这些利益或并不能得到充分的保护。事实上，几位先哲在权利界定上的分歧并非不可调和的。权利是法律所确认保护的利益，而被确认为权利的利益较之其他利益具备完整、充分的道德属性，自然的权利（利益）中具有完整道德属性的那部分通过立法确认而得到保障。预先明确这一点，对于探讨国际法上难民权利之构造与保护路径是相当重要的。

正如几代人权理念在社会发展的不同阶段提出了关于人权保护更细节的部分那样，人的权利事实上是一个相当广泛且不断发展的范畴。自然法视域中人的权利与实在法所规定的人的权利、不同政体国家中人的权利、公民权利与非公民权利等，在这些对比中不难发现个人权利的范畴是不同的。既存法中的人权与权利并非简单的交集或者抽象与具体的关系，人权保护的效果有赖于个人权利更广泛且充分地实现；而人权所转化在国际人权条约、宪法或宪法性文件中的基本权利也属于法权中极为重要的一部分[2]，也必须阐明的是，私人权利、人民的权利与既存法中的人权在范畴上并不相同，国际公约、宣言以及各国国内宪法或宪法性文件中所规定的人权强调自然人生存与发展所必需的最为基础的权利，其中部分展现出一定的抽象概括性。个人权

---

〔1〕 参见沈宗灵：《论普通法和衡平法的历史发展和现状》，载《北京大学学报（哲学社会科学版）》1986 年第 3 期，第 44~45 页。

〔2〕 参见张龑：《论人权与基本权利的关系——以德国法和一般法学理论为背景》，载《法学家》2010 年第 6 期，第 20 页。

利中则有相当一部分是由宪法或宪法性文件以外的法律所规定的权利，如债权、物权等。这些权利或不依赖于人的自然属性，国家、集体、组织等均可以成为其主体；或更为具体，例如《世界人权宣言》第 6 条与 ICCPR 第 16 条都对人格权进行了规定，但是人格权所包含的许多权利在各国国内法中通常为宪法以外的法律所规定，例如肖像权等。

既存法通过保护人的基本权利来保护人权，其中《世界人权宣言》所保护的自然人的基本权利是基础，而 ICCPR、ICESCR 进一步保障了缔约各国的公民、人民、国民的权利，同时《难民公约》《难民议定书》与《关于无国籍人地位的公约》（以下简称《无国籍人公约》）等确保了缔约国对于非本国公民特别是失去其原在国庇护者的权利保护，1979 年《消除对妇女一切形式歧视公约》（以下简称《消除妇女歧视公约》）、1989 年《儿童权利公约》、2006 年《残疾人权利公约》等则明确了对某些特定群体权利的有针对性保护；而各国国内法以宪法或宪法性文件对于基本权利的规定为中心，通过具体法律形成对于公民、非本国公民与妇女儿童等特定群体权利的切实保护。至此，人权与权利的概念区分及二者之间的关系便十分清楚了。

（二）权利与自由的关系

《世界人权宣言》前三条中是这样描述权利与自由的："人人生而自由，在尊严和权利上一律平等""人人有资格享有本宣言所载的一切权利和自由""人人有权享有生命、自由和人身安全"。由此似乎可以推定，权利与自由的概念并不相同。前文在论述康德的权利观时曾提到，权利所阐释的即一个人自由的行使与他人行使自由之间的关系。

不妨先从自由的定义入手，霍布斯在《利维坦》中是这样阐释"自由"的："他在从事自己具有意志、欲望或意向想要做的事情上不受阻碍。"[1] 谢林则将人类的自由定义为"致善和致恶的能力"[2]，海德格尔认为将"恶"加入"自由"的内涵中后，"自由"一词的概念才真正完整。由此不难看出，如果权利的行使需要在法律的轨道之中，那么对于自然人来说自由则仅需服

---

〔1〕　[英] 霍布斯：《利维坦》，黎思复、黎廷弼译，商务印书馆 2020 年版，第 163 页。

〔2〕　[德] 海德格尔：《谢林：论人类自由的本质》，王丁、李阳译，商务印书馆 2018 年版，第 188~189 页。

从自己的意志，哪怕其终点是"恶"。此处，必须加以区分的是：制定法中的自由是建立在笛卡尔等先哲"自由即致善能力"的基础之上，但似乎并非仅由致善的自由构成。纵观现代文明社会的法律制度，既存法不仅保护善的自由，同时也在一定程度上容忍了自然人并不对他人造成不正义、不致引起社会不和谐的恶。当然，不同国家的国内法对于这部分自由表现出的容忍程度也并不相同，可倘若自然人致恶的不利影响仅限于其本人，那么法律通常并不多加干涉。虽然在某些宗教思想中致恶都应当是被禁止的，但是本书在这里不对宗教问题予以过多讨论。结合霍布斯与谢林对于自由的解读，我们可以推导出自由的两个构成要件——意志与能力。而这恰好与卢梭所述的一切自由行为的两个原因相吻合："一种是精神的原因，亦即决定这种行动的意志；另一种是物理的原因，亦即执行这种行动的力量。"[1]

　　约翰·穆勒在《论自由》的论述或许可以帮助厘清制定法中的自由，"凡主要关涉在个人的那部分生活应当属于个性，凡主要关涉在社会的那部分生活应当属于社会"[2]。这不仅解释了自由所包含的两个方面：关涉自己的部分与关涉社会的部分，也为法律何以约束自由提供了依据。如前述，既存法对于个人致善的那部分自由予以了鼓励，并限制、禁止个人关涉社会的致恶的自由，而对个人仅关涉自己的致恶那部分自由予以了一定程度上的容忍。结合这一视角，对于自由的定义进行考察不难发现，自由是一种能力，是人们得以遵循自己的意志行为的能力；而权利则是一种利益，道德是权利的属性，道德使个人的利益得以受到国家权力的保护——法律确保个人道德属性完整的那部分权利（法权）的实现。换言之，权利是个人意志与社会意志的协调统一。法律对于自由的态度则是多元的，自然法的视域下人人生而自由，自由是人类的天然能力，但是与权利不同，自由很难通过社会意志去左右。

---

〔1〕 ［法］卢梭：《社会契约论》（第3版·修订本），何兆武译，商务印书馆2003年版，第71页。

〔2〕 ［英］约翰·密尔：《论自由》，许宝骙译，商务印书馆1959年版，第89页。由于目前国内在约翰·密尔的译作中对其名字的翻译有以"约翰·密尔"译之，也有作"约翰·穆勒"译的情况，包括本书参考著作中的《功利主义》一书，徐大建老师所译的商务印书馆2019年版《功利主义》便采用了约翰·穆勒这一称呼。本书在脚注部分将保留参考书目原本使用的称呼，但是为避免论述逻辑上的混乱，正文部分统一使用约翰·穆勒这一译法。

因此，自由在结果上便有了善与恶的区分，法律保护致善的那部分自由，并以社会危害性即他人利益为考量对致恶的自由进行了区分——禁止关涉社会的部分，容忍主观与客观上均不具备社会危害性的那部分自由。倘若致恶的意志没有外化为客观行为，那么法律通常不加以约束且很难加以约束。正因如此，现代文明国家的法律所限制、惩罚的通常是主观与客观统一的致恶的行为，而对于主观上无致恶目的、客观上造成了致恶结果的行为予以了一定程度上的宽容，并不惩治那些有恶念而未将恶付诸行动的人。当然，自然人主张自由的结果并非一定是善或者恶的，这也异于"自由即致善"的理论，但是这也不意味着需要对此类自由再单独划出一个类别，因为这已经为仅关涉个人的那部分自由所包含。

如此，权利与自由之间的逻辑结构便愈发清晰，自然人有为或不为特定的行为的自由，当这种自由是以实现某种利益为目的时法律将保护其不致使他人自由受损的那部分利益，该部分利益便成了权利。法律所保护的正是那些道德属性充分的、确定的权利，而自由则无此考量，自由即行为人基于其意志为或不为的能力，法律对于不会导致"恶"——侵害他人权利的能力并不多加禁止。卢梭认为在人类最古老的社会"家庭"中，成员之间因需要而形成一种服从与被服从的关系，这种限制将随着需要的停止而停止。[1] 部落、城邦出现之后更是如此，约翰·穆勒虽然并不认同社会契约论，但也肯定了"每个人既然受着社会的保护，每个人对于社会也就该有一种报答"。[2] 法律或者说社会对于自然人某部分自由的限制所体现出的是"集体意见对于个人独立的干涉"[3]，这种干涉一方面应当是有限度的，另一方面这种限制必须是"有利于人类从而是合理的"[4]，否则这种法律可能得到非正义的评价。法律出于对权利的保护而对自由进行限制，这是出于对社会公共福祉的考量。法律不会拒绝施惠之善，个人享有处置不关涉社会及他人福利的那部分权利的自由，权利的行使需要以自由为路径，而自由使权利主体拥有选择

---

〔1〕 ［法］卢梭：《社会契约论》（第 3 版·修订本），何兆武译，商务印书馆 2003 年版，第 5 页。

〔2〕 ［英］约翰·密尔：《论自由》，许宝骙译，商务印书馆 1959 年版，第 89 页。

〔3〕 ［英］约翰·密尔：《论自由》，许宝骙译，商务印书馆 1959 年版，第 5 页。

〔4〕 ［英］约翰·穆勒：《功利主义》，徐大建译，商务印书馆 2019 年版，第 54 页。

是否行使法律所保障的利益的能力，自由的归宿与评价得通过法律所保护利益的实现而更为直观地表现出来。或许，自由的行使并不以利益的实现为目的，行为人只是在其力量与智慧所及中不受阻碍地选择做或不做某件事[1]，而法律应在力所能及的范围内保护自然人的自由，只要这种自由并不与他人自由发生冲突抑或是使他人权利受到损害。

（三）国家主权许可与自然人权利

既存法中国家与自然人权利之间的关系是受到自然人法律地位影响的，《世界人权宣言》明确了人权保护的"底线"——自然人的基本权利与自由，而 ICCPR 与 ICESCR 则对缔约国的公民权利与个人权利在《世界人权宣言》基础之上进行了进一步拓展与细化。此外，自然人权利的国际法体系中还存在对于自然人中特定群体的关注与照拂，如妇女、儿童、残疾人、难民、无国籍人等。然而，实践中往往权利人并不能直接依据国际法向缔约国主张自己的权利，权利的实现状况也与各国具体国情、国内法等挂钩。在妇女权利保护中，受宗教、风俗习惯等影响，各国妇女权利的实现程度与评价标准各异；在难民问题上，避难者权利的主张以其国际法地位通过甄别获得被申请国主权许可为前提……虽然，人权保护是一个全球性议题，国际社会须通力合作"重申基本人权，人格尊严与价值，以及男女与大小各国平等权利之信念……促成大自由中之社会进步及较善之民生"[2]。但是，自然人权利保护义务的最终承担者是国家，自然人主张其权利的依据除了国际法以外主要依靠的是各国国内法，人权得以国内法的形式具象、具体，国家使得自然人利益有了强制力的保障。

当然，这只是人权保护理想化的状态。由于国际法"并无统一的立法机构、执行立法的行政机构与对任何争端有管辖权的司法机关"[3]，因此，以《世界人权宣言》为中心的国际人权法缺乏有效的强制力保障其实施。尽管，

---

〔1〕 参见［英］霍布斯:《利维坦》，黎思复、黎廷弼译，商务印书馆 2020 年版，第 163 页。

〔2〕 参见《联合国宪章》"序言"：我联合国人民同兹决心，欲免后世再遭今代人类两度身历惨不堪言之战祸，重申基本人权，人格尊严与价值，以及男女与大小各国平等权利之信念，创造适当环境，俾克维持正义，尊重由条约与国际法其他渊源而起之义务，久而弗懈，促成大自由中之社会进步及较善之民生。

〔3〕 Javaid Rehman, *International Human Rights Law*, Harlow UK: Longman, 2010, p. 16.

从拒绝主权在民到人民主权说再到权利斗争论，人民主权意识依然觉醒且法权概念在法律发展史中有着清晰的"成长"脉络，但不可否认的是在庞大的政府权力面前自然人权利并不处于优势甚至平等的地位。"我授权于他的一切行为或对之负责。"[1] 霍布斯在论述臣民与主权者的关系时曾这样描述，为维护城邦的安全、抵御外敌臣民将部分权利让渡于主权者或者说国家，个人应履行对于集体的义务[2]，这种义务或者牺牲是于集体有益的并最终有利于个人权利的充分实现。因此，人们订立契约，自愿服从于所结成的集体并对其授权，"以便使它能按其认为有利于大家的和平与共同防卫的方式运用全体的力量和手段的一个人格"[3]。由此，国家主权便形成了。基于契约，国家是个人权利的维护者，而国籍则具有指向个人权利保护义务承担者的功能。

在国家或者更早的集体概念如氏族出现以前，自然人的权利与自由是不受限制的，可同时权利与自由的捍卫义务也仅由其本人承担。在论述国际法上的人权发展时，我们就曾对这个问题进行过讨论，不同国家对于个人权利的关注点不同，而同一国家给予本国公民、外国公民与包括避难者、无国籍人在内的其他自然人的权利保护是存在差异的。在南迪塔·夏尔马（Nandita Sharma）的国际移民理论中，后殖民时代新世界秩序的核心是国家，每个人都属于一个拥有独立主权的民族国家，该体系下国家成员与其他人之间存在清晰的边界。[4] 国籍国或者经常居住国是个人权利保护的主要义务承担者，但是国际社会及其他国家并不就此免责——现行国际法框架下他们应对个人权利保护承担补充性、兜底性的义务，特别是在自然人原在国不能或不愿承担其责任时。对于一国公民而言，权利的主张需其母国国内法的保障，在其权利受到侵害时得援引国内法寻求救济。对于不具备公民地位的自然人，其权利的主张须以被申请国对其国际法地位的认可为前提。通常对于拥有原在国保护的外国公民来说这个问题就相对简单，即便其权利受到了所在国的侵犯也可以通过请求其原在国特别是国籍国的保护。不过，对于难民与无国籍

---

〔1〕 ［英］霍布斯：《利维坦》，黎思复、黎廷弼译，商务印书馆 2020 年版，第 169 页。

〔2〕 参见 ［德］耶林：《为权利而斗争》，郑永流译，商务印书馆 2018 年版，第 34 页。

〔3〕 ［英］霍布斯：《利维坦》，黎思复、黎廷弼译，商务印书馆 2020 年版，第 132 页。

〔4〕 See Gregory J. Goalwin, "Home Rule: National Sovereignty and the Separation of Natives and Migrants by Nandita Sharma (review)", *Social Forces*, Vol. 99, No. 2, 2020, pp. 1–3.

人，其权利主张就相对复杂得多，尽管国际法已然明确了其权利框架及国际法地位认定的实质要件，可是寻求庇护者仍然须先经过被申请国的身份甄别，身份甄别是其基本权利与自由实现的基础，也是其行使请求权的前提。"每一个国家由于它的属地最高权，有权拒绝外国人于它的全部或部分领土之外"[1]，获得国家主权许可是首要的一步，也是失去原在国保护的自然人进行权利主张时最为困难的一步。在本书所聚焦的难民问题的实践中，出于国家安全、地缘因素与财政状况等考量，目前对避难申请者进行逐一甄别依旧是国际社会的"主流"做法。即使被申请国对于寻求庇护者的管辖权、到达方式的合法性等并未提出异议，但面对数以万计的避难申请，逐一审查的甄别程序使得大批避难者滞留边境、基本权利与自由难以保障。

二、现行国际难民法的构成与发展

"人权是每一个人按其本质或本性应该享有和不容侵犯的权利，不是一种恩赐或施舍，也不是奖赏，而是人所固有且与生俱来的。"[2] 作为国际人权法的特殊组成部分[3]，国际难民法旨在明确国际社会对于无法获得原在国保护的流离失所者的庇护义务。因此，《联合国宪章》《世界人权宣言》与IC-CPR、ICESCR 等国际人权公约所确认的人权保护的国际法原则、规则与制度是现行国际难民法的基础，而国际法对于难民权利的保护是以 1951 年《难民公约》与 1967 年《难民议定书》为核心的。1967 年《领域庇护宣言》则在《世界人权宣言》第 13 条与第 14 条宣告的自然人之迁徙自由与受庇护权的基础上进一步确立了四项原则。2016 年 9 月 19 日，为应对移民的大规模非正常流动，联合国大会通过《关于难民和移民的纽约宣言》（以下简称《纽约宣言》）。2018 年 12 月 17 日，面对日益复杂的难民问题，联合国大会通过《难民问题全球契约》（以下简称《难民契约》）鼓励各国"更为公平地分担在收容和支助全球难民方面的负担和责任"[4]。2018 年 12 月 19 日，联合国

---

〔1〕 ［德］奥本海：《奥本海国际法》（第一卷第二分册），［英］詹宁斯、瓦茨修订，王铁崖等译，中国大百科全书出版社1998年版，第317页。
〔2〕 周忠海主编：《国际法》（第3版），中国政法大学出版社2017年版，第335页。
〔3〕 参见梁淑英：《国际难民法》，知识产权出版社2009年版，第1页。
〔4〕 参见《难民契约》的"导言"部分。

大会又通过了《安全、有序和正常移民全球契约》（以下简称《移民契约》），该契约重申了《纽约宣言》的精神、强调了国际社会在移民问题上合作的重要性，并在其序言部分明确了《联合国宪章》与相关的国际人权公约、国际人权性文件的基础性地位，阐明国际社会对移民问题的共同认识、共同责任和一致目标[1]。

致力于保护自然人基本权利与自由的国际人权法作为国际难民法的基础，规定了避难者作为自然人所享有的权利，《难民公约》与《难民议定书》则进一步细化了难民这一法律地位所对应的权利范畴与避难国应提供的待遇标准。此后的《纽约宣言》《难民契约》与《移民契约》也关注于难民权利的具体保障措施，对难民公平分摊、支持来源国解决难民返回的不利条件等方面作出了进一步规定[2]，并均提到责任负担问题。《纽约宣言》与《移民契约》多次使用"重申"一词，且均强调国际社会在难民、移民问题解决上的"共同责任"。三项国际性文件立足于难民问题发酵至今的分摊、甄别等实践中暴露出的具体问题提出了指导原则、承诺与现实目标，并未对难民国际法地位取得的要件或权利范畴做出实质性调整。《难民契约》《移民契约》使用了"契约"（compact）一词而非"公约"（convention）一词，结合两项文件立法程序上的差异性，其效力位阶可见一斑。

此外，1954 年《无国籍公约》进一步划清了难民与无国籍人的概念，二者权利所对应的待遇构造也反映出难民与无国籍人国际法地位的差异性。关于其范围上的重合之处与权利上的异同将在本章第二节中予以具体论述，此处不再赘述。2000 年《联合国打击跨国有组织犯罪公约关于预防、禁止和惩治贩运人口，特别是妇女和儿童行为的补充议定书》与《联合国打击跨国有组织犯罪公约关于打击陆、海、空偷运移民的补充议定书》为打击偷运、贩运难民的有组织犯罪提供了国际法保障。而《儿童权利公约》《消除妇女歧视公约》《残疾人权利公约》虽仅针对自然人中的某一群体，但是考虑到相较于

---

〔1〕 参见《移民契约》的"我们的愿景和指导原则"部分。

〔2〕《移民契约》"导言"明确了该全球契约的总体目标是：①减轻收容国的压力；②提高难民的自力更生能力；③让更多的人可选择第三国解决办法；④支持在来源国创造有利于安全和有尊严地回返的条件。全球契约力求实现上述四项相互联系、相互依存的目标，为此调动政治意愿、扩大支助基础、做出安排以促进各国和其他相关利益攸关方做出更为公平、持久及可预测的贡献。

难民中的其他群体这些群体更为艰难的处境，此类公约亦构成国际法上难民权利保护的细化与补充。

区域性法律文件与部分国家国内法则对难民问题进行了进一步规定，其中较为典型的便是欧盟都柏林体系。1961 年《欧洲社会宪章》要求其成员国对避难者提供的待遇不得低于任何现行国际文件所规定的难民待遇。为实现"建立一个没有内部边界的地区，确保地区内人员得以自由流动"[1] 的目标，1990 年欧共体 12 个成员国在爱尔兰的都柏林签订《确认负责审查向欧共体成员国之一提出庇护申请的国家的公约》（以下简称《都柏林公约》），该公约确保了避难申请至少为一个欧共体成员国所审查。尽管，"阿拉伯之春"之后欧盟都柏林体系屡遭诟病，但是该体系对 1985 年《关于逐步取消共同边界检查》规定的避难申请与庇护责任承担等问题进行了明确的规定，其所确立的庇护体系对于区域性难民问题的解决有着深远的影响。2003 年，欧盟第 343/2003 号理事会条例确立《确定负责审查第三国国民向成员国之一提出的庇护申请的成员国标准和机制》[2]（以下简称《都柏林第二条例》）替代原本的《都柏林公约》，《都柏林第二条例》的出台确认了一个包括欧洲共同庇护体系在内的欧洲共同庇护政策的形成。2013 年 6 月 26 日，欧盟第 604/2013 号条例《确定负责审查第三国国民或无国籍人向成员国之一提交国际保护申请的成员国标准和机制》[3]（以下简称《都柏林第三条例》）出台，该条例不仅重申应努力建立"欧洲共同避难体系"（Common European Asylum System,

---

〔1〕 参见《确认负责审查向欧共体成员国之一提出庇护申请的国家的公约》（Convention Determining the State Responsible for Examining Applications for Asylum Lodged in One of the Member States of the European Communities）。

〔2〕 该文件全称为 "Council Regulation（EC）No 343/2003 of 18 February 2003 Establishing the Criteria and Mechanisms for Determining the Member State Responsible for Examining an Asylum Application Lodged in One of the Member States by a Third-Country National"。

〔3〕 该文件全称为 "Regulation（EU）No 604/2013 of the European Parliament and of the Council of 26 June 2013 Establishing the Criteria and Mechanisms for Determining the Member State Responsible for Examining an Application for International Protection Lodged in One of the Member States by a Third-Country National or a Stateless Person"。

以下简称 "CEAS"），并以高效确认责任国为目标。[1] 从《都柏林公约》到《都柏林第三条例》，欧盟在避难者管辖权划分问题上进行了探索，并制定了 "第一入境国" "安全第三国" 等原则，这为区域性难民问题的解决提供了参考。2004 年 4 月 29 日，欧盟第 2004/83/EC 号指令——《关于第三国公民或无国籍人作为难民或许要国际保护人员的资格和地位以及给予保护的最低标准的指令》[2]（以下简称《欧盟难民保护指令》）则在《难民公约》及《难民议定书》的基础之上对 "难民" 的概念进行了扩展。[3]

1969 年《非洲统一组织关于非洲难民问题某些特定方面的公约》（以下简称《非洲难民公约》）也同样对《难民公约》中难民的定义进行了扩展，《非洲难民公约》规定："'难民'一词也适用于凡由于外来侵略、占领、外国统治或严重扰乱其原住国或国籍国的部分或全部领土上的公共秩序的事件，而被迫离开其常住地到其原住国家或其国籍国以外的另一地去避难的人。" 不仅如此，《非洲难民公约》还对《难民公约》与《难民议定书》进行了补充。例如，强调其他成员国应采取措施减轻承担庇护义务的成员国负担，如果难民未能获得在任一国家定居的权利便有权在其首次提出避难申请的国家居住。[4] 1981 年的《非洲人权和民族权宪章》结合《世界人权宣言》第 14 条 "人人有权在其他国家寻求和享受庇护以避免迫害" 的权利与 ICCPR 第 12 条所保护的 "迁徙自由"[5]，在其第 12 条第 1、2 款对个人的迁徙自由与受迫害时的寻求庇护权作出规定，并通过第 3 款明确："在宪章缔约国领土内被合法接纳的非国民，只有在依法作出决定后才可被驱逐出境。" 美洲地区的人权文件中关涉难民的部分则主要集中于 1969 年《美洲人权公约》（American Convention on Human Rights，以下简称 "ACHR"），该公约规定的享有受庇

---

〔1〕《都柏林第三条例》"序言" 第 5 段规定：这种方法应基于对成员国和有关人员的客观、公平的标准。尤其是，它应该能够迅速确定负责的成员国，以保证进入授予国际保护程序的效率，而不损害快速处理国际保护申请的目标。

〔2〕 该文件全称为 "Council Directive 2004/83/EC of 29 April 2004 on Minimum Standards for Qualification and Status of Third Country Nationals or Stateless Persons as Refugees or as Persons Who otherwise Need International Protection and the Content of the Protection Granted"。

〔3〕 参见刘国福:《国际难民法》，世界知识出版社 2014 年版，第 48~49 页。

〔4〕 参见《非洲难民公约》第 2 条第 4 款与第 5 款。

〔5〕 参见刘国福:《国际难民法》，世界知识出版社 2014 年版，第 15 页。

护权的主体除《难民公约》第 1 条所列之范围外，还特别提到犯有政治罪或者有关刑事罪而被追捕的人。在不推回问题上，ACHR 则扩大了成员国不推回义务的对象，删除了《难民公约》第 33 条的但书部分，仅规定可出于公共安全的考量在指定地区内通过法律限制其迁移和居住的自由。[1] 这些区域性文件中的规定深刻影响着国际难民法的发展，其对于难民及难民权利保护范畴的扩展或已得到国际社会的广泛认可而成为习惯国际法，本章第二、三节将对该问题进一步展开论述。

部分国家在《难民公约》及其议定书的基础上通过本国国内法对难民问题进行了更为细致的规定，其中，不乏针对难民中某一特定群体的特别规定。同时，不同国家对于避难者的态度也反映在其国内难民法中的发展，较为典型的便是欧洲难民危机中的德国难民政策。国家作为难民问题的最终义务承担者，其国内难民法的发展对于避难者权利保护至关重要。相关国际公约的缔约国对于公约、协定义务的履行或也反映在其国内法中，考虑到国际难民法中部分文件本身具有一定抽象性、概括性，且各国在其国内立法活动中的尝试对国际难民法的完善与发展具有较强的借鉴意义。因此，各国国内法特别是在难民问题处理上颇有成效的国家立法是研究国际难民法的构成与发展所不可或缺的一部分。在此必须重申的一点是，难民的权利并不仅限于国际条约与各国国内法所规定的那部分，对于避难者无论其是否通过被申请国甄别其所享有的法定人权"在任何时期和任何社会都应当得到正式的承认"[2]。《难民公约》所列权利与待遇标准是以避难者人权的充分实现为前提的，公约及其议定书虽未囊括《世界人权宣言》与其他国际人权条约保护之权利，但是其确认保护之权利的普遍性决定了法定人权并不因个人法律地位之差异而有所区别。

三、国际法上难民权利范畴的演变

前文在论述国际人权法时曾提到不同时代人权理念的更迭，这是客观存

---

[1]　参见 ACHR 第 22 条第 4 款：第 1 款承认的权利的行使，也可以因公共利益的理由，在指定的地区内由法律加以限制。

[2]　[美]詹姆斯·C. 哈撒韦：《国际法上的难民权利》，黄云松译，中国社会科学出版社 2017 年版，第 5 页。

在对于认识的影响，国际法上的难民权利亦如此。1793 年法国《宪法》规定："法国给予为了争取自由而从本国流亡到法国的外国人以庇护"[1]，在官方法律文件中确认了对于难民的庇护。第一次世界大战后，国际社会意识到了战争、动荡对于平民权利的侵害，试图采取措施对处于不利境遇的平民提供援助，先后订立了《关于向俄国难民和亚美尼亚难民颁发身份证安排的协议》《关于俄国和亚美尼亚难民法律地位的议定书》等以应对当时 1917 年俄罗斯革命和 1922 年奥斯曼帝国崩溃所引发的大面积流离失所现象。在此期间，诞生了著名的用以证明避难者身份的旅行证件"南森护照"。

第一次世界大战后，国际联盟注意到大规模人口的非正常流动现象，在立法和实践中进行多次尝试以应对该问题，不仅通过《关于难民国际地位的公约》（以下简称"1933 年《难民公约》"）与《关于来自德国难民地位的公约》等国际公约力图为难民地位的认定提供法律上的依据从而保障该群体的权利，还先后建立多个难民问题处理机构，例如 1931 年成立的南森难民署。彼时，针对难民问题的国际公约或者国际机构通常聚焦于某一区域或者某一特定事件所引发的避难者流动，虽颇有成效但是侧重于关注矛盾的特殊性，并且缔约国数量较少。第二次世界大战以后，国际社会就平民权利保护问题达成了广泛共识，1949 年《关于战时保护平民的日内瓦第四公约》（以下简称《日内瓦第四公约》）要求缔约各国保护战争、武装冲突中的平民利益，强调对被保护人权利的尊重与人道待遇。1950 年，联合国大会设立联合国难民事务高级专员署（以下简称"UNHCR"或"联合国难民署"），UNHCR 作为非政治性质组织长久以来一直致力于协助各国解决难民问题，包括难民权利保护、难民在避难国的融合与帮助避难者在原在国保护恢复后的重返等工作。

1951 年，联合国难民和无国籍人地位的全权代表会议通过了《难民公约》，该公约已有 146 个缔约国、19 个签署国[2]。较之于 1933 年《难民公约》，1951 年《难民公约》具有更为显著的普遍性与广泛性。伴随 1967 年

〔1〕 参见刘国福：《国际难民法》，世界知识出版社 2014 年版，第 33 页。
〔2〕 截至 2021 年 11 月 15 日，联合国官网显示 1951 年《难民公约》已有 146 个缔约国、19 个签署国。

《难民议定书》取消了其对于"1951 年以前发生的事情"这一时间上的限制，《难民公约》所保护的难民范畴进一步扩展。自此，《难民公约》及《难民议定书》作为现行国际难民法的核心成为国际社会甄别避难申请者身份与保护避难者权利的主要依据。与此同时，《难民公约》所确定难民权利范畴与避难国应给予的待遇标准成为避难者权利保护的底线，无论是区域性难民条约还是避难国国内法所划设的权利范围与待遇标准只能不低于《难民公约》的规定。纵观 1951 年之前的国际难民法，对于避难者权利问题，国际社会首先关注的援助与旅行证件问题，换言之也就是避难者身份的认定及某些基本权利与自由，而《难民公约》与后续的《难民契约》《移民契约》所关注的并不仅仅是避难者自然属性的那部分权利，还关注到其自由职业、工资、结社权等具备明显社会属性的权利。这样的发展脉络与人权理念是一致的。这不仅是由于当前难民问题的复杂化，亦是社会客观存在变化的结果。1933 年《难民公约》与 1951 年《难民公约》在难民权利保护上的差异性所反映出的矛盾的特殊性既是历史的，也是包含矛盾普遍性的。1951 年《难民公约》与 1967 年《难民议定书》构建的避难者权利体系不仅囊括避难者作为自然人与生俱来的那部分权利，同时还关注到了其作为社会一员在避难国的权利保护。此外，该体系并未忽视与难民权利对应的避难国义务，详细规定了每项权利所对应的基本待遇标准——所划定的标准之于任何国家均是有能力实现的，兼顾避难者权利与避难国义务之平衡。尽管，1951 年之后国际法上的难民权利范畴并未进行明显扩张。然而，从部分国家国内法或难民权利保护的实践中不难发现，国际社会始终致力于探索《难民公约》确认的避难者利益的保障路径，国际法上的难民权利的内涵与外延也得以不断充实、延展。

第二节　难民的国际法地位之厘清

无论是 1933 年《难民公约》还是 1951 年《难民公约》，名称均指向"难民地位"，1954 年《无国籍人公约》亦如此。自然人的法律地位决定了其所享有的权利与负担的义务，而权利义务的差异性也直接映射出个人的法律地位。一战后，国际法率先关注的问题便是避难者的身份认定，"南森护照"这样的旅行证件期望确认的也是这些流动的寻求庇护者的法律地位。厘清难民的国际法地位能够帮助梳理出避难者与其原在国（包括国籍国与经常居住国）、避难国、第三国之间的权利义务关系，由此确认其权利的具体义务承担者。现行国际难民法主要以《难民公约》及其议定书所界定的"难民"为难民身份取得的实质要件，符合该定义的避难者实际上已处于难民的地位，但是实践中难民身份的实际取得还须经过被申请国甄别。理论上甄别程序旨在确保申请者符合难民之应然，可实践中甄别程序使得大批实然避难者难以基于难民地位主张其权利。符合《难民公约》与《难民议定书》规定的难民定义是避难者取得难民国际法地位的必要条件，而国际法地位的取得是难民权利主张的基础与前提。

一、"难民"一词的内涵与外延

国际法上的难民范畴不仅包括《难民公约》界定的公约难民与某些特定文件所规定的难民，随着历史的推移难民一词的概念还在不断延展。由于国际社会当前甄别难民时主要以《难民公约》第1条的定义为主要依据，因此不妨从该条入手研究国际法上难民一词的内涵与外延。

（一）《难民公约》与《难民议定书》对于难民的界定

1951年《难民公约》第1条第1款规定：

本公约所用"难民"一词适用于下列任何人：

（甲）根据一九二六年五月十二日和一九二八年六月三十日的协议，或根据一九三三年十月二十八日和一九三八年二月十日的公约，以及一九三九年九月十四日的议定书，或国际难民组织约章被认为难民的人；国际难民组织在其执行职务期间所作关于不合格的决定，不妨碍对符合于本款乙项条件的人给予难民的地位。

（乙）由于一九五一年一月一日以前发生的事情并因有正当理由畏惧由于种族、宗教、国籍、属于其一社会团体或具有某种政治见解的原因受到迫害[1] 留在其本国之外，并且由于此项畏惧而不能或不愿受该国保护的人；或者不具有国籍并由于上述事情留在他以前经常居住国家以外而现在不能或者由于上述畏惧不愿返回该国的人。

对于具有不止一国国籍的人，"本国"一词是指他有国籍的每一国家。如果没有实在可以发生畏惧的正当理由而不受他国籍所属国家之一的保护时，不得认其缺乏本国的保护。

该款除乙项对"难民"进行定义外还承认此前一系列国际条约与国际难民组织（International Refugee Organization，以下简称"IRO"）所认定之难民。并且肯定即便申请者此前未获得 IRO 对于其难民身份的认可也不影响其基于本款乙项取得难民地位。该款乙项为"难民"一词划设了三重要件。首先，须有正当理由的畏惧，畏惧的来源是因种族、宗教、国籍、属于其一社会团体与持有某种政治见解等 5 种情形以及"1951 年 1 月 1 日以前发生的事情"而受到迫害。1967 年《难民议定书》第 1 条第 2 款取消了乙项的时间限制，自此引发"正当理由的畏惧"的事由仅需满足前述 5 种情形即可。

其次，避难者还须身处本国之外，此时的"本国"既包括其国籍国也包括其经常居住国。这一条件也可视为对缔约国义务的限定，也是当前实践中避难者权利保护的难点。对于原在国已经失去庇护能力的避难者，受限于客观条件或无法离开其本国，但是其畏惧与不利处境却是真实存在的；而对于缔约国，也同样受限于客观条件极难向仍处于其本国内的避难者提供保护，"国际社会普遍不承认域外庇护"[2]。

最后，公约要求避难者不能或不愿从其本国获得保护，本国保护的缺失是难民陷入不利处境的决定性因素。这一项要件也是难民国际法地位的显著特征，即避难者无法基于国籍国公民或经常居住国居民身份而主张权利。对于本国保护的丧失，公约规定了"不能"与"不愿"两种情况，前者是由于

---

〔1〕　本书所引用的《难民公约》第 1 条第 1 款之内容较之联合国官网中文版《难民公约》第 1 条第 1 款多出了"受到迫害"（being persecuted）这一措辞，联合国官网中文版《难民公约》不知何故在翻译时遗漏了"受到迫害"这一内容。但是，该内容在联合国官网英文版《难民公约》是存在的。是故，特别在此予以说明。

〔2〕　刘国福：《国际难民法》，世界知识出版社 2014 年版，第 188 页。

客观上原在国失去了保护能力，后者则主要是指由公约规定的 5 种情形所引起的避难者主观上的不愿接受原在国保护。但是，公约对于"不愿"的允许并不等同于个人得完全出于其本人意志向缔约国主张难民地位及该地位所对应的权利，"正当理由的畏惧"对于"不愿"作出客观上的限定——原在国并不具备为其提供保护的能力或者申请者因公约所列 5 种情形的存在而无法获得原在国的保护。后一种可能或意味着原在国不仅无法提供保护，还对申请者权利进行了侵犯。无论是不具备提供保护的能力还是对提供保护持拒绝态度，都要求原在国保护的缺失是客观的且申请者无法通过其国内司法等路径获得救济的。因此，公约虽规定了申请者不愿接受其原在国保护这一状况，可是，这种"不愿"并不能独立构成对于申请者难民地位的认可，仍旧需要以寻求庇护者已穷尽其原在国救济为要求，而原在国救济本身是为原在国保护所包含的。

从另一个角度，原在国保护指的是原在国对避难者权利之保护，第三项要件表明避难者的法律地位并不具有实质意义上的双重性，申请者获得难民地位的前提是基于某国公民的法律地位所享有的权利的丧失或者受到强烈威胁，而权利未能得到保障，法律地位也等同是"空心"的。所以，寻求庇护者原本的法律地位与权利之间须处于剥离状态，或者其原本法律地位已然丧失，不过在权利无法实现的情形下前者的法律地位也无异于"名存实亡"了。结合《难民公约》对于避难者权利的具体规定来看，国际法所设定难民的权利范畴及待遇的边界通常是窄于公民的。即使根据公约要求缔约国"起码应当将难民作为普通外国人"——给予一般外国人待遇，但是《难民公约》第 6 条对于"在同样情况下"的规定意味着为难民享有与一般外国人相同的待遇增加了前提条件。本书第三章将对难民权利的待遇标准问题予以展开论述，故在此不再赘述。在此须引起关注的是，该规定揭示出对于避难国而言，难民的法律地位显然是区别于一般外国人的。难民的国际法地位同时也是难民权利与义务的统一，个人根据某种法律地位主张权利时，也须履行该法律地位所应负担的义务。不仅如此，《难民公约》要求避难者如拥有多重国籍必须穷尽全部国籍国的保护，该规定也证明了对于避难者，其权利保护不可能处于重合的状态，如果其仍从某一国籍国获得保护，那么便不可再向其他缔约国主张庇护权。然而，自然人的法律地位并非不可重合的，例如只要多重国籍者的各国籍国国内法允许，其便可向任一国籍国主张公民权利，某国公民得同时向其本国主张公民权利并向其经常居住国主张居民权利，当然也必须向其主张权利的国家履行其法律地位所对应的义务。可是，难民则不可能同时向多个国家主张权利，尽管可以向任一《难民公约》缔约国提出庇护请求。这也属于国际社会的避难者权利保护责任兜底性的再次强调，故除了前述三项要件外，难民的国际法地位具有不可与其他国际法地位重合的特殊性。无国籍难民也并不例外，虽然国际法对于难民与无国籍人保护的价值导向具有相通之处，但《无国籍人公约》"序言"部分便已将符合难民身份的无国籍人排除出公约适用范围，这一点将在本节难民与无国籍人的概念辨析部分具体论述。

（二）历史文件规定的难民

在 1951 年《难民公约》通过以前，国际法上的难民概念以 1946 年为界进行区分。[1] 1946 年 12 月 15 日，联合国大会通过了《国际难民组织章程》，尽管该章程直至 1948 年 8 月 20 日才正式生效，且 IRO 很快为联合国难民署所替代[2]。但是，该章程标志着一个全面处理国际难民事务的联合国机构的建立。在此之前，国际法上的难民定义大多带有一定的区域性，例如，前文曾提到的 1922 年、1924 年与 1926 年针对俄国、亚美尼亚难民身份证件的 3 个协议。即便是 1933 年《难民公约》的难民定义也显示出了适用范围上的限定性——"仅适用于俄国、亚美尼亚与被同化的难民"[3]，且仅有 5 个缔约国。而 20 世纪 20 年代以前，虽已有难民流动现象，难民一词也曾出现在 1793 年法国《宪法》等法律文件中，但是国际法上并无有关难民概念界定与法律地位指向的规定。彼时，国际法对于难民的关注也限于"身份证件""旅行证件"，难民这一概念依旧没有从普遍意义上获得解释，相关协议使得难民

---

〔1〕 参见梁淑英：《国际难民法》，知识产权出版社 2009 年版，第 27~36 页。

〔2〕 1949 年 12 月，联合国大会第 319（IV）号决议决定在国际难民组织结束工作后设置难民事宜高级专员办事处（即 UNHCR），参见 A/RES/319（IV）。

〔3〕 1933 年《难民公约》第 1 条规定：本公约适用于 1926 年 5 月 12 日和 1928 年 6 月 30 日的协议所定义的俄罗斯、亚美尼亚和被同化的难民，但须经各缔约方在签署时在本定义中作出的修改或补充或加入。

获得了某些国家或地区的身份上的认可。从国际法角度来说，这些协议使避难者获得的身份认可的形式意义要远大于其实质意义。当然，不能否认某些国家为庇护避难者而做出的努力，毕竟旅行或身份证件的存在使避难者得以合法转移。但是，从法律层面上来说，这些协议并没有对缔约国形成负有某种法律义务的拘束力[1]。当时，整个西方世界政治、经济民族主义的兴起等也使难民问题愈发复杂，[2] 而在此背景下诞生的难民协议不仅只针对难民中的一小部分，同时即便有协议存在，各国在处理难民问题时也很难保持一致。

1933 年《难民公约》在适用范围与缔约国数量上虽均远不及 1951 年的《难民公约》及 1967 年的《难民议定书》，但其对避难者权利保护等做出的规定为国际社会提供了参考，其中一些规定在 1951 年的《难民公约》得到了完善与发展，例如 1933 年《难民公约》第 14 条的 "互惠豁免" 在 1951 年《难民公约》第 7 条中便进行了更为周延的规定。《关于来自德国难民地位的公约》等与 1933 年《难民公约》具有一定的相似性——均针对某些国家或地区因特定事件而产生的避难者且缔约国数量有限。1946 年《国际难民组织章程》序言部分指出该组织建立的目的在于使真正的难民与流离失所者应受到国际行动的协助以返回其国籍国或经常居住国，并且在其遣返、重新定居或重建工作有效完成前，应当对其权利与合法利益予以保护和援助。尽管，对于 IRO 工作的评价各国存在分歧——特别是其在难民认定与援助对象上是否具有局限性与政治性意图，但不可否认的是 IRO 的出现标志着国际社会意识到难民并非仅限于某些国家或地区的特例，而是一个需要国际社会共同关注的群体，且这个群体的概念范畴是相当复杂的。

1950 年《联合国难民署章程》（以下简称《章程》）第 6 条对 "难民" 作出了概括性界定，这与此前的文件中的描述不同，该条聚焦于避难者无法获得原在国保护的事由与难民身份取得的实质要件。虽然，《章程》第 6 条所做的难民定义与《难民公约》第 1 条所作规定极为相似，可二者在效力上却

---

〔1〕 James Hathaway, "The Evolution of Refugee Status in International Law: 1920-1950", *International and Comparative Law Quarterly*, Vol. 33, No. 2, 1984, pp. 348-380.

〔2〕 See Louise W. Holborn, "The Legal Status of Political Refugees, 1920-1938", *The American Journal of International Law*, Vol. 32, No. 4, 1938, pp. 680-703.

存在极大的区别。UNHCR 得依据《章程》对避难者身份进行认定，然而，难民并不能仅基于 UNHCR 的认定主张公约项下的权利。《章程》并不具有《难民公约》对于缔约国的拘束力，且适用的对象仅为 UNHCR。故，避难者的难民地位经过 UNHCR 依《章程》确认后并不能对《难民公约》缔约国生效，即便其状况同时为《章程》与《难民公约》所囊括，仍须以缔约国甄别或者缔约国对 UNHCR 甄别的认可为前提。因此，《章程》虽未对难民的难民权利及对应的避难国待遇标准进行规定，但为现行国际法中的"难民"一词的界定勾勒出了轮廓。《章程》扩大了难民的概念范畴，对难民的定义使难民概念不再局限于某些国家或地区因某些特定事件而产生的避难者。同时，UNHCR 及《章程》为避难者保护提供了更多的可能：非《难民公约》缔约国可基于对 UNHCR 的认可而为避难者提供庇护；当寻求庇护者无法依《难民公约》获得缔约国庇护时仍可转而寻求 UNHCR 的援助。尽管，在实践中，由于缺乏法律上的确认，避难者基于这两种可能而境遇有所改善的概率并不高。从 20 世纪 20 年代以来的历史文件到 1950 年《章程》中的难民界定描绘出了难民概念的纵向演变过程，遗憾的是这一概念范畴是不断扩大的，即便这是对于客观需求的直观反映，并且从实现更广泛的人权保护的角度来说也是确有必要的。

（三）公约难民与扩展难民

《难民公约》第 1 条对于"难民"一词予以界定，《难民议定书》通过取消《难民公约》中的时间限制扩展了公约规定的难民范围，公约及议定书对于难民的定义为国际社会所广泛接受，却并未完整地覆盖国际法上的难民范畴。除前述历史文件所特别规定的难民外，部分国家与地区出于现实需求在相关法律文件中对难民做出了进一步规定。1969 年《非洲难民公约》所划定的难民既包括公约难民，也包括"由于外来侵略、占领、外国统治或严重扰乱其原住国或国籍国的部分或全部领土上的公共秩序的事件，而被迫离开其常住地到其原住国家或其国籍国以外的另一地去避难的人"[1]。《难民公约》所规定的 5 种使避难者难以获得原在国保护的情形"种族、宗教、国籍、属

---

〔1〕　参见 1969 年《非洲难民公约》第 1 条第 2 款。

于其一社会团体或具有某种政治见解"均显示出强烈的政治属性，有观点认为这5种情形所划设的范围过于狭窄，因此《非洲难民公约》第1条第2款的意义在于扩大了难民的概念范畴。倘若细观该款所描述之情形，外来侵略、占领、外国统治这三种情形在实践中是与《难民公约》规定的情形对应的且也具有鲜明的政治性。第4种情形使用了"事件"这一措辞，但是《难民公约》预先予以"严重扰乱其原住国或国籍国的部分或全部领土上的公共秩序"的限定。这就要求该事件对于公共秩序的影响必须满足两个要件：扰乱程度严重；涉及该国部分或全部领土。换言之，该事件的影响足以干扰其原在国的政府治理，或将阻碍国家主权的行使，所以《非洲难民公约》第1条第2款所列情形亦属于政治性因素。梳理《难民公约》的5种情形与《非洲难民公约》第1条第2款增设的4种情形之间的关系，会发现其在逻辑结构上并非并列的，或许外来侵略、占领或外国统治的目的是出于能源等经济因素的考量，但是这种非政治性意图所直接作用的是国与国的关系。

难民问题涉及的是国家与个人之间的权利义务关系：被申请国与避难者；原在国与公民或居民。公约所列情形则关注的是后者，前文曾论述过避难者无法获得原在国保护的原因——原在国失去保护能力与原在国有能力但拒绝提供保护，而增设的4种情形一般属于前者。当原在国因战乱等失去保护能力时，迫使避难者留在本国之外的畏惧主要是由于种族、宗教、国籍、属于其一社会团体或具有某种政治见解，《非洲难民公约》增设的4种情形是原在国无法提供保护的直接原因，而《难民公约》描述的5种情形则是避难者无法获得保护的根本原因。直接原因导致了原在国失去保护能力，而根本原因造成了避难者无法享有受到保护的权利；直接原因更为具体且更具确定性，根本原因则具有一定的抽象概括性。从这个角度来说，《非洲难民公约》所增设的情形并不属于对《难民公约》所列事由的补充，其贡献不在于扩大了所保护的难民范畴而是将难民正当理由畏惧的事由具体化。缔约国对寻求庇护者进行甄别时不必重复考虑其原在国受到外来侵略、占领、外国统治或公共秩序遭遇严重扰乱是否属于种族、宗教、国籍、属于其一社会团体或具有某种政治见解，仅认定4种情形是否发生即可。因此，从逻辑上，《非洲难民公约》所作规定是属于对公约难民概念的扩展还是在公约难民范畴内对某一部分进行具体规定，仍是一个值得商榷的问题。

无独有偶，《欧盟难民保护指令》便以《难民公约》及《难民议定书》为基础在第 2 条 c 款中对难民进行了定义："'难民'是指有正当理由畏惧因种族、宗教、国籍、持有某种政治见解或加入某一社会团体的第三国国民留在其国籍国之外，不能或由于畏惧不愿接受其本国保护；或者无国籍人由于与上述相同的原因留在其经常居住国之外，不能或由于畏惧不愿返回经常居住国的；对其不适用第 12 条的规定。"同时，《欧盟难民保护指令》第 6 条至第 9 条分别对"迫害及严重伤害的行为人""保护的提供者""内部保护""迫害行为"进行界定，这些规定对于难民定义同样存在影响。例如，根据《欧盟难民保护指令》第 8 条第 1 款的规定，如果原在国某一地区内不存在充分的理由畏惧遭遇迫害，或者没有遭遇真实伤害的现实风险，并且可以合理期待申请者留在该地区，那么成员国或将认定申请者无须受到国际保护。类似规定强调了原在国保护的彻底丧失，只要原在国仍有地区能够为申请者提供保护且申请者能够留在该地区，则很难获得难民地位的认定。这一条常被视为对难民的范围的限定，《难民公约》虽无对于原在国保护的特别规定，但通过前文对于难民法律地位的论述不难发现，国际社会对于难民权利的保护是后备性质的保护。此外，对于原在国保护的认定本书第四章将进行着重论述。《欧盟难民保护指令》第 9 条对于迫害行为的规定也经常被认为是对公约难民范围的扩展[1]，特别是该条第 2 款对于迫害行为的方式进行的列举式规定。但是，细究该款每项规定，歧视性迫害、针对性别或儿童的犯罪所对应的是"加入某一社会团体"，这样的解释与《欧盟难民保护指令》第 10 条第 1 款 d 项的规定是相协调的；因为服兵役会导致战争而拒绝服兵役可对应"持有某种政治见解"；而第 9 条第 2 款第 1、2 项规定的暴力或歧视的具体形式均属于迫害行为的某一类型。《欧盟难民保护指令》第 15 条将死刑、酷刑规定为"严重伤害"也须结合《难民公约》第 1 条第 6 款乙项与 1984 年《禁止酷刑和其他残忍、不人道或有辱人格的待遇或处罚公约》（以下简称《禁止酷刑公约》）予以分析、解读。

---

[1] 参见刘国福：《国际难民法》，世界知识出版社 2014 年版，第 48~50 页。

作为国际难民法的核心,《难民公约》所关注的是矛盾的普遍性,而《非洲难民公约》《欧盟难民保护指令》等区域性条约所关注的是矛盾的特殊性,在难民定义问题上便展现了国际条约与区域性条约之间共性与个性的关系。将区域性难民条约中的难民定义认为是对公约难民定义的补充便忽视了那些寓于特殊性之中的矛盾的普遍性,国际条约所调节的范围与普适性决定了其抽象性与概括性。而区域性条约必然会受到区域内某些因素的影响,故特别关注矛盾的某方面或某一阶段的矛盾。为应对尼加拉瓜、萨尔瓦多与危地马拉内乱带来的难民问题,1984 年《关于中美洲国家难民问题的卡塔赫纳宣言》(以下简称《卡塔赫纳宣言》)所作的难民定义便证实了这一点,"在该地区被推荐适用的难民定义或概念不仅包含 1951 年《难民公约》和 1967 年《难民议定书》中所列要素,而且可以扩展到因为他们的生活、安全或自由受到普遍暴力、外国侵略、内部冲突、大规模侵犯人权或其他严重扰乱公共秩序情况的威胁而逃离家园的人"[1]《难民公约》所列 5 种事由用词存在一定的模糊性,这是其概括性所决定的。倘若将区域性协定所具体化的那部分难民视为公约难民以外的特殊存在,无异于限定了公约难民定义的适用范围,而对于寻求庇护者这样的解释方法并不是十分有利的。正如前述,公约难民与区域性条约所规定的难民并非"难民"这一集合中两个独立的子集,二者应当是包含与被包含的关系。《欧盟难民保护指令》的"序言"部分指出:"《日内瓦公约》及其议定书为保护难民的国际法律制度提供了基石。"[2]

卢梭在《社会契约论》中指出:"永远应该把一般规律与特殊原因区分开来,特殊原因只能影响到一般规律的效果。"[3] 从国际社会难民保护的价值导向上看,将区域性条约所做的特别规定的意义解读为被申请国提高对某一部分难民的甄别效率或更为恰当。学界对公约难民与扩展难民的命名方式,主要是考虑到二者甄别时主要依据的法律文件,而并非将其完全区分开来。事实上,符合区域性条约难民定义的寻求庇护者必然也符合公约对于难民的

---

〔1〕 参见《卡塔赫纳宣言》的"结论与建议"部分第 III 条第 2 款。

〔2〕《难民公约》于 1951 年 7 月 28 日瑞士日内瓦举行的联合国难民和无国籍人地位的全权代表会议上通过,故又被称为《日内瓦公约》。

〔3〕 [法]卢梭:《社会契约论》(第 3 版·修订本),何兆武译,商务印书馆 2003 年版,第101 页。

界定，而公约难民所覆盖的范围必然大于区域性协定下的难民范围。区域性协定中的定义实际上是在《难民公约》规定要素基础上的具化与扩展，弥补了公约概念模糊性与概括性所带来的适用困境，利于提高区域内难民甄别程序的效率。

二、难民与其他相似概念之辨析

格劳秀斯在《战争与和平法》中指出国家应当允许途经本国者"因健康或其他正当理由"的临时居留，同时提到"对于被逐出家园正在寻找避难所的外国人，国家不应当拒绝给予他们永久居留的权利"。[1] 不仅如此，在讨论复境权时，这位先哲将之解释为"一种由于跨越门槛返回而产生的权利，也可以说是跨越公共边界返回而产生的权利"。[2] 由此，我们可以推导出一个清晰的迁徙自由的概念轮廓，即国家应允许非本国国民出于无害目的的迁徙甚至居留，而通常情况下自然人得自由离开并返回其本国国内。尽管，格劳秀斯在论述时对自由民、奴隶等作出区分，但这同《世界人权宣言》第13条与 ICCPR 第12条规定的迁徙自由的概念是十分相似的。然而，正如前文在讨论国家主权许可与自然人权利时所述，出于种种考量，现行国际法并不禁止国家主权许可对自然人迁徙自由的合理限制。国际移民的构成是相当复杂的，通常情况下各国对于须进入或途经本国的非本国公民身份的认定主要是依据其本国国内法的规定，而难民、无国籍人的法律地位的认定主要以《难民公约》《无国籍人公约》以及被申请国国内法为依据。然而，不同类型的移民之间并非相互独立的关系。因此，本书希望通过将难民与非法移民、寻求庇护者、无国籍人和气候难民这4类范畴或与其存在重合之处的概念进行比较，以进一步厘清"难民"一词的内涵与外延，为后文研究难民国际法地位所对应的权利及待遇结构提供基础。

（一）难民与非法移民

"非法移民"这一概念包括两层含义：非法出入国境者；获准合法进入某

---

〔1〕 参见［荷］格劳秀斯:《战争与和平法》（第二卷），［美］弗朗西斯·W. 凯尔西等英译，马呈元、谭睿译，中国政法大学出版社2016年版，第41~42页。

〔2〕 参见［荷］格劳秀斯:《战争与和平法》（第三卷），［美］弗朗西斯·W. 凯尔西等英译，马呈元、谭睿译，中国政法大学出版社2017年版，第151页。

国境内后居留期间届满非法滞留者。前者又可分为未经国家法律许可或通过蒙骗等手段获得许可进入某国国境者与非法离开某国国境者。故，"非法移民"的"非法"可作两种解读，出入国境的非法性与居留的非法性。在非法移民群体中，有的符合其中一种非法性，有的两种非法性兼而有之。而"非法"最直观的特征为未获得相关国家的法律许可，本节第一部分对于《难民公约》下取得"难民"身份的实质要件进行了讨论，可不容忽视的是符合公约规定并不等于获得缔约国许可。这一点对于所有国际移民均不例外，即便符合了国际法与申请国国内法对于某类移民身份取得的要求，也须符合各国法律规定、经过该国许可后才可迁徙或居留。避难者中有相当一部分群体是未经居留国许可入境的，例如欧洲难民危机中大批避难者通过地中海沿岸的人蛇集团搭乘难民船前往欧洲并滞留在部分国家的边境。

值得注意的是，《难民公约》的缔约国对于符合公约定义的难民是负有庇护义务的。根据《难民公约》第 33 条的规定，"任何缔约国不得以任何方式将难民驱逐或送回（'推回'）"，除非"有正当理由认为难民足以危害所在国安全，或者难民已被确定判决认为犯过特别严重罪行从而构成对该国社会的危险"。非法入境难民的非法性通常表现为未获得所在国许可，由于其已满足难民身份的实质要件，所以国际法与国内法对于其法律地位的评价极有可能相互脱离。缔约国或面临国际法上的庇护义务与对国内事务的主权行使无法相协调的问题，这也是实践中难民权利保护的主要困境。一方面避难者的入境行为确具非法性；另一方面避难者对缔约国的权利主张又具合法性。而对于非《难民公约》缔约国的国家，鉴于非法入境难民基于为《世界人权宣言》第 14 条规定且又为《领域庇护宣言》所确认，在"处理难民入境的问题上，还应网开一面，给予非法入境的难民以特殊保护"[1]。从非法性上看，非法入境难民属于非法移民群体的特殊组成部分；从《难民公约》第 31 条对于"非法留在避难国的难民"的规定来看，其难民身份的取得并不受入境方式非法性的影响，缔约国不得因其非法入境或逗留而施以刑罚或对其行动予以不必要的限制。然而，《难民公约》第 42 条并未将第 31 条列入缔约国不可

---

〔1〕 梁淑英：《非法入境难民的处理原则》，载《法学杂志》2008 年第 6 期，第 4 页。

保留的条款之列，例如，墨西哥便"根据其国内立法分配难民的一个或多个居住地并建立在国内领土内移动的条件的权利"[1] 对第 32 条第 2 款提出保留。在对《难民公约》第 31 条予以保留的缔约国与非缔约国，避难者极有可能因为非法入境而面临入境国的处罚，其难民身份并不能当然导致对于非法入境行为的免责。故，国际法上的难民与非法移民是存在交集的两个集合，而交集便是非法入境难民。

（二）难民与避难者、寻求庇护者

"难民""避难者""寻求庇护者"是研究难民问题时的常见称呼，并且往往会出现混用的情况。"难民"对应的英文词汇为"Refugee"，《柯林斯词典》[2] 将之翻译为"由于战争或政治、宗教信仰，被迫离开家园或国家的人"[3]；《牛津词典》[4] 则将之解释为"难民""避难人""为了逃离战争、迫害或自然灾害而被迫离开其国家的人"。[5] 所以，似乎三种称呼均指代的是难民这一群体。然而，倘若对这三个词语进行中文探析，则会发现"避难者"与"寻求庇护者"所描绘的正是"难民"这一概念的两个阶段。"避难"是难民不能或不愿留在其本国国内并获得本国保护的原因，"寻求庇护"是难民离开其本国、跨境流动的目的。对于被申请国，难民既是避难者，同时也是寻求庇护者。因此，作为《难民公约》的缔约国，被申请国不得将之推回

---

〔1〕 参见 United Nations Treaty Collection, Chapter V. Refugees and Stateless Persons：2. Convention relating to the Status of Refugees，"Declarations and Reservations"，United Nations，Treaty Series，Vol. 189，p. 137.

〔2〕 《柯林斯词典》：本书中指 [英] 英国柯林斯出版公司编著：《柯林斯 COBUILD 高阶英语学习词典》（第 8 版），外语教学与研究出版社 2017 年版。

〔3〕 "Refugee" 一词的解释，"Refugees are people who have been forced to leave their homes or their country, either because there is a war there or because of their political or religious beliefs." 详见 [英] 英国柯林斯出版公司编著：《柯林斯 COBUILD 高阶英语学习词典》（第 8 版），外语教学与研究出版社 2017 年版，第 1328 页。

〔4〕 《牛津词典》：本书中指本词典编译出版委员会编译：《新牛津英汉双解大词典》，上海外语教育出版社 2007 年版。

〔5〕 Refugee，"a person who has been forced to leave their country in order to escape war, persecution, or natural disaster." 详见本词典编译出版委员会编译：《新牛津英汉双解大词典》，上海外语教育出版社 2007 年版，第 1783 页。

"生命或自由受威胁的领土边界"[1]，同时还应至少对其为公约所规定的权利进行保护。即便是被申请国并非《难民公约》的缔约国，根据《世界人权宣言》第14条、《领域庇护宣言》规定，被申请国也应尊重避难者"寻求庇护以避免迫害"的权利，或根据《禁止酷刑公约》第3条不得将避难者驱逐至有遭遇酷刑危险的国家[2]。据此，难民受庇护权所对应的被申请国的庇护义务是由消极的庇护义务与积极的庇护义务两部分构成的。消极的庇护义务，即狭义的庇护义务，指被申请国对避难者负有的不推回义务；积极的庇护义务则指被申请国不仅不将避难者推回还主动对其权利进行保护，而缔约国所保护的难民的权利与利益通常不得低于《难民公约》的规定。

仅就权利本身的结构来说，难民免遭迫害与寻求保护的权利既可以是相互独立的，也可以分属于权利保护的两个阶段。从逻辑上，自然人逃离迫害后也可选择不寻求他国保护。不容忽视的是，伴随着时代的发展，难民所受迫害的政治性与自然人权利的社会属性愈发明显，因此免受迫害与寻求保护的权利通常情况下是相互连结的——即便难民已经离开对其构成迫害危险的原在国，假如没有国家为其提供庇护，其作为自然人所享有的基本权利与自由将难以实现。考虑到"宣言"（Declaration）本身的拘束力与公约仅对缔约国发生效力等问题，所以首先要保证避难者在获得被申请国庇护许可之前首先不致被推回，部分国家和地区为此进行了许多尝试，例如欧盟的临时保护程序。被申请国对于难民地位的认可意味着对保护其基于难民地位享有的权利的承诺，正如前文论述的那样，符合《难民公约》或被申请国国内法中的难民定义仅仅是满足使其获得难民身份的实质要件并不能使避难者立刻主张难民权利，还须通过被申请国的甄别。从逻辑关系上，符合现行国际难民法定义属于难民地位取得的必要条件，通过被申请国甄别则属于充分条件。即

---

[1] 《难民公约》第33条第1款规定："任何缔约国不得以任何方式将难民驱逐或送回（'推回'）至其生命或自由因为他的种族、宗教、国籍、参加某一社会团体或具有某种政治见解而受威胁的领土边界。"

[2] 《禁止酷刑公约》第3条规定："①如有充分理由相信任何人在另一国家将有遭受酷刑的危险，任何缔约国不得将该人驱逐、遣返或引渡至该国。②为了确定这种理由是否存在，有关当局应考虑到所有有关的因素，包括在适当情况下，考虑到在有关国家境内是否存在一贯严重、公然、大规模侵犯人权的情况。"

通过甄别的避难者集合是国际法上难民集合的真子集,而身份被认可的难民必然是符合现行难民法定义的,但是仅符合难民定义不能当然推导出难民地位的取得。

　　综上,单就"难民""避难者""寻求庇护者"的中文语义来说,这三个词的内涵与外延存在相同或相通之处。可若将"难民"限定解释为《难民公约》所定义的一种国际法地位,该限定解释下寻求庇护者与避难者想取得该地位须同时满足符合国际法上的难民定义与通过被申请国甄别这两项条件。否则,不得向被申请国主张难民地位所对应的权利与待遇标准。是故,避难者或者寻求庇护者在通过难民地位的甄别前为国际法所确认的权利是不被推回的权利,而通过甄别后才得基于该地位向避难国主张难民所享有的权利。

(三) 难民与无国籍人

　　《无国籍人公约》第 1 条第 1 款将无国籍人界定为"任何国家根据它的法律不认为它的国民的人",这一定义肯定了各国享有完整的国籍认定权。而另一方面,该款将"无国籍状态"的范围尽力压缩到了最小——无国籍人即任何国家都不承认其为本国国民的人。换言之,只要存在任一国家愿意接纳其为本国国民,缔约国就不必对其承担无国籍人享有的权利保护义务。公约所定义的无国籍人似乎仅需一个构成性要件即不具有任一国家国籍,但现实中的无国籍人问题往往相当复杂,例如学界对于科威特无国籍人的界定迟迟未能达成共识[1]。受历史因素的影响,该群体 (Bidun) 中的部分人被科威特政府登记为了外国国民无国籍人,而该国女性公民与 Bidun 男性所生子女极有可能无法获得科威特国籍从而成为法律意义上的无国籍人。与难民不同,无国籍人身份的取得排除了其主观因素的考量,根据 1961 年《减少无国籍状态公约》第 7 条第 1 款的规定,在不具有或未取得另一国国籍的情况下,关系人对于国籍的放弃并不直接导致其成为无国籍人,除非其基于《世界人权宣言》第 13 条与第 14 条所享有的迁徙自由与受庇护权遭遇侵害。此外,《无国籍人公约》第 1 条第 2 款还规定了公约适用对象的 3 种排除情形:已从 UN-HCR 以外的联合国机关或机构获得仍处于持续状态的援助与保护的人;与居

---

〔1〕　参见成振海:《科威特无国籍人问题探析》,载《世界民族》2020 年第 6 期,第 39 页。

住国之前的权利义务关系同该国公民无显著差异的人，即享有的权利义务具有居住国国籍的附着性；犯有破坏和平罪、战争罪或危害人类罪，在进入居住国之前犯过严重的非政治性罪行的人以及犯有违反联合国宗旨和原则罪行的人。前两种例外情形表明缔约国对于无国籍人的庇护是具有鲜明的"兜底性"与"后备性"的，对于法律上处于无国籍状态、事实上已获得保护者，缔约国并不负有庇护义务。

同作为国家保护缺失的流离失所者，难民与无国籍人的境遇在许多方面存在相似之处。并且，无国籍状态极有可能是因《难民公约》第 1 条规定的"由于种族、宗教、国籍、属于其一社会团体或具有某种政治见解"等 5 种事由而导致的。因此，同一主体或同时符合难民与无国籍人身份所需的要件。但是，根据《无国籍人公约》"序言"部分的规定，《难民公约》仅适用于同时是难民的无国籍人，还有许多无国籍人不在该公约适用范围以内。由此，《难民公约》所适用的对象范围便逐渐清晰，国际法上的无国籍人与难民的身份的确可能存在重合，可符合《难民公约》定义的无国籍人并不在《无国籍人公约》的适用范围内。大多数无国籍人的现实境遇证实了国籍的权利义务指向意义与纽带作用，国籍确保了国家保护这一"天然"权利屏障的存在，而难民问题的发生又证明了特定状态下国籍与原在国保护之间的联系是能够被切断的。另外，由于二者产生缘由不同，故取得相应法律地位所必备的要件或者说被申请国甄别时的审查重点也存在显著差异，因此国际法对其进行了分别规定。后文对于二者的国际法地位与权利结构的讨论可直观反映出该适用范围上的限定所蕴含的价值导向，也将使国际人权法所保护的自然人权利的边界与底线"浮出水面"。

卢梭认为"不平等现象在自然状态中几乎是不存在的"[1]，但是无国籍人、难民等流离失所者在社会状态中由于原在国保护的缺位，相较于避难国公民已然处于事实上的不平等地位，其人格尊严与权利的充分实现不可能依靠重回自然状态来完成。与国际法上的难民权利结构相似，无国籍人权利框架是以《无国籍人公约》所列权利清单为底线，以包括《世界人权宣言》与

---

〔1〕 ［法］卢梭：《论人与人之间不平等的起因和基础》，李平沤译，商务印书馆 2007 年版，第120 页。

ICCPR 等普遍性人权公约为基础性延展，以区域性人权条约与各国国内法等为具体保障，并最终以各接收国的实际庇护能力为上限。然而，《无国籍人公约》与《难民公约》对某些权利待遇标准的规定并不相同。《难民公约》中引人注目的对于第 11 条结社权与第 17 条第 1 款以工资受偿被雇佣权之最惠国待遇的规定，在《无国籍人公约》中却并未对这两项权利以相同待遇待之，而仅规定"不得低于一般外国人在同样情况下所享有的待遇"。结社权涉及个人、社团与国家三者之间的关系，而以工资受偿的工作权对于个人其他权利的实现至关重要[1]。在这两项权利待遇标准上的区分，直观地反映出二者在权利保护紧迫性上的差异，也反映出国际法在处理缔约国是否有义务与非本国公民之间建立常态化的经济、政治关系[2]这一问题上是相当谨慎的。毕竟，国籍授予问题属于一国的国内主权事务。

　　实践中，无国籍人常常会陷入复杂的法律困境，且对于无国籍人保护的研究通常将减少无国籍状态作为路径，最终导致的结果就是国籍被视作"人权保护之门"。[3] 这就牵涉到自然人权利的社会性问题，对于不存在政治性迫害危险的无国籍人，是否其权利的实现必须以国家保护为前提，无国籍人又是否可基于其意志继续保持无国籍状态？难民权利因处于受到迫害威胁的状态而需要国家保护的存在，可不属于难民的那部分无国籍人可能并无此危险。《减少无国籍状态公约》第 8 条第 1 款规定："缔约国不应剥夺个人的国籍，如果这种剥夺使他成为无国籍人的话。"这意味着在国际法上国籍国并不因剥夺个人国籍而免于承担对其的保护义务。当然，若原国籍国不仅不对本国公民进行保护还对其施以迫害，那么该公民可基于迫害的危险向他国主张

---

〔1〕 参见美国代表亨金（Henkin）在难民及无国籍人问题特设委员会会议上的发言，Ad Hoc Committee on Refugees and Stateless Persons, Second Session: Summary Record of the Thirty-Seventh Meeting Held at the Palais des Nations, Geneva, 16 August 1950, E/AC. 32/SR. 37, https: //www.unhcr.org/publications/ad-hoc-committee-refugees-and-stateless-persons-second-session-summary-record-thirty-2, 最后访问日期: 2024 年 10 月 21 日。转引自 [美] 詹姆斯·C. 哈撒韦:《国际法上的难民权利》，黄云松译，中国社会科学出版社 2017 年版，第 65 页。

〔2〕 参见 [美] 詹姆斯·C. 哈撒韦:《国际法上的难民权利》，黄云松译，中国社会科学出版社 2017 年版，第 64~65 页。

〔3〕 Agnieszka Kubal, "Can Statelessness be Legally Productive? The Struggle for the Rights of Noncitizens in Russia", *Citizenship Studies*, Vol. 24, No. 2, 2020, pp. 193-208.

难民的地位与权利。我们往往期待"利用各种解释方法来为规则填补空缺、消除瑕疵"[1]，可缺位的并非某种完美的法律解释方法，而是"一个能够列出何处应使用何种方法的规则"[2] 该款规定事实上也可以做另一种解读——其他缔约国可据此主张并不对申请者负有给予国籍的义务。无论何种解释，均可以揭示出各国为非本国公民无国籍人提供的权利保护必然在顺位上后于其国籍国。综上，二者所处的境遇既有相同之处也存在差异，难民的主要困境在于权利面临迫害的危险，而无国籍人则在于没有国籍这一连结因素某些社会性权利或难以实现。对于权利保护的紧迫性不及难民的无国籍人，国际法所划定的缔约国义务从范围与程度上均是最为基础性的，也几乎是国际法上自然人权利保护的底线。

（四）难民与气候难民

全球气候变暖造成的海平面上升、土地盐碱化等现象造成部分太平洋岛国居民未来或面临流离失所的尴尬处境，伊万·泰托塔（Ioane Teitiota）向联合国人权事务委员会（UN Human Rights Committee，以下简称"HRC"或"委员会"）诉新西兰一案（以下简称"泰托塔诉新西兰案"）将气候难民问题正式引入国际社会的视野中。针对气候难民是否属于国际法上的难民的争议主要是围绕气候难民无法获得原在国保护的原因的非政治性。前文对于现行国际法中的难民定义进行了讨论并总结了《难民公约》所规定的难民身份的三种实质性构成要件：因 5 种事由而畏惧；留在本国之外；不能或不愿获得本保护。泰托塔诉新西兰案"事实背景"的 2.7 中提到："法庭[3]分析了当事人是否符合《难民公约》《禁止酷刑公约》与 ICCPR 规定的难民或受保护人资格，认为当事人是完全可信的。"[4] 该部分 2.8 表明法庭认为："尽管，在许多情况下，受环境变化与自然灾害的人不会被纳入《难民公约》保

---

〔1〕 桑本谦：《法律解释的困境》，载《法学研究》2004 年第 5 期，第 3 页。

〔2〕 ［德］拉德布鲁赫：《法学导论》，中国大百科全书出版社 1997 年版，米健、朱林译，第 107 页。

〔3〕 本书涉及泰托塔诉新西兰案部分的"法庭"一词指代的是新西兰移民与保护法庭（the Immigratio and Protection Tribunal）。

〔4〕 See Ioane Teitiota *v.* New Zealand, (advance unedited version), CCPR/C/127/D/2728/2016, UN Human Rights Committee (HRC), 7 January 2020, p. 3.

护的范围内。可是，也不存在明确的规定与不适用推定。"〔1〕然而，法庭依旧认为：

> 当事人此前未曾经历土地纠纷，也没有证据表明确有因与住房、土地、财产相关的纠纷遭受严重的人身伤害的可能……没有证据可以支撑他无法种植粮食或获得饮用水的论点，也没有证据证明他曾面临或即将面临的环境问题存在足以使他生命遭受侵害的危险。因此，他并非《难民公约》所界定的难民。〔2〕

HRC 在"案情审议"9.13 中则表示："不能证明新西兰审理案件时的司法程序存在明显的任意性，或相当于明显的错误、拒绝司法，抑或是法院违反了独立和公正的义务。"〔3〕据此，针对伊万·泰托塔的法律地位，我们从 HRC 的审理意见与新西兰法庭的认定中可以推导出三层内涵。首先，无论是"事实背景"2.7 与 2.8 中法庭对于受气候的影响的人是否属于"难民"的阐述，还是"案情审议"9.11 中委员会认为"气候变化的影响或使个人基于 ICCPR 第 6 条或第 7 条所享有的权利受到侵犯，从而触发遣返国的不推回义务"〔4〕，均揭示出新西兰当局与 HRC 对于气候避难者可被纳入《难民公约》界定的难民范畴与其享有不被推回的权利之肯定。其次，侵害的危险既可以是气候问题的直接影响，也可以是气候变化引发的社会冲突或国家未能积极采取应对措施造成的侵害危险。这意味着，气候避难者生命权受到侵害的原因并非一定具有政治性特征。此处值得注意的是，即使国际法承认气候难民的难民地位，当事人也有充足的证据证明气候问题对于其生命权的侵害是现实存在的，可原在国已采取了积极措施，此时又当如何认定原在国保护是否

---

〔1〕See Ioane Teitiota *v.* New Zealand, (advance unedited version), CCPR/C/127/D/2728/2016, UN Human Rights Committee (HRC), 7 January 2020, p. 4.

〔2〕See Ioane Teitiota *v.* New Zealand, (advance unedited version), CCPR/C/127/D/2728/2016, UN Human Rights Committee (HRC), 7 January 2020, p. 4.

〔3〕See Ioane Teitiota *v.* New Zealand, (advance unedited version), CCPR/C/127/D/2728/2016, UN Human Rights Committee (HRC), 7 January 2020, p. 12.

〔4〕See Ioane Teitiota *v.* New Zealand, (advance unedited version), CCPR/C/127/D/2728/2016, UN Human Rights Committee (HRC), 7 January 2020, p. 12.

存在？最后，法庭与委员会不认定伊万·泰托塔及其家人有生命遭受侵害的危险的理由均是当事人提供证据不足以证明危险已然发生或可能发生。即便，HRC 在审理意见中承认"严重的环境恶化的确会影响个人福祉，甚至使生命权遭遇侵害"[1]。不仅如此，我们必须考虑的是，不论气候避难者是否可以获得国际法上的难民地位，所有沿海国的居民受气候变暖、海平面上升现象影响所面临的危险是现实存在的。当前的难民甄别程序基本都要求寻求庇护者承担证明自己符合难民身份的举证责任。但是，本就身陷不利境遇，且申请者大多对于被申请国相关法律制度甚至语言并不熟悉，由其承担自证困境的责任又是否合理？

减缓气候变化的不利影响需要全球范围内为限制和减少温室气体排放做出实质性努力[2]，1992 年《联合国气候变化框架公约》（United Nations Framework Convention on Climate Change，以下简称"UNFCCC"）及 2015 年《巴黎协定》先后确认了各缔约方在应对气候变化上的"共同但有区别责任"与减排的"国家自主贡献"。实践中各国也为此做出了许多努力与尝试，但是气候变化问题依然十分严峻。并且，气候变化的危险并不具有稳定性，对于基里巴斯等太平洋岛国甚至大部分地区仍依赖于自给自足的自然经济。HRC 称无法证明新西兰当局作出的"基里巴斯共和国已采取措施并建立抵御气候变化相关危害的能力"的结论是武断的[3]，可并未提及作为"最不发达国家"之一的基里巴斯在经济与技术上是否具备采取有效措施的能力。

正如该案审理意见的附件 2 委员会成员邓肯·莱基·穆胡穆扎（Duncan Laki Muhumuza）的个人意见中提到的那样，"新西兰的行为无异于将溺水者

〔1〕 See Ioane Teitiota *v.* New Zealand, (advance unedited version), CCPR/C/127/D/2728/2016, UN Human Rights Committee (HRC), 7 January 2020, p. 10.

〔2〕 See Myles R. Allen, et al., Technical Summary, in Global Warming of 1.5℃: An IPCC Special Report, Valérie Masson-Delmotte et al. eds., 2019, pp. 31-32. See Benoit Mayer, "Climate Change Mitigation as An Obligation under Human Rights Treaties?", *American Journal of International Law*, Vol. 15, No. 3, 2021, p. 409.

〔3〕 See Ioane Teitiota *v.* New Zealand, (advance unedited version), CCPR/C/127/D/2728/2016, UN Human Rights Committee (HRC), 7 January 2020, p. 12.

推回正在沉没的轮船"[1]。新西兰法庭在审理该案时并未将气候避难者排除出《难民公约》所保护的范围，却又要求申请者自证其困境之存在。这等同于要求避难者仅在不能获得原在国保护时才可享有不被推回的权利，而对不愿获得原在国保护的情形予以否定。从保护的阶段来看，《难民公约》对于"不愿"的规定从事实上对避难者的受庇护权设定了侵害预防阶段，即危险未发生但有发生的可能时避难者便可主张其权利。法庭与 HRC 在收到当事人提交的相关专家撰写的学术文章、报告等资料以证明气候变化对其生命权的影响后，依然认为可寄希望于其政府的应对措施，并以此不认定其享有不被推回的权利。这一做法相当于要求实害发生后申请者才可主张权利，并不符合现行国际人权法的价值导向。

"国际人权条约构建了义务的两种类型：'尊重'（即不侵犯）人权的消极义务；人权保护与实现的积极义务。"[2] 而某些情况下，缔约国不仅不得侵犯人权，还需采取积极措施对人权进行主动保护，《难民公约》《儿童权利公约》中均有类似条款。贝诺伊特·梅尔（Benoit Mayer）认为："因为许多一般缓解义务期望避免的气候变化的影响无法被视为对人权的影响，所以（人权条约）适用的窗口开得相当小。"[3] 在此情形下，申请人很难以国家不积极履行气候变化影响的减缓义务为由主张权利无法获得原在国保护，但是其不利处境又是现实存在的。HRC 在泰托塔诉新西兰案"案情审议"9.11 中指出"如果没有国家和国际社会强有力的努力，气候变化的影响或使个人基于 ICCPR 第 6 条或第 7 条所享有的权利受到侵犯，从而触发遣返国的不推回义务。"[4] 考虑到 HRC 的职能在于审查 ICCPR 所载权利受到侵害的受害人的来源，因此不必对当事人是否为难民进行判断。可是，在肯定气候变化对于基里巴斯原住居民生活确实已发生影响后，仍以申请者未提供充分证据为由

---

〔1〕　See Ioane Teitiota *v.* New Zealand, (advance unedited version), CCPR/C/127/D/2728/2016, UN Human Rights Committee (HRC), 7 January 2020, p. 16.

〔2〕　Benoit Mayer, "Climate Change Mitigation as An Obligation under Human Rights Treaties？", *American Journal of International Law*, Vol. 115, No. 3, 2021, p. 414.

〔3〕　Benoit Mayer, "Climate Change Mitigation as An Obligation under Human Rights Treaties？", *American Journal of International Law*, Vol. 115, No. 3, 2021, p. 450.

〔4〕　See Ioane Teitiota *v.* New Zealand, (advance unedited version), CCPR/C/127/D/2728/2016, UN Human Rights Committee (HRC), 7 January 2020, p. 12.

认定其在 ICCPR 项下的生命权无受侵害的危险且新西兰当局的决定并不武断,这显然是不合理的。

在现阶段,将气候难民纳入 ICCPR 所保护的难民范畴有造成经济不发达地区公民借此向经济状况、社会福利待遇较好的国家流动的风险。在国际法上,气候难民原在国保护缺位的认定困境并不能成为相关国际人权条约缔约国的免责理由。否则,以 2021 年阿富汗局势骤变大批民众滞留喀布尔机场为例,在危害现实发生时避难者甚至不能顺利离开,何以满足《难民公约》"留在本国之外"这一条件。综上,难民与气候难民的异同便显而易见了。二者的相同之处在于,气候难民与现行国际法上的难民均属于原在国保护与其权利之间的联结断裂或存在断裂危险的情况。从价值导向上,难民与气候难民为《世界人权宣言》所确认的基本权利与自由已岌岌可危,而二者所引发的问题均具有 "社会和人道性质"[1],国际社会应对其予以关怀、保护。并且,二者同样满足 "不能或不愿" 受原在国保护这一条件。"留在本国之外" 这一条件对于难民与气候难民均仅属于甄别要件之一,《难民公约》对于此要件的规定主要是考虑到 "国际社会对于难民的保护不得侵犯其本国的属地管辖"[2]。而这对于难民与气候难民的区分并不产生实质影响,故不再具体展开。

二者的区别主要在于:不能或不愿受原在国保护的缘由是否为种族、宗教、国籍、参加某一社会团体或具有某种政治见解,即畏惧产生的理由是否具有政治性。前文曾论述过气候避难者权利受到侵害的危险不仅是由于气候变化的影响,若原在国未采取积极行动或无力通过行之有效的措施应对;那么,特别是在前一种情形下,避难者失去原在国保护的情形便具有政治性特征。就当前阶段而言,气候难民所畏惧的情形是气候变化使得状况进一步恶化,加上对于气候问题不稳定性的考量,国际社会在此阶段为避难者所提供的保护是预防性的。气候变化所带来的海平面上升等危险的危害性与破坏力是难以预估的。2021 年 12 月 5 日,喀麦隆北部因水资源短缺爆发的暴力冲突使得数十万人流离失所,这恰证明了气候问题确实可能发展为避难者失去原

---

〔1〕 参见 1951 年《难民公约》的 "序言" 部分。

〔2〕 刘国福:《国际难民法》,世界知识出版社 2014 年版,第 188 页。

在国保护的缘由。[1] 所以，国际社会应重视为气候避难者提供预防性保护，使其权利不致遭遇严重侵害。权利保护包含两层内涵：保护权利使其免受不当侵害；保障权利的充分实现。前者对应的不推回义务，后者对应的则是缔约国所保护的权利范畴与为避难者提供的待遇标准。目前，气候避难者受庇护权中已为国际法所明确的便是"不被推回"的权利。至于其是否享有国际法所规定的难民权利及待遇，则是明确其国际法地位的关键——即便最终未将其纳入《难民公约》所保护的范畴或不称其为难民。

即使各国通常情况下并未展现出接受正式扩展《难民公约》下难民定义的意愿，可在部分国家的实践中却普遍反映出对于更广泛群体的保护需求与权利的认可。[2] 短期内，国际社会或无法就是否将气候难民纳入公约界定的难民范畴达成共识。是故，在面对气候避难者时以保护其需求与权利为各国甄别的主要内容，确认其能够在本国获得保护即可。无论是难民还是气候难民问题，对于国际社会而言核心均应当是人权保护。现行国际法构建的难民权利体系本身已接近自然人生存、发展所需权利与自由之底线，且气候避难者原在国保护可能面临无法恢复之尴尬，故至少应给予其不低于难民的权利及待遇。

三、国际法上难民地位的取得条件

通过将国际法上的难民和其他与之具有相似性的概念进行对比，我们可以推导出难民地位的实际取得不仅需满足《难民公约》所列实质性要件，至少还需经过被申请国甄别——依据其国内法或区域性条约的规定。符合现行国际难民法所做的定义意味着避难者属于国际法上的难民，而通过甄别意味着被申请国对于难民身份的认可，并许可给予其处于该法律地位所应享有的权利。所以，难民身份的取得问题的逻辑关系如下：不符合现行国际难民法的定义则不能取得难民身份，取得难民身份的避难者必然符合定义；通过了

---

〔1〕 参见《乍得的喀麦隆难民设法自力更生》，载联合国难民署官网，https://www.unhcr.org/cn/16915-乍得的喀麦隆难民设法自力更生.html，最后访问日期：2024 年 10 月 21 日。

〔2〕 See Guy Goodwin-Gill, Jane McAdam, *The Refugee in International Law*, third edition, New York: Oxford University Press, 2007, p.134.

被申请国甄别的难民必然属于国际法上的难民，但并非所有国际法上的难民均可通过该被申请国的甄别。

（一）必要条件：符合现行国际难民法的界定

本节开端对国际法上难民的内涵与外延进行了探讨，现行国际难民法对于难民的界定以《难民公约》第 1 条为主，在此基础上区域性难民条约、人权条约或部分国家国内法着眼于某一侧面进行了细化，从而勾勒出难民的概念范畴。寻求庇护者仅需满足其中某一部法律的定义，便可据此向被申请国主张难民地位。《难民公约》至今已有 19 个签署国与 146 个缔约国，形成了较为广泛的拘束力，该公约第 5 条与第 46 条的规定，意味着所有缔约方不得对《难民公约》中的难民定义进行保留，并应尽可能为避难者提供不低于公约规定的权利保护。所以，所有缔约方国内法或参与的区域性条约所划定的难民定义范围不能窄于《难民公约》规定的范围。从实现最广泛的人权保护的角度，现行国际难民法不仅不禁止各国对公约中的难民概念进行扩大解释，还鼓励各国主动履行难民庇护义务。

非《难民公约》的缔约国通常是通过国内立法明确难民定义的，即使不加入《难民公约》《难民议定书》也可选择适用公约中的定义，或将之交由UNHCR 进行甄别。《难民公约》"序言"部分表明公约已经考虑到避难国的负荷，而公约的目的在于保护难民的基本权利与自由。[1] 故，其保护的仅为难民作为自然人生存与发展所必需的那部分权利与自由，而这部分权利与自由相较于其他权利与自由具有显著的迫切性。倘若，非缔约国的被申请国为获得难民身份设定的条件过于苛刻，或将导致申请者难以依据其国内法主张难民权利。此时，这些非缔约国的被申请国极有可能违背《世界人权宣言》《禁止酷刑公约》等所规定的不推回义务。理想状态下非缔约国界定的难民概念范畴应不低于《难民公约》描述的范围，但给予非本国公民何种法律地位属于一国主权事务，在没有国际条约约束的情况下被申请国并不必然负有接收并安置避难者的义务。因此，在此对于非缔约国的难民定义暂不予讨论。

〔1〕《难民公约》的"序言"部分提到，竭力保证难民可以最广泛地行使此项基本权利和自由……考虑到庇护权的给予可能使某些国家负荷过分的重担，并且考虑到联合国已经认识到这一问题的国际范围和性质，因此，如果没有国际合作，就不能对此问题达成满意的解决。

假如，其国内法的规定过于苛刻以致真正的避难者被推回受迫害的危险境遇，可能就此触发该国于其他国际条约下的义务。这种情形下，出于最广泛的人权报告之考量，我们可以视《难民公约》规定要件为难民身份的概括性、普遍性特征，缔约国只能将其细化或对特殊情形予以规定，而不能缩小该概念辐射的范围。换言之，缔约方实际保护的难民范围只能大于或等于《难民公约》划定的范围，《难民公约》的定义可视为现行国际法中难民定义的基础，假如，避难者符合国际法上难民身份的构成要件；那么，便已成为实质意义上的难民。但是，实践中此类避难者并非均得以主张难民权利，还须通过被申请国的甄别程序。由此，如果申请者不符合现行国际难民法的定义，则不属于难民；而符合难民定义的申请者不一定能够取得国际法上的难民地位。

不容忽视的是，"符合国际难民法的定义"并非禁止对现行难民定义做扩大解释，而是要求申请者处于无法获得原在国保护或受到迫害的困难处境——被申请国为其提供难民地位与国际法上难民权利保护的价值诉求应具有一致性。国际法上难民的集合中不存在不符合难民定义者，但是满足国际法规定要件的避难者并不都属于实际取得难民身份的群体集合，盘踞在符合法定难民条件与实际取得难民身份之间的便是被申请国甄别。

（二）充分条件：通过被申请国甄别

国际法上享有甄别权的主体为国家与 UNHCR，后者不仅可辅助被申请国进行甄别还享有独立的甄别权。然而，在现行国际难民法中，UNHCR 的甄别结论是否对国家产生效力仍属未解之难题。并且，UNHCR 并不拥有可安置难民的土地，也缺乏保障难民权利充分实现的财政支持，在 UNHCR 难民安置营地中其具有社会性特征的那部分权利也很难主张，如以工资受偿的被雇佣权。此种情形下，避难者基于难民这一法律地位享有的公约所列之权利难以被满足。所以，缔约国依然是难民权利所直接连结的义务主体。

在通过被申请国甄别与取得难民的法律地位这一组关系中，前者是后者的充分条件。通过被申请国甄别意味着申请者已获得被申请国对其身份的认可与给予其难民权利保护的许可，此类寻求庇护者必然属于难民，无论被申请国是否属于《难民公约》的缔约国。但是，国际法上的难民并非全部是经过被申请国甄别的。在实践中，有一部分避难者由于种种原因未能通过被申请国甄别程序或者其提交的庇护请求迟迟未被审批，而其已经满足国际法或被申请国国内法规定的要件。倘若，否定此类避难者在国际法上的难民地位无异于将国际社会对于难民的庇护责任限定在其身份获得某一国家认可之后。然而，正如文章开端所论述的那样，自然人的某些权利与自由是其在获得某种法律上的地位或身份之前便享有的，在部落、城邦、国家等概念出现之后这部分权利与自由为所法律确认。假定我们承认社会契约之存在，那么为了契约下共同福祉之实现的个人就对所在国承担着某些义务，即卢梭所言个人转让了自己所享有的一部分权利与自由[1]——这也是为《难民公约》第2条所言的难民对于所在国负有的一般义务[2]。与此同时，对于避难国而言，与避难者之间完全可以是互利的关系。"如果提供机会的话，许多寻求庇护者都能达到一定程度的自立"[3]，无疑自立后的避难者也能够为避难国的发展做出贡献。

以这个逻辑论之，国家与个人之间应为互负义务的关系，国际社会在难民权利保护问题上达成普遍性约定便意在使寻求庇护者作为自然人之基本权利与自由能够得到保障。若将被申请国认可的难民与国际法上的难民视为同一集合，等同于承认被申请国主权许可为国际法上难民地位取得的充分必要条件，而这与否认国家主权许可之前自然人基本权利与自由之存在又有何区别？显然，这将使得国际法上人权保护的效果大打折扣。

（三）甄别程序的差异

任何面对庇护请求的国家都不会放弃行使本国所享有的甄别权，即便是那些将甄别避难者的工作委托给 UNHCR 的国家。这不仅是未免负荷过重的庇护义务，也是出于本国安全与秩序之考量。前文在探讨扩展难民时曾提到过的区域性难民问题有其自身的特点，而科学的甄别程序有助于提高审核效率、有针对性地予以应对。不仅各国、各区域规定的避难者甄别程序存在区别，国际社会在难民问题发展的不同阶段、针对特定身份避难者或不同来源国避

---

〔1〕 参见［法］卢梭：《社会契约论》（第3版·修订本），何兆武译，商务印书馆2003年版，第37~42页。

〔2〕《难民公约》第2条：一切难民对其所在国负有责任，此项责任特别要求他们遵守该国的法律和规章以及为维护公共秩序而采取的措施。

〔3〕 参见刘国福：《国际难民法》，世界知识出版社2014年版，第223页。

难者实施的甄别程序也呈现显著的差异性。例如，在难民危机白热化阶段，面对大规模的避难者，UNHCR 与部分被申请国曾试图采取集体甄别的方式，可如此很难避免部分不符合难民身份要件的移民趁机混入避难者中。即使，同一区域内的不同国家甄别程序大致相似，也极有可能在审核时采取宽严不一的标准。当然，其中不乏部分国家知道本国并非避难者的最终目的地，所幸通过使避难者得以顺利流动。"阿拉伯之春"后部分欧盟边境国家成为大批避难者进入欧洲的主要"突破口"，意大利就曾因此被称为"欧洲非法移民的漏勺"。

甄别程序的不同设置也并非均以本国利益为导向的，针对儿童难民、处境极其恶劣的寻求庇护者等相对弱势群体，相关国家通常负有提供帮助或减轻其举证压力的责任。由此，便产生了一些特殊的甄别程序或简易程序。这些甄别程序的差异性意味着国际社会意识到了寻求庇护者中权利受侵害风险更大的群体，约翰·罗尔斯在论述正义的第二原则时阐述了这样一个观点：应当合理安排社会和经济的不平等使之符合每一个人的利益。[1] 在尚无法实现正义的第一原则所期待的每个人平等地享有相似的最泛的自由时，应当对其针对处境予以区别安排。国际法对于难民这一群体的关注如是，国际社会对难民中某些群体的特殊照拂亦如是。

第三节　国际法上的难民权利结构

"难民享有的普遍权利有两个主要来源——国际人权法的普遍标准，以及《难民公约》本身。"[2] 作为现行国际难民法的核心《难民公约》与《难民议定书》明确了缔约国需保护的避难者权利及各项权利应享有的待遇标准，《难民公约》第 5 条规定的"本公约任何规定不得认为妨碍一个缔约国并非由

---

〔1〕 [美] 约翰·罗尔斯：《正义论》（修订版），何怀宏、何包钢、廖申白译，中国社会科学出版社 2009 年版，第 47 页。

〔2〕 [美] 詹姆斯·C. 哈撒韦：《国际法上的难民权利》，黄云松译，中国社会科学出版社 2017 年版，第 8 页。

于本公约而给予难民的权利和利益"，意味着《难民公约》与《难民议定书》所列之权利仅为缔约国应保护的基础，缔约国负有保护这些权利的义务。可是，公约并不禁止缔约国给予难民更为广泛的保护，《难民公约》的权利清单以帮助难民脱离困境与兼顾接收国的实际安置能力为目的。在此基础上，厘清国际法上难民权利之完整构造。

一、难民保护的核心：自然人的基本权利与自由

《难民公约》从法律地位、有利可图的职业活动、福利、行政措施等方面论述了避难者所享有的权利，未再对《世界人权宣言》所载生命权、免遭迫害等权利予以重申，而 ICCPR 规定的和平集会、作为公民的选举权与被选举权等权利则未为《难民公约》所包含。由此可见，尽管国际法上难民保护与普遍性人权保护的最终归宿是一致的。但是，前者因需着眼于矛盾的特殊性而拥有了另一层价值内涵——对于权利受到侵害或面临侵害危险者的保护，使其在摆脱困境后有充分实现其作为自然人的权利、自由的可能。国际人权法中的各宣言、公约、协定等均各有侧重，即便是涉及同一权利，各文件关注的问题与规定也并不相同。

以结社权为例，《世界人权宣言》《难民公约》与 ICCPR 均对该项权利进行了规定[1]。不同的是，《世界人权宣言》仅确认了结社权的存在，ICCPR 则对结社权的内涵与例外作出了进一步说明，《难民公约》下的结社权范围则相对狭窄——仅限于"非政治性和非营利性的社团以及同业公会组织"，这是由三个文件自身的性质与针对群体决定的。《世界人权宣言》面向的是全体联合国会员国，旨在倡导对于"人类家庭所有成员"人权之尊重与保护，IC-CPR 则聚焦于公民权利与个人带有政治性特征的权利，所保护的权利较之

---

〔1〕《世界人权宣言》第 20 条第 1 款规定：人人有权享有和平集会和结社的自由。ICCPR 第 22 条规定：①人人有自由结社之权利，包括为保障其本身利益而组织及加入工会之权利。②除依法律之规定，且为民主社会维护国家安全或公共安宁、公共秩序、维持公共卫生或风化或保障他人权利自由所必要者外，不得限制此种权利之行使。本条并不禁止对军警人员行使此种权利，加以合法限制。③关于结社自由及保障组织权利之国际劳工组织 1948 年公约缔约国，不得根据本条采取立法措施或应用法律，妨碍该公约缔约国所规定之保证。《难民公约》第 15 条规定：关于非政治性和非营利性的社团以及同业公会组织，缔约各国对合法居留在其领土内的难民，应给以一个外国的国民在同样情况下所享有的最惠国待遇。

《世界人权宣言》更具体、社会属性更鲜明且各缔约国义务更为明确。与二者相比，《难民公约》保护的权利主体范围也更窄。因为，避难者无法获得原在国保护的事由具有较强的政治性，所以现行国际难民法在政治性权利的保护上十分谨慎。毫无疑问，国际法上人权保护义务的主要和直接承担者首先是其国籍国；其次是与个人产生实际公民权利义务关系的国家，也就是经常居住国；有且仅有在国籍国与经常居住国均无法对其进行保护时，其他国家特别是《难民公约》的缔约国才负有庇护义务。并且，这种庇护义务通常只有当避难者向其提出庇护请求或没有其他国家的管辖义务在先时才会被"触发"。《无国籍人公约》与《减少无国籍状态公约》中各缔约国达成的合意也证实了国际人权法中各相关国义务是按此顺序确认的。

相关国与个人之间在权利义务上的联结决定个人在该国的法律地位，《难民公约》保证避难者受到庇护直到其能够在原在国获得保护，《减少无国籍状态公约》期望通过建立缔约国与无国籍人的关联以使其获得保护，ICCPR 明确了缔约国应当给予所有在其境内并受其管辖之人应享有的权利。伴随人类社会的发展，个人的权利与自由呈现出多元化特点的同时，也显示出了明显的社会或国家依赖性。倘若，《难民公约》的起草者将那些带有强烈政治影响色彩的权利纳入公约保护的权利范围，那么就很难期待该公约为各国广泛接受并最终达成一致。作为本国公民、居民权利保护责任承担者的国家，也享有个人为公共福祉之实现而让渡的部分权利，这也是国家主权之源——"由于社会公约，我们就赋予了政治体以生存和生命"[1]。因而，国家有了对内支配其成员的权力与为公共福祉之实现对外维护本国利益的权力，这种为公意指导的权力便是主权。[2] 是故，出于本国利益之考量，被申请国通常不愿与避难者建立更紧密的关联。特别是对于那些经济相对发达、社会福利待遇较好的国家，在难民问题上往往慎之又慎，因为过于开放或过于闭锁的难民政策对于人权保护均是极为不利的。后者较易理解，将避难者"拒之门外"

---

[1] [法]卢梭：《社会契约论》（第 3 版·修订本），何兆武译，商务印书馆 2003 年版，第 44 页。

[2] 参见 [法]卢梭：《社会契约论》（第 3 版·修订本），何兆武译，商务印书馆 2003 年版，第 37~42 页。

无异于放任其权利受到侵害。而前者则极有可能引发大规模的人口迁徙，影响国际社会安全与稳定。2015 年 8 月 21 日，德国联邦移民和难民署宣布针对来自叙利亚的避难者不再遵循《都柏林公约》下的第一入境国原则[1]，紧接着 8 月 23 日在海德瑙难民营事件后，德国的"开放型"难民政策曾一度使大批避难者涌入。可是，由于迟迟无法与其他欧盟成员国在难民接收、分配问题上达成一致，加之其国内几次公共安全事件带来的不利影响，德国不得不重新收紧其难民政策。

可见，国际法上的难民权利保护需综合考量接收国与避难者双方的利益保护。正因如此，《难民公约》与区域性难民条约等不会盲目扩大所保护的避难者权利范畴，其围绕的核心均是解决"难民"之"难"。《难民公约》作为现行国际难民法的核心，所保护的权利均呈现出同一特征——使难民至少能够作为社会一员而生存。在《难民公约》所列权利中，无论是以工资受偿受雇佣权，还是自营职业、自由职业、公共教育等方面的权利，均是为了保障难民作为避难国社会的一员得以生存、发展。《难民公约》设定的权利体系中每一项权利都有其对应的最低待遇标准，而其中部分权利的底线是"一般外国人待遇"，这也是为了保障避难者在接收国的权利实现程度与不致陷于人格尊严受损害的处境。被申请国不必因担心负担过重而拒绝提供庇护，而寻求庇护者作为自然人在避难国社会中事关最基本的生存与发展问题的那部分权利与自由也得以保障。虽然，这意味着国际法上得以明确的难民权利范围不会过宽，且并不具有较强的政治性。可是，仅有这样才能使更多国家愿意对避难者敞开怀抱。而且，与 ICCPR 所列权利不同的是，即使避难国处于紧急状态，《难民公约》下已获得难民地位的避难者权利依旧是不可克减的。无疑，《难民公约》明晰了国际法上难民权利保护的导向，确保避难者作为自然人享有在社会中生存所必需的权利与自由。这是现行国际难民法所保护的核心，也是国际人权法对于个人权利保护的基础。

《难民公约》除第 31 条对于非法留在避难国的难民的规定与第 33 条对于"禁止推回"难民的规定外，其保护的权利范围与《无国籍人公约》所列基

---

〔1〕 参见郑春荣、周玲玲：《德国在欧洲难民危机中的表现、原因及其影响》，载《同济大学学报（社会科学版）》2015 年第 6 期，第 32 页。

本一致。而《无国籍人公约》不仅部分权利待遇标准低于《难民公约》；同时，难民享有最惠国待遇的"结社权"与"以工资受偿受雇佣权"，不符合难民地位构成要件的无国籍人只能享有"不低于一般外国人"的待遇。前文在比较难民与无国籍人权利时曾提到，国际法对于无国籍人的权利保护几乎是国际法所明确的人权保护之底线。但是，此处不容忽视的一点是，这部分无国籍人并不具有难民之"难"。故，其基本权利与自由的处境并不危险，而正如我们多次论述的那样，各国对于非本国公民、居民、与本国权利义务关联性不强的个人，其义务通常需以个人之申请为前提。当然，现代社会大多接受了卢梭所述的每个人转让出自己权利、自由中与集体有重要关系那部分[1]就此结成利益相关的共同体这一理论。可是，值得注意的是，人类并非无法脱离社会独立生存的。个人可以因公共利益限制自己的某部分自由，或者说接受法律对于其部分自由的限制。然而，这并不等同于个人失去了基于其意志为某种行为的能力。

今时今日，我们已充分认识并理解个人发展离不开社会与人权社会化特征的价值与必要性。可是，"无权利则无义务"的逻辑背后既有"享有权利便承担义务"这一侧面，也有不提供权利保护且不施以义务负担的一面。谢林定义的自由同时包含致善与致恶的能力，自给自足状态下的个人为对他人致恶，便不必承担致恶引发的义务。当个人未寻求任何国家保护，也不欲与任何国家建立某种权利义务关联时，其权利与自由的保护状况仅需以其个人的评判为准——此时由其意志所确保的利益便是权利，即便在这种权利所依托的价值体系的评价主体与约束对象均仅为一人。由于这种情况相当罕见，此处不再展开论述。但能够明确的一点是，当前我们对于难民与无国籍人权利保护的比较是置于国际法的视域下的，这就表明这部分权利主体并非"离群索居"的极端状态。而抛开待遇标准不谈，国际法所保护的难民与无国籍人权利范围大致相同。《难民公约》第31条与第33条针对的主要是难民之"难"，对于不具有此类危险的无国籍人并无规定的必要。除此之外，两公约所列权利与自由便是自然人生存、发展所必需的基本权利与自由。即便，对

---

[1] 参见 [法] 卢梭：《社会契约论》（第3版·修订本），何兆武译，商务印书馆2003年版，第38页。

于社会福利待遇最周延国家的公民，其为国家所承诺的其他任何权利与自由之实现均需以此为基础。

二、不同停留状态下的避难者权利差异性

《难民公约》中通过不同措辞规定了三种避难者在缔约国的停留状态：逗留，即短时间停留；居留，即长时间停留；停留，既包括逗留也包括居留。本书第二节曾对难民地位实际取得的必要条件与充分条件进行探讨，被申请国甄别程序使避难者无法直接完成某国公民、居民到国际法上的难民之转变。那么，在提交申请、等待甄别结果这一期间内，避难者应以何身份处之？若依旧以原在国公民或居民视之，相当于肯定了法律地位与权利之间可以是相互脱离的状态，此时其原法律地位仅具有标识作用——以证明避难者来源。个人的法律地位可视为法律确认保护其某部分利益之承诺，在权利无法得到主张，即避难者无法获得原在国保护的时候，事实上其与原在国之间的权利义务关系已然中断。可是，尚处于甄别阶段的避难者依然是自然人与社会一员，对于获得权利保护有着迫切的需求。《难民公约》考虑到寻求庇护者的权利保护可能存在长时间的"断链"状态，因而在公约中规定了不同阶段下缔约国所负的避难者权利保护义务。

（一）合法逗留与实际逗留

已身处缔约国境内但仍处于甄别阶段的避难者可分为"合法逗留"与"实际逗留"两种情形。其中，合法逗留之合法性主要体现为停留是否获得了所在国许可。詹姆斯·C. 哈撒韦教授认为，实际逗留则是指避难者已身处缔约国境内，不管这种停留是合法的还是非法的。[1] 国际社会关于甄别期避难者在缔约国境内停留合法与否这一问题迟迟未能达成一致。有观点认为，避难者在获得避难国对其难民地位的认可之前，在避难国境内的逗留均是非法的，无论其入境方式是否合法。例如，避难者以寻求庇护以外的理由获得缔约国的入境许可再转而提出庇护请求，在获得庇护许可之前该避难者的逗留便是非法的。毫无疑问，这一观点与《难民公约》期望阐述的观点并不相符。

---

[1] [美] 詹姆斯·C. 哈撒韦：《国际法上的难民权利》，黄云松译，中国社会科学出版社 2017 年版，第 21 页。

出于对社会公共秩序、国家安全抑或是国家主权之考量，被申请国并不希望避难者通过非法路径进入本国领土内。然而，我们必须考虑的一点是，避难者在失去原在国保护的情形下是否有能力通过合法路径离开其本国并前往被申请国。因此，《难民公约》第31条对于未经许可入境的避难者进行了规定。根据第31条第1款，只要满足以下两项要件，缔约国不仅应免除对于非法入境者的刑罚，且非法入境行为也不会影响避难者难民地位的取得。除非，所在国对《难民公约》第31条提出保留，此种情形便需依该国国内法规定进行判断。

首先，避难者应当"直接来自生命或自由受到第1条所指威胁的领土"。这一规定包含两层要求：避难者在进入被入境国前不曾在其他任何国家获得保护；非法入境者必须符合《难民公约》的难民定义。第二层要求较易理解，即免于刑罚的非法入境者仅限于难民。而第一层对于"直接"要求事实上揭示出《难民公约》所暗含的与都柏林体系下的"第一入境国"极为相似的原则，倘若，避难者已获得第三国保护便不得再主张对其非法入境行为免除刑罚的权利。但这并不意味着难民的庇护责任国只能是其第一到达国，或者避难者在获得某一国对其难民地位的认可后不得再向他国请求庇护。受地理、政治等因素的影响，避难者极有可能先逃往与其原在国临近的国家，但是这些邻近国家并不一定会接收避难者或为其提供周延的保护。以土耳其与黎巴嫩为例，在叙利亚内战爆发后，两国接收了大批来自叙利亚的避难者，而其财政能力并不足以使避难者得到合理安置。于是，许多避难者依然选择前往欧盟国家寻求庇护。显然，一方面，以"第一到达国"为确认管辖权的依据并不符合国际法上难民保护的价值诉求。另一方面，缔约国对于难民的保护一定是后备性质的，当避难者已经获得保护时，便不得再享有非法入境而免受刑罚的权利。

其次，《难民公约》第31条第1款要求非法入境的避难者必须毫不迟延地向当局"说明非法入境或逗留的正当原因"。这一规定综合考虑了缔约国在入境许可问题上的决定权与寻求庇护者的现实处境，被入境国对非法入境难民予以宽容考虑，非法入境的避难者也须尊重并谨慎遵循入境国的国内法规定。无论避难者是通过合法或非法路径进入避难国，在其入境那一刻便意味着自愿接受所在国的管辖，这是属地原则的"题中应有之义"。

非法进入所在国境内的避难者若满足第一项要件且履行了第二项要件"毫不迟延地"向所在国当局说明。那么，在所在国对其进行身份甄别期间，避难者的停留是否合法？此时，该避难者停留在某国境内的合法性判断或可参考 HRC 于 1999 年 11 月 2 日通过的《关于 ICCPR 第 12 条迁徙自由的第 27 号一般性意见》，该意见中指出："为了第 12 条第 2 款目的之实现，非法进入该国但身份已合法化的外国人必须视为合法停留在该国境内。"[1] 此处的"身份合法化"要求不应被视作"取得难民地位"，否则无异于认为所有正在经历被申请国甄别或审理的寻求庇护者在所在国境内的停留均不合法，即使避难者到达方式合法化，也未曾实施其他任何非法行为。据此，对于避难者"身份合法化"的判断应当以《难民公约》第 31 条第 1 款所述两项要件为依据，而非难民地位的实际取得。非法入境的实际逗留者是可以转化为合法逗留者的，实际逗留行为使避难者与所在国建立起了直接的关联，其逗留合法化后与所在国的联结便更加紧密。综上，我们可以划分出三类逗留者——合法逗留者、逗留合法化的实际逗留者、非法逗留的实际逗留者，后文将对三者各自的权利进行逐一讨论。

（二）逗留期的权利：对避难者的临时保护

根据《难民公约》第 31 条第 2 款的规定，对于逗留合法化的避难者，在其难民身份为缔约国所认可或获得进入另一国许可前，所在国可对其施以必要的限制。[2] 结合《难民公约》第 9 条的规定来看，缔约国得在"战时或其他严重和特殊情况下"为了国家安全对难民地位尚未被确认的个别避难者采取临时措施。所以，缔约国仅在极特殊的情况下因国家安全而对合法逗留者采取限制。而对于实际逗留者，即使国际法允许非法入境者在符合特定条件时的停留合法化，也并不禁止缔约国对其进行必要的限制。从缔约国对避难

---

〔1〕 CCPR General Comment No. 27: Article 12（Freedom of Movement），CCPR/C/21/Rev. 1/Add. 9，Adopted at the Sixty-seventh Session of the Human Rights Committee, on 2 November 1999. General Comment No. 27.（General Comments）（Contained in document CCPR/C/21/Rev. 1/Add. 9）.

〔2〕《难民公约》第 31 条第 2 款规定：缔约各国对上述难民的行动，不得加以除必要以外的限制，此项限制只能于难民在该国的地位正常化或难民获得另一国入境准许以前适用。缔约各国应给予上述难民一个合理的期间以及一切必要的便利，以便获得另一国入境的许可。

者进行限制的情形范围看，合法逗留者在甄别期受到限制的可能明显小于逗留合法化的实际逗留者。至于非法逗留者，由于其并不具备国际法上的免除刑罚等权利，且因属地原则而当然接受所在国管辖，其权利保护或者刑事处罚等问题通常由所在国国内法规定，本书不再特别讨论。

再从权利受到保护的角度看，《难民公约》中对于处于甄别期的避难者享有的权利予以特别规定。然而，值得注意的是《难民公约》在阐述各项权利时的措辞。其中，第 4 条、第 27 条、第 28 条均使用了 "在其领土内的难民"（refugee within/in their territories），第 15 条、第 19 条、第 21 条、第 23 条、第 24 条、第 28 条以及第 18 条、第 26 条、第 32 条则提到了 "合法居留在其领土内"[1]（lawfully staying in their territory）与 "合法在其领土内"（lawfully in their territory）的难民。由此，避难者从身处缔约国境内到甄别期间再到难民地位获得认可各阶段所享有的权利也已然清晰。已获得难民身份的避难者享有《难民公约》所列之全部权利，除非所在国依据《难民公约》第 42 条的规定对某一或某些权利提出保留。因为，"合法居留在其领土内" 的难民即获得难民地位的难民，必然属于 "合法在其领土内" "在其领土内" 的难民。而后两种难民分别依次对应 "合法逗留的避难者" "实际逗留的避难者"，后者又包括前者。所以，合法逗留的避难者得享有 "合法在其领土内的难民" 与 "在其领土内的难民" 所享有的那部分权利。而实际逗留者中非合法逗留的那部分难民仅能享有《难民公约》中使用了 "在其领土内" 这一措辞的几项权利。综上所述，措辞所代表的避难者群体大小与避难者享有的权利范围大小是呈反比例关系的。

（三）合法居留：避难者国际法地位的转变

"合法居留的难民" 即已实际取得难民地位的避难者，在获得所在国对其难民身份的认可后，此类避难者与避难国之间建立起了新的权利义务关系。合法居留的难民可以依据避难国所缔结或参与的国际条约、区域性条约以及避难国国内法中的有关规定向其主张权利，要求避难国履行确保该国难民地

---

〔1〕 联合国官网的中文版《难民公约》中使用了合法居留在其领土内、合法居住在其领土内、合法在其领土内居留等措辞，这些措辞在英文版《难民公约》中均对应的是 "lawfully staying in their territory"，故此处仅采 "合法居留在其领土内" 这一措辞。

位对应的权利得以实现的义务。《难民公约》中并未明确难民身份存续的有效期间，由于造成难民失去原在国保护的事由一般很难在短期内得以妥善解决，被申请国一旦许可难民在本国境内合法居留通常需要在相当长的时间内承担庇护义务。

与此同时，缔约国的庇护义务并非一成不变的。一方面，难民在避难国境内居留时间越长，其与避难国之间在权利义务上的关联便越紧密；另一方面，如前述国际法上难民保护的核心是保护其作为自然人的基本权利与自由，而避难者作为自然人之发展权的实现意味着其对于权利保护有着更为广泛的需求。《发展权利宣言》"序言"部分提到："……承认发展是经济、社会、文化和政治的全面进程，其目的是在全体人民和所有个人积极、自由和有意义地参与发展及其带来的利益的公平分配的基础上，不断改善全体人民和所有个人的福利……"除非，难民可重新获得原在国保护，否则极有可能长期居留于避难国。《难民公约》并没有对合法居留期间长短不同的难民权利进行专门性分别规定，但是却通过部分措辞事实上保障了长期合法居留在缔约国的难民权利能够得到进一步扩展。《难民公约》第 16 条第 2 款提到难民"在其经常居住的缔约国内"（in the Contracting State in which he has his habitual residence）包括诉讼救助和免予提供诉讼担保等在内的向法院申诉的事项上享有与该缔约国国民相同的待遇。"在其经常居住的缔约国内"这一表述表明国民待遇的获取需以"经常居住"为前提，换言之，缔约国所负为该部分权利提供国民待遇的对象是长期合法居留的难民。《难民公约》第 7 条第 1 款明确了除本公约载有更有利的规定外，缔约国应给予难民以一般外国人所获得的待遇。该条 2 款则暗含两种情形：其一，缔约国有权在难民居住满 3 年以前拒绝给予其作为某国国民而享有的某些特殊权利或者某些权利上优惠待遇；其二，难民在缔约国居住期满 3 年后，不必以立法或事实上的互惠安排为前提便可向缔约国主张一般外国人在该国所享有的某些权利以及在某些权利上的优惠待遇。[1] 综上，不难推断出，现行国际难民法框架下难民权利范畴是伴随其在避难国居住时间而扩张的。

---

[1] 参见［美］詹姆斯·C. 哈撒韦：《国际法上的难民权利》，黄云松译，中国社会科学出版社 2017 年版，第 41~43 页。

三、国际法上难民权利之构造

本节开端在讨论现行国际法上难民保护的核心时，对《难民公约》《世界人权宣言》与 ICCPR 三者之间的关系进行梳理，并由此确定《难民公约》所列权利为自然人生存、发展所必需的那部分权利，自然人的其他权利须以该部分权利的实现为前提。可是，我们是否能就此得出结论，认为这便是国际法上难民权利保护的底线？答案显然是否定的，《难民公约》构建的权利体系是以解决难民之"难"为目的，因此其核心是保障自然人的基本权利与自由能够得到保障。然而，对于国际法上难民权利底线的探讨意在厘清难民权利的完整构造与对应的避难国义务体系，其中便涉及难民权利的组成、不同类型难民权利结构之差异、避难国是否能够主张相关权利上的义务免除以及各权利的实现程度。

（一）国际法上难民权利的底线

尽管，《世界人权宣言》、ICCPR 与 ICESCR 及其议定书共同构成了国际人权宪章，但是三项文件之间并不是并列的关系。《世界人权宣言》规定的权利与自由是由公民权利和政治权利以及个人的经济、社会、文化权利这两部分组成的，ICCPR 与 ICESCR 分别就这两部分权利达成了较为广泛的人权公约，这有效弥补了《世界人权宣言》法律拘束力之缺位。[1] 作为国际人权法的特殊组成部分，《难民公约》要早于这两部公约通过，但是《难民公约》有针对性地反映了《世界人权宣言》所规定自然人的基本权利与自由，且两部公约的颁布也使得《难民公约》中的部分条款得以人权保护为导向被更为周延地解释。相较于 ICCPR 与 ICESCR，《难民公约》出于对缔约国义务负担之考虑而将某些权利的范围限缩得极窄。例如，《难民公约》第 16 条规定的"向法院申诉的权利"在 ICCPR 中就得到更为系统的阐释，这种系统而具体的论述确保了个人的此项权利能够得到更为充分的实现。然而，《难民公约》所期望达到的广泛缔约与约束效果使其无法将各权利进行扩大解释。恰恰相反，《难民公约》起草者们通过灵活且略显模糊的措辞将部分决定权交到了缔

---

〔1〕 参见周忠海主编：《国际法》（第 3 版），中国政法大学出版社 2017 年版，第 341 页。

约国手中。第 16 条第 2 款中所使用的"在其经常居住的缔约国内"便是极好的示例，公约未曾解释居住满多久才能符合"经常居住"这一条件，据此缔约国得在其国内法中对此期限进行规定。这就给了缔约国延迟履行某些义务的特权，而这种延迟事实上也应属于对避难者权利的限制。所以，此处我们想要予以探讨的便是难民所享有的那部分不得被限制或无任何附加条件仅凭难民地位便可获得的权利。

不可忽视的是，国际法上的难民权利之底线受主体影响是存在区别的。最为典型的便是难民中的妇女与儿童，若被申请国或同时是《难民公约》与《儿童权利公约》的缔约国，此时儿童难民所享有的权利事实上并不限于《难民公约》规定的那部分。不同避难者实际上能够向避难国主张的权利范畴是可能存在某些差异的。以受教育权为例，《儿童权利公约》中针对儿童这一特定群体予以了特别考量，其内容与《难民公约》中的受教育权存在明显差异。当避难国同为两公约缔约国时，儿童可依据《儿童权利公约》要求避难国承担相应义务。但是，儿童难民所主张的权利对应的是否是其难民地位却是值得思考的问题。当然，最理想的状态缔约国考虑到儿童难民的难民处境而为其基于《儿童权利公约》所享有的权利提供有针对性的保护。

因此，国际法上的难民权利以《难民公约》及其议定书的规定为核心，在遵循《世界人权宣言》之精神的基础上以 ICCPR 与 ICESCR 等普适性人权公约所列之权利为延展，以《消除妇女歧视公约》《儿童权利公约》《残疾人权利公约》等为特别补充。其中，难民权利之"底线"便是这个权利体系中缔约国不得克减的部分。

（二）国家克减权行使的目的与依据

ICCPR 第 4 条第 1 款规定：

> 如经当局正式宣布紧急状态，危及国本，本盟约缔约国得在此种危急情势绝对必要之限度内，采取措施，减免履行其依本盟约所负之义务，但此种措施不得只触其依国际法所负之其他义务，亦不得引起纯粹以种族、肤色、性别、语言、宗教或社会阶级为根据之歧视。

该款明确了缔约国在"危及国本"（which threatens the life of the nation）

并已为"当局正式宣布"的紧急状态下，享有减免其在 ICCPR 下所负义务的克减权。此外，ACHR 第 27 条"暂停保障"（suspension of guarantees）与《欧洲人权公约》[1]（European Convention on Human Rights，以下简称"ECHR"）第 15 条"紧急情况下的克减"（derogation in time of emergency）均设置了国家克减条款。国家克减条款允许了在战争或其他危及国家安全的紧急情况下，缔约国暂停或减少其在公约下所承担的部分人权保护义务。与此同时，各人权公约几乎都列明了即便在紧急状态下也不得遭遇减损的权利与自由。ICCPR 将生存权、免遭酷刑与奴役之权利等 7 项权利列为不得克减的权利，ACHR 将生命权、人道待遇权、儿童权利、国籍权等 11 项权利及保护这些权利必不可少的司法保障列入其未授权中止的清单，ECHR 则将除合法战争造成的死亡外的生命权与禁止酷刑、禁止奴役、禁止非法惩罚（no punishment without law）排除出了克减条款的适用范围。可见，国际法上国家克减条款仅在紧急状态下才得以适用，克减是对已享有的权利的限制且在不同人权公约中均有部分权利是不得遭遇减损的。而国际人权法上这些任何情况下都不得被克减的权利便是个人权利中最为基础的那部分，这部分权利是任何公权力不得侵犯之底线。国家克减权的运行必然是临时性的、例外的，其目标依旧是保护各公约所保护人权之充分实现。[2]

《难民公约》中并未设置国家克减条款，第 9 条"临时措施"也仅限于允许缔约国对某一特定主体（a particular person）在确认其难民身份之前暂时性地对其措施，即便该主体实际上属于难民而其难民地位尚未为缔约国所认可。"临时措施"实施的必要前提为：缔约国正处于"战时或其他严重和特殊情况下"（in time of war or other grave and exceptional circumstances）；采取该措施是缔约国保护其国家安全的迫切需求。《难民公约》第 8 条则要求缔约国对形式上（formally）为某国国民的难民采取特殊措施，考虑到在避难者获得缔约国对其难民地位的认可后其与国籍国之间的权利义务关联暂时不具有实质意义，因而可以满足这一条件。换言之，即使《难民公约》的缔约国正处于紧急状

---

〔1〕《欧洲人权公约》全称为《欧洲人权保护与基本自由公约》（Convention for the Protection of Human Rights and Fundamental Freedoms），《欧洲人权公约》为国际社会所通用之称呼。

〔2〕 See Javaid Rehman, *International Human Rights Law*, Harlow UK: Longman, 2010, pp. 91-92.

态下，但是其临时措施仅可针对尚处于甄别期的避难者实施。倘若，缔约国对某一外国国民的人身、财产或利益采取特殊措施，而仅形式上为该外国国民的难民则享有对此措施的免除权。值得注意的是，《难民公约》并未完全否认缔约国在特殊措施这一问题上的决定权，第 8 条后半段对缔约国国内法与该条所述原则不一致的情况予以规定，即缔约国负有"在适当情况下"（in appropriate cases）给予此类难民免除特殊措施优惠的义务。而"在适当情况下"便给予了缔约国一定的自主权，缔约国得依据其国内法对"适当情况"进行解释或列举。通常，一国对另一国国民采取特殊措施意味着两国关系较为紧张，而相关措施的采取往往以保护本国国家安全为考量。所以，《难民公约》为缔约国留出了些许"余地"以避免其公约义务与国内法规定无法相协调所带来的种种问题。那么，我们是否可以就此认定《难民公约》第 8 条允许了缔约国国家克减权的存在？

答案是否定的。首先，国家克减权有且仅有在国家处于紧急状态下才得以运行。国家克减权形式上是国家对于某些个人权利保护义务的暂时性免除，可是其运行最终导向的却是对于人权的保护。现行国际人权法或多或少反映出国际社会对于人权保护的一种普遍性观念——国家是实现人权保护的最终义务承担者。因此，无论是《难民公约》还是《减少无国籍状态公约》均期望建立起流离失所者与某一国家之间某种法律上的关联。前文多次提及社会契约论下国家与个人之间的权利义务关系，在此不再赘述。但是，对于国家克减权运行与个人权利保护这一问题的讨论必须提到一组价值对比——民主的个人与自由主义的个人。拉德布鲁赫认为："民主是为了一种多数人的利益而牺牲一种个别人的利益"，而在他的观点里自由主义下的个人价值是无法通过累积而形成一种"绝对多数的价值总和。"[1] 紧急状态下国家克减权的运行是为了保护公共福祉，此时对个人的某些权利或自由施加的限制而非以侵害为目的。其次，"克减"并不等同于国家不再对个人权利进行保护，克减是对个人已有权利予以限制。从法经济学的视角看，克减条款考虑到了紧急状态下的国家治理成本。政府应对紧急状态与进行人权保护的治理成本并非为

---

〔1〕 参见［德］拉德布鲁赫：《法学导论》，米健、朱林译，中国大百科全书出版社 1997 年版，第 15 页。

零。处于紧急状态下的国家当局，可采用成本收益分析法对比例原则进行补充从而进一步明确克减运行的合理区间。[1] 并且，这个实际克减区间必然窄于公约所允许的克减区间。由此得出的治理方案极有可能仅限于国家对个人某些权利执行标准的限制，而非使个人的某些权利全然失去保护。《难民公约》不仅划设了缔约国应保护的难民权利范畴，还规定了各项权利的最低待遇标准，而这些权利自身的特性与所对应的待遇标准也反映出难民权利的不可克减性。

（三）不可克减的权利之特征

尽管，各人权公约所规定的不得克减权利清单存在一定的出入，但是生命权、免遭酷刑与奴役这三项权利是同时为 ICCPR、ACHR 与 ECHR 所规定的不得克减之权利。[2] 其中，生命权是人其他一切权利与自由存在、实现的基础，生命权是不容克减也无法克减的。而免遭酷刑与奴役的权利的不可克减性则要从缔约国义务的角度进行探讨，如果自然人的其他权利需要缔约国为一定行为予以保护，免遭酷刑与奴役的权利则要求缔约国不得为或者容忍对于个人施以酷刑、奴役的行为。特别是，缔约国自身不得实施这些行为，其国内法必须禁止其他主体对个人进行酷刑或奴役，否则缔约国便因不作为而需对个人免遭酷刑和奴役的权利之减损负责。此外，国家只要不积极实施侵害行为，个人免遭酷刑和奴役的权利便得以受到保护。所以，即使在紧急状态下国家也是极容易做到的。而某些权利的克减或许只表现为权利实现程度降低，但这两项权利上的克减即意味着个人受到酷刑或奴役。假如，允许政府在这两项权利上进行克减，无异于认可了在法律面前并非人人平等，这与现代社会的人权理念是背道而驰的。此外，还有一项权利实际上是为三部

---

〔1〕 参见汪阳：《紧急状态下国家克减权的运行与公民权利保护——以我国在新冠肺炎疫情中的有力防控为视角》，载李曙光主编：《法大研究生》（2020 年第 2 辑），中国政法大学出版社 2021 年版，第 3～19 页。

〔2〕 值得注意的是，这三项权利在 ECHR 与 ACHR 的英文版中使用了不同的表述方式，对于免遭酷刑和奴役的权利，ECHR 使用的是 Prohibition of Torture（第 3 条）、Prohibition of slavery（第 4 条），ACHR 则使用的是 Right to Humane Treatment（第 5 条）、Freedom from Slavery（第 6 条）。其中，免遭酷刑的权利在 ACHR 中被表述为人道待遇的权利，但是根据 ACHR 第 5 条第 2 款的规定该项权利与 ECHR 中的免遭酷刑或 ICCPR 中的 "no one shall be subjected to torture"（没有人应当遭受酷刑）具有相同的意涵。

人权公约均禁止克减的，即在定罪量刑上从旧兼从轻的权利。ICCPR 第 15 条与 ACHR 第 9 条均强调了免于事后法律约束（禁止溯及既往）的权利，而这与 ECHR 第 7 条的规定在逻辑上是相通的。不仅如此，三公约均明示或暗示适用法律时应"有利于行为人"，此类条款保证了个人不致处于显失公平的地位。并且，这项权利也无须过度消耗国家的治理成本，禁止克减不会对国家应对紧急状态产生不利影响。因此，这四项权利本身的不可克减性主要来源于其克减等同于侵害这一特征，国家克减权的运行对个人权利的作用在于限制而非侵害或侵犯，自然人权利中的某些权利或多或少能够容忍一定程度的克减而不致造成权利侵害的结果。

　　ECHR 所列四项不可克减的权利均为 ICCPR 与 ACHR 所包含，而 ICCPR 与 ACHR 的不可克减权利清单则显示出不同的特点。ICCPR 与 ACHR 还将信念与宗教自由（Freedom of Conscience and Religion）与法律人格权列为不得克减的权利，缔约国对于个人这两项自由与权利的尊重反映的是国家公权力对于自然人人格尊严的尊重，而二者均强调的是个人的平等。个人在信念与宗教信仰上的自由，是个人基于其意志选择相信某些东西并独立选择按照自己选择方式安排自己的生活等[1]，只要这种自由不会侵犯"公共安全、秩序、健康或道德或他人的基本权利与自由"[2]。个人选择相信的宗教与信念折射出的是个人的思想或主观世界，为保护公共福祉，国家难以平等地接纳每一个独立的想法或观念，但是政府可以平等对待每个个体。[3] 而最大限度地保护个人这种信念与宗教信仰上的自由，所保护的便是每个人在该项权利上的平等地位，而非保护该个人所支持的宗教教义等内容。个人在法律上的人格权的不可克减性也是由个人的平等地位所决定的，而无论何时何地人格权所体现的正是人的本质属性、尊严，是人的价值实现的前提。法律确认个人的某部分利益并使其实现得到保障，没有任何一种紧急状态是可以改变任何人

---

　　〔1〕　See Aruthuckal Varughese John，"Religious Freedom：Freedom of Conversion or Freedom from Conversion？"，*International Bulletin of Mission Research*，Vol. 45，No. 4，2021，pp. 388-396.

　　〔2〕　ICCPR 第 18 条第 3 款规定："人人表示其宗教或信仰之自由，非依法律，不受限制，此项限制以保障公共安全、秩序、健康或道德或他人的基本权利与自由所必要者为限。"

　　〔3〕　See Aruthuckal Varughese John，"Religious Freedom：Freedom of Conversion or Freedom from Conversion？"，*International Bulletin of Mission Research*，Vol. 45，No. 4，2021，pp. 388-396.

生而为人这一事实，也没有任何人在法律上的人格权可以被减损，因为这将导致个人在法律面前的不平等地位。

ICCPR 中不可克减的权利还包括第 11 条所规定的不得因任何人无力履行契约义务而予以监禁。1999 年 4 月 28 日，HRC 发布的《审议缔约国根据〈公约〉第 40 条提交的报告》中提到，爱尔兰法院在审理债务案件时将债务人是否属于"故意拒绝"或"应受谴责的疏忽"作为给予监禁的依据。[1]不难看出，该条显示出公权力与人权关系的另一特征，有且仅有当个人主观上存在故意或过失时公权对于个人权利的侵犯才是被允许的。"民法主要是报偿性的，刑法才是镇压性的。"[2] 所以，许多学者直接将第 11 条释为"不因民事违约而受监禁的权利"[3]，这一称呼较为直观地揭示出了刑罚不得超过"保护集存的公共利益"这一需要[4]，监禁属于对自然人部分自由与权利之限制甚至侵犯，而公权力只有在个人行为存在社会危害性，亦即存在"社会群体的强烈反应"[5] 时，公权以法益保护归宿对个人权利与自由进行的限制、侵犯才是被允许的。ICCPR 将第 11 条列入不得克减清单阐明了其在人权保护上的态度——即便是紧急状态下缔约国也不使个人遭遇过度处罚。

ACHR 的另外 5 项不得克减的权利分别为家庭权利（Rights of the Family）、姓名权（Right to a Name）、儿童权利（Rights of the Child）、国籍权（Right to Nationality）与参与政府的权利（Right to Participate in Government）。前 4 项权利综合考虑到了个人既是社会中的个人也是家庭中的个人，通常情况下与某国存在着密切的权利义务关联。所以，个人权利保护应考虑主体身份，姓名与国籍能够帮助确认个人的法律地位、该地位所对应的权利以及其权利保护义务的承担者。至于"参与政府的权利"，我们必须注意到 ACHR 在描述该项

---

〔1〕 Consideration of Reports Submitted by State Parties under Article 40 of the Covenant, Second periodic report of States parties due in 1996 Addendum Ireland, CCPR/C/IRL/98/2 ＊, 28 April 1999, pp. 44-45.

〔2〕 ［法］亨利·莱维·布律尔：《法律社会学》，廖天美译，结构群文化事业有限公司 1990 年版，第 18 页。需要说明的一点是，作者在前文中已指出此处的民法指的是广义上的民法。

〔3〕 赵建文：《论人权公约的克减条款》，载《法学家》1996 年第 5 期，第 12 页。

〔4〕 参见 ［意］切萨雷·贝卡里亚：《论犯罪与刑罚》，黄风译，商务印书馆 2018 年版，第 9 页。

〔5〕 参见 ［法］亨利·莱维·布律尔：《法律社会学》，廖天美译，结构群文化事业有限公司 1990 年版，第 18 页。

权利的主体时使用的措辞"公民"（citizen）而非该公约部分条款中所使用的"每个人"（every person）。由此，该项权利主体被限定为公民，该项权利保护的义务也仅由该公民的国籍国承担。而该项公民权利之实现与个人在其母国的其他权利之实现息息相关，具有较强的政治属性，但由于其与本书所论述之主旨关联不大，故不再展开论述。

综上，三部人权公约所规定的不可克减的权利呈现出的最为显著的共同特征在于这些权利"集中体现着人类的本质属性、尊严和价值"[1]。这些权利属于《世界人权宣言》所确认之个人"固有尊严及其平等的和不移的权利"[2]，且已是个人权利中最为"底线"的那一部分。其脆弱性意味着对其进行克减便极易造成对该项权利的侵害，由于各区域人权保护状况存在差异，而国际社会对于人权保护的评价标准不一，各人权公约所列不可克减之权利的范围也并不相同。在此，我们期望明晰的是，国家克减权运行的终点是人权保护，而其对权利的限制只是紧急状态下国家为实现更为广泛的人权保护所经历的暂时性状态。从逻辑结构上，对于国家克减权及不可克减权利之特征的讨论使国际法上个人权利的底线逐渐清晰。在此基础上，才得以厘清国际法上难民权利的完整构造。

四、难民权利的脉络与扩展

国际法上的人权包含人的基本权利与自由，而人权在这部分基本权利与自由之外是可以扩展的。而国际法上的难民权利是由国际人权法中自然人的基本权利与自由和国际难民法所规定的难民权利共同构成的。在国际法上的难民权利体系中，1951 年《难民公约》所列权利和人权公约规定个人不可克减的权利与自由组成了基础的底层权利，这一部分权利是个人生存和发展所必不可少的，亦是缔约国处于紧急状态也不得减损的权利。难民权利体系是由这些底层权利向上扩展的，各缔约国在非紧急状态下不仅须负担其于《难民公约》下的权利保护义务，还需保护其缔结或参与的人权公约中规定的个人权利与自由。紧接着，难民权利体系因主体的特殊性与缔约国不同而出现

---

〔1〕 赵建文：《论人权公约的克减条款》，载《法学家》1996 年第 5 期，第 12 页。

〔2〕 参见《世界人权宣言》的"序言"部分。

了分支。首先，难民中的特殊群体如儿童、妇女、老年人、残疾人等由于其往往处于相对弱势的地位，因此缔约国须根据其缔结或参与的条约、国内法规定等保护这部分难民在该身份下的权利，例如《儿童权利公约》的缔约国还应保护儿童难民公约下的权利。再者，避难国可能同时也是区域性难民条约的缔约国，或其国内法划设了更为广泛难民的权利范畴，此时难民权利便得以进一步扩展。这是从缔约国缔结或参与的国际性、区域性条约与其国内法的角度建立的难民权利体系，可这并非该体系的全貌。

　　完整的难民权利体系同时以时间为轴线、以前述底层权利为原点扩展，国际法上《难民公约》第 7 条与部分权利中所使用的措辞勾勒出难民权利范畴与难民在缔约国居住期限的正比例关系。实践中，难民与避难国之间的关联特别是权利义务上的关系随着时间也愈发紧密。因为，造成难民失去原在国保护的事由一般很难在短时间内解决，所以就地融合是难民问题的长久解决方案中极为重要的一项。就地融合也意味着难民与避难国之间的权利义务关系趋近于甚至等同于其本国公民，而彼时难民的法律地位将发生转变。不仅如此，近年来颁布的《纽约宣言》《难民契约》《移民契约》虽拘束力还有待商榷，可是从其中对于难民问题的诸多倡议可以看出伴随社会发展与人权意识的不断发展，国际社会已经意识到难民权利保护需求的扩展，这三部国际性难民文件也在一定程度上反映出了国际法上难民权利体系的发展趋势。

第四节　国际法上难民权利保护的价值定位

　　价值，即"客体的存在、属性和变化对于主体人的意义"[1]。拉兹将"价值"定义为一种属性，一种本身可以使事物（包括行为、人、制度等）变得具有可理解性或得到辩护的评价性属性。[2] 马克思、恩格斯谈到价值时指出："物的 Wert（价值——编者注）事实上是它自己的 virtus（力量、优

---

〔1〕　李德顺：《价值论——一种主体性的研究》（第 3 版），中国人民大学出版社 2013 年版，第6 页。

〔2〕　[英] 约瑟夫·拉兹：《价值、尊重和依系》，蔡蓁译，商务印书馆 2016 年版，第 39~40 页。

点、优秀的品质)。"[1] 并且，他们提到价值最初是表示物对人有用或使人愉快的属性，即物的使用价值；而伴随社会发展交换价值是"被加在 Wert 这个词上的意义"。[2] 图加林诺夫认为价值的概念产生于人与客体的相互作用中，将其限定为"只同肯定性质的意义相联系"，是人为了满足其需求和利益所需要的。[3] 无论是"可理解性"抑或是"满足需求或利益"，不同措辞反映出的均是一种主客体之间的关系。"力量、优点、优秀的品质"也是物相对于人（主体）而言，客体的这些特点意味着其对于主体是有用的。居于主体地位的人对客观世界具有一套自己的评价标准或者说评价尺度，而价值是"以主体之尺度为尺度的主客体关系状态"。[4] 这里的"主体"范围是多元的，既包括作为个体的人也包括人所组成的群体、人类等[5]，所以在研究难民权利保护的价值时也将区分主体予以讨论。

法的价值以法与人之关系为基础，包括"法对人的需要的满足与人关于法的绝对超越指向"。[6] 国际法对于难民权利的保护体现的正是法对于避难者权利保护需求的满足；难民的现实处境与需求对法产生了指向性意义。国际法对于难民权利的规定预设了避难者权利之应然，而实践中缔约国庇护义务的履行当以此为范式使避难者权利得以不断趋近国际法所勾勒出的难民权利状态。拉兹不认为存在一个可以推导出何种行为是以价值为理由的普遍公式，但是他相信"尊重价值就是保护价值得以实现的标志"。[7] 缔约国对其

---

〔1〕 中共中央马克思恩格斯列宁斯大林著作编译局译：《马克思恩格斯全集》（第二十六卷第三册），人民出版社 1974 年版，第 327 页。

〔2〕 中共中央马克思恩格斯列宁斯大林著作编译局译：《马克思恩格斯全集》（第二十六卷第三册），人民出版社 1974 年版，第 326~327 页。

〔3〕 ［苏］В. П. 图加林诺夫：《马克思主义中的价值论》，齐友、王霁、安启念译，中国人民大学出版社 1989 年版，第 7~11 页。

〔4〕 参见李德顺：《价值论——一种主体性的研究》（第 3 版），中国人民大学出版社 2013 年版，第 20 页。

〔5〕 В. П. 图加林诺夫在《马克思主义中的价值论》中将主体表述为"一定社会或阶级的人们以及个人"，可见在其观念里主体也是多元的。参见 ［苏］В. П. 图加林诺夫：《马克思主义中的价值论》，齐友、王霁、安启念译，中国人民大学出版社 1989 年版，第 11 页。

〔6〕 参见卓泽渊：《法的价值论》（第 2 版），法律出版社 2006 年版，第 49~54 页。

〔7〕 参见 ［英］约瑟夫·拉兹：《价值、尊重和依系》，蔡蓁译，商务印书馆 2016 年版，第 156~157 页。

在国际难民法下所负义务之履行便属对国际难民法之价值的尊重——缔约国保护了法所保护之价值。

一、国际法上难民权利保护的正义价值

罗尔斯认为社会制度的首要价值便是正义，正义的主要问题则是社会的基本结构——社会制度明确了社会中权利与义务的分配方式，也决定了社会合作产生的利益应如何划分。[1] 社会制度确认的权利义务分配、利益划分按主体之尺度所呈现出来的评价性属性便是其价值，而其中正义便是首要价值。那么，何为正义？不妨从罗尔斯所述正义的两个原则入手一窥究竟。

在《正义论》中，正义的第一个原则要求"每个人对与其他人所拥有的最广泛的基本自由体系相容的类似自由体系都应有一种平等的权利"；第二个原则规定"社会的和经济的不平等应这样安排，使它们被合理地期望适合于每一个人的利益，并且依系于地位和职务向所有人开放"。[2] 第一个原则中强调了两层意涵：每个人都拥有自由；而每个人均可以平等地主张自由。第二个原则在第一个原则的基础上进一步解释了什么是平等，平等有绝对和相对之分。每个人享有最广泛的、无差别的自由是最理想的绝对平等状态。然而，社会和经济的不平等是客观存在的，在此情形下要求给予所有人完全相同的自由，此时的平等事实上并不能实现均衡的效果，仅仅是脱离了客观的、形式上的平等。正义的两个原则阐述出正义的两个侧面：正义以每个人自由之实现为归宿；而每个人所拥有的自由应当是被平等安排的。

国际法上难民权利保护是以难民基本权利与自由之实现为目的，而考虑到缔约国的接收能力以及难民保护的首要任务是为了解决难民之"难"。因此，以《难民公约》及其议定书为核心的国际难民法构建了一套开放型权利体系，该体系下避难者能获得基本权利与自由的保障，使其得以处于相对平等的地位，这符合正义第二原则所阐述之意涵。在实现底层权利与自由的基

---

〔1〕［美］约翰·罗尔斯：《正义论》，何怀宏、何包钢、廖申白译，中国社会科学出版社 1988 年版，第 3~7 页。

〔2〕［美］约翰·罗尔斯：《正义论》（修订版），何怀宏、何包钢、廖申白译，中国社会科学出版社 2009 年版，第 47 页。

础上，伴随难民与避难国之间权利义务关联的加深，该体系赋予避难者主张更多权利与自由的可能[1]，使避难者得以拥有更为广泛的自由，这与正义第一原则期待的状态是相符的。由此可见，从发展阶段上正义第二原则往往先于第一原则。但是，倘若此处套用阿列克西关于法律论证的两层证成"公式"，在所有决定正义与否的判断中第一原则讨论的是该决定内部证成之所有前提是否正确。[2] 所以，正义两个原则的排序是存在先后之分的。自由在正义的意涵中是具有优先性的，因为"自由只有为了自由本身才能被限制"。[3] 在正义国际法对于难民权利的安排符合第二原则下的相对平等，可国际法上的关于难民权利规定均须以难民最终拥有与其他人相同或相似的权利与自由为导向。否则，难民的相对平等地位在其与避难国关联进一步紧密时便不能再称之为平等。

（一）难民权利保护的"自由"维度

前文曾对权利与自由的关系进行讨论，权利是为法律确保的利益，而自由是致善或致恶的能力。以赛亚·伯林在《两种自由概念》中阐述了积极的自由与消极的自由，他认为积极的自由意味着自我主宰、消极的自由，等同于无干涉，[4]并将消极观念视作自由的"正常"含义[5]。之所以在此时提及伯林"积极—消极"自由之区分，并不意在推翻文章开头对于自由的定义，而是期望说明不同意识形态下自由的理念是存在显著差异的。赛亚·伯林对于两种自由观念的讨论并非试图对自由进行穷尽式列举[6]，他认为"自由的

---

〔1〕 参见［美］詹姆斯·C. 哈撒韦：《国际法上的难民权利》，黄云松译，中国社会科学出版社2017年版，第8页。

〔2〕 关于内部证成与外部证成分别处理的问题与针对对象的论述具体，参见［德］罗伯特·阿列克西：《法律论证理论——作为法律证立理论的理性论辩理论》，舒国滢译，中国法制出版社2002年版，第274~286页。

〔3〕 参见［美］约翰·罗尔斯：《正义论》（修订版），何怀宏、何包钢、廖申白译，中国社会科学出版社2009年版，第191页。

〔4〕 参见［美］罗纳德·德沃金：《刺猬的正义》，周望、徐宗立译，中国政法大学出版社2016年版，第399~400页。

〔5〕 ［英］乔治·克劳德：《自由与多元论——以赛亚·伯林思想研究》，应奇、惠春寿、李哲罕译，译林出版社2018年版，第75~76页。

〔6〕 参见［英］乔治·克劳德：《自由与多元论——以赛亚·伯林思想研究》，应奇、惠春寿、李哲罕译，译林出版社2018年版，第76~77页。

本质一直在于根据你选择的意愿去选择的能力"[1]，这与我们对于自由的定义并无实质性差别。无论持何种自由观念的政府均会对人民许以自由的承诺，社会的基本善便是权利与自由[2]，而正义的社会必须保护社会的基本善，且正义本身一定是善的。

　　亚里士多德认为："法律不应该被看作（和自由相对的）奴役，法律毋宁是拯救。"[3] 自由与否也是评价法律正义与否的内在尺度，人们自愿负担法之义务、接受法之约束，均是为了获得自由。缔约国对于难民的庇护使其脱离权利与自由面临侵害危险的不利处境，国际法上难民权利体系确保了避难者能够恢复至基本的权利与自由受到保护的状态。当避难者与某一缔约国之间建立起更为紧密的权利义务关系，便可拥有更为广泛的自由。避难者才得以自由地行为并拥有实现更多权利的自由。当避难者失去原在国保护时并未同时失去按照其意志为或不为某种行为的能力，可这种行为的客观结果与行为的主观目的或不相符，当然这里主要是指致善的能力与积极的自由。国际社会对于难民承担补充性保护义务，以确保难民可以最广泛地享有基本权利和自由。秉持不同的自由理念避难国国内法或者实际给予难民的权利保护存在差异，可是现行国际难民法保证了避难者作为自然人最为基础的那部分权利与自由，这使避难者在相对平等的地位上进一步寻求更为广泛的自由成为可能。缔约国缔结或参与相关条约、协定承担与本国并无密切联系者的庇护义务，国际法在过去的漫长时间里在避难者权利保护问题上的尝试，核心与最终归宿即为自由。

　　自由是人们永久的追求，即使是自由的反对者"在反对实现自由的同时也实现着自由"。[4] 在正义的内涵中，自由也居于独一无二的位置。在《正义论》中平等或有绝对与相对之分，且需妥协于社会与经济的安排。而最广泛的自由一直是正义的根本目的，尽管如前述对其分类人类社会存在诸多解

---

〔1〕 [英] 以赛亚·伯林：《自由及其背叛：人类自由的六个故人》，赵国新译，译林出版社2011年版，第99页。

〔2〕 参见 [美] 约翰·罗尔斯：《正义论》（修订版），何怀宏、何包钢、廖申白译，中国社会科学出版社2009年版，第47~50页。

〔3〕 [古希腊] 亚里士多德：《政治学》，吴寿彭译，商务印书馆2009年版，第281~282页。

〔4〕 参见卓泽渊：《法的价值论》（第2版），法律出版社2006年版，第259~265页。

读，可正义所期待之自由绝不止步于某一阶段。因此，从导向与内涵上看，国际法上的难民权利体系于避难者之价值反映出正义之自由侧面。

（二）难民权利保护的"平等"维度

约翰·罗尔斯在阐释正义的第二个原则时提到，假如某些不平等能够使每个人都比之前（假设开始时的状态）变得更好，便可认为实现了对效率与公平的兼顾，即著名的帕累托最优。[1] 何为平等？平等"是人与人的对等对待的社会关系"[2]，平等并不等同于平均，因为权利与自由并非定量。正义的两个原则区分出了绝对平等与相对平等两种状态，"正义的主要问题是社会基本结构"[3]，而在该结构中社会与经济的不平等安排决定了每个人所处的地位。使社会与经济的不平等安排与每个人利益形成合理的对应可达到一种相对平等的状态，但是法不得预设这种状态为其终点。正义的第一个原则预设的平等强调的是所有人拥有的自由体系之相似，而这个自由的体系除每个人拥有的基本且不得克减的那部分外不再具有某种确定的边界。理想状态下所有人拥有的该体系的延展方向与范围具有相似性——该体系是很难达到零差别的。所以，当人与人拥有的自由体系之间的误差被控制在一个合理区间内即可。值得注意的是，由于我们否定了自由体系的上限之存在，而自由的概念范畴随着社会发展是在波动的，哪怕在很长的一段时期人们对自由的解读保持了某种稳定，可这依旧是暂时的。社会发展决定了社会意识的发展，自由理念的发展决定了自由体系最大化之点是不存在的。

在厘清了这一点之后，正义的两个原则下平等与国际法上难民权利保护所期望的平等是一致的。国际法上的难民权利体系期望给予难民的平等亦是分阶段的，受限于客观的相对平等以及在此基础上寻求的绝对平等。社会契约下个人让渡出一部分自由以实现更为广泛的自由，作为公民自觉接受所在国法律的约束并履行其公民身份所应负担的义务。难民此前并不对避难国承担其公民所负有的义务，考虑到处境通常也无法履行与避难国公民同等的义

---

〔1〕 参见［美］约翰·罗尔斯：《正义论》（修订版），何怀宏、何包钢、廖申白译，中国社会科学出版社 2009 年版，第 50~52 页。

〔2〕 卓泽渊：《法的价值论》（第 2 版），法律出版社 2006 年版，第 295 页。

〔3〕 ［美］约翰·罗尔斯：《正义论》（修订版），何怀宏、何包钢、廖申白译，中国社会科学出版社 2009 年版，第 73 页。

务。倘若，国际法为其设计与所在国公民相同的权利体系，便会造成权利义务失衡的局面，此时的平等只是形式上的平等。而从效率的角度，甚至无法实现卡尔多—希克斯改进，又何谈帕累托最优？正义的第二个原则着眼于效率，在不降低其他人期望的同时至少使某部分人（甚至是一个人）的期望得到提高。[1] 现行国际难民法并未禁止避难者获得更为广泛的权利或自由，这些权利与自由是向所有人开放的；国际法对于难民基本权利与自由的保护使难民得与所有人一样拥有平等的机会去拥有相似的自由体系。正义价值的平等侧面寓于从相对平等向绝对平等的过渡过程中，客观存在赋予相对平等均衡之内涵，相对平等由此也为平等的内涵所囊括，但相对平等并非平等所呈现的终极形态。的确，国际法上的难民权利范畴与待遇较之公民甚至一般外国人显得过于狭窄。可是从价值角度来说，法定难民权利体系较之难民与法定公民权利体系较之公民的比值是相等的，亚里士多德认为这便是符合正义（公道）的。[2]

（三）难民权利保护的正义价值与平等的自由

《正义论》中不仅对自由与平等予以分别阐释，还论述了平等的自由。"平等的自由"不仅对正义所追寻之自由作出限定，还明确了平等评价的对象。平等的自由能够获取人们信任的理由在于其并不"最大程度地追求总的内在价值"，平等的自由要求"政府应该重视每一个人的利益与福祉，并把每一个人的利益与福祉视为一样重要"[3]。正义的价值在于使每个人的自由都具备了不可侵犯的属性，"这种不可侵犯性即使是以社会整体利益之名也不得逾越"[4]。因为每个人的自由都是同样重要的，所以不能简单将某些人的自由直接相加而作出孰轻孰重的判断。否则，一旦脱离多数者的群体，独立个体的自由便难以保障。正义的两个原则在明晰自由优先性的基础上，明确了

---

〔1〕 参见［美］约翰·罗尔斯：《正义论》（修订版），何怀宏、何包钢、廖申白译，中国社会科学出版社 2009 年版，第 54~55 页。

〔2〕 参见［古希腊］亚里士多德：《政治学》，吴寿彭译，商务印书馆 2009 年版，第 238~240 页。

〔3〕 谢世民主编：《以平等为本的自由主义：德沃金法政哲学研究》，开学文化 2015 年版，第 146 页。

〔4〕 ［美］约翰·罗尔斯：《正义论》（修订版），何怀宏、何包钢、廖申白译，中国社会科学出版社 2009 年版，第 3 页。

平等的自由的初始状态与理想状态。

国际法上的难民权利保护诠释了正义所代表的平等的自由——国际社会尊重每一个人类家庭成员的基本权利与自由，"不分种族、肤色、性别、语言、宗教、政治或其他见解、国籍或社会出身、财产、出生或其他身份等任何区别"[1]。以《难民公约》及其议定书为核心的国际难民法考虑到寻求庇护者的现实处境而做出了满足其最为迫切的需求的社会与经济安排。假如，这种安排被划定为一个"下确界"，即难民权利与自由中最基本的那部分，那么长此以往难民与其他人地位上的不平等差距将越来越大。所以，国际法将难民权利范畴规定为一个有"下确界"的集合，若将"难民的基本权利与自由"记作"a"，则这个范畴可表示为 [a，+∞)。虽然，用数学里的集合概念很难直观反映出难民权利与权利之间的关系。可是，却能直观地反映出国际法向避难者开放的程度。此时，如将公民的法定权利与自由记作"b"，公民的权利与自由范畴可记作 [b，+∞)。尽管，通常情况下 b 是大于 a 的，可两个集合均有上确界而无上界。在这种情形下，国际法上为二者划设的 a 与 b 是一种相对平等安排的自由，同时根据两区间是可以期待二者处于绝对平等状态的，由此难民权利保护之正义价值的两个侧面及其关系已然清晰。

二、法教义学视角下难民权利保护的秩序价值

国际法上难民权利保护的价值不止在于使避难者获得公平的正义，也有利于维护国际社会之秩序与稳定，而国际法上难民权利保护体系本身便具备有序性，同时也旨在建立秩序。法教义学的方法由一般性部分与特殊性部分共同组成，其中，一般性部分指的是法学方法论，而特殊性部分则是指带有地域、领域印记的方法，例如犯罪构成的二阶层理论。[2] 下文将分别通过一般性与特殊性方法对国际法上难民权利保护的秩序价值进行论证。

首先，将从难民权利体系这一整体的角度采用一般性方法进行分析。哈耶克将秩序定义为"一种整体性的结构状态"，这与自然的自生秩序不同，人

---

〔1〕 参见《世界人权宣言》第2条。
〔2〕 参见雷磊：《法教义学：关于十组问题的思考》，载《社会科学研究》2021年第2期，第12页。

类社会的秩序是人行为的结果，个体行为服从于一定的规则体系可以形成秩序。[1] 然而，将个人行为约束于规则的轨道并不能当然导致社会秩序的形成，特别是社会整体的全面秩序。如果期待整体功能大于局部功能之和，那么还需处理好局部与局部之间的关系，使其能够有序组合为一个整体。对于社会，秩序能够促使社会整体功能不断优化；对于个体，秩序能够降低其受到不可避免的风险侵害的可能，而整体功能最大化有利于个体期待的充分实现。国际难民法是国际人权法中特殊的组成部分，国际人权法保护的是全体人类家庭成员的权利与自由。纵然难民有其自身的特性，且个人权利与自由保护义务承担者的序位中居首的是其国籍国。但是，国际社会倘若罔顾其难，难民问题会深刻影响国际社会的整体秩序，特别是秩序之安全方面。并且，大面积流离失所现象使国际人权法及国际人权保护的趋势失去可预见性。国际法上的难民权利保护不仅着眼于难民这一群体与所有人这一局部与整体之间的关系，还考虑到难民群体与其他群体之间的关系，进而设计了现行的难民权利体系。国际法上的难民权利保护在处理难民与所有人、难民与其他人这两组关系上时所追求的正义价值又确保了国际法上的难民权利体系与国际法上的人权体系、难民与公民等其他人权利体系和法律地位之间结构的合理性。由此，国际法上的难民权利保护于人权保护这一整体、于其他群体之秩序价值已然清晰。

其次，因国际人权法领域并无具有鲜明特色的专门方法，而难民权利保护涉及的是政府公权力运行与个人权利保护问题。所以，不妨借助比例原则对国际法上难民权利保护内部之秩序加以分析。广义的比例原则包括适当性原则、必要性原则与狭义的比例原则，这三层内涵即比例原则的"三阶理论"。[2] 其中，狭义的比例原则聚焦于目的与手段之间的关系，要求对目的效果与手段副作用进行衡量，即手段对人民权利的侵害不得超过目的之价值。[3] 在难民权利保护的语境下，国家公权力与难民权利在两个阶段下可适

---

〔1〕 参见高全喜：《法律秩序与自由正义——哈耶克的法律与宪政思想》，北京大学出版社 2003年版，第 81~85 页。

〔2〕 参见徐显明主编：《人权研究》（第三卷），山东人民出版社 2003 年版，第 321~322 页。

〔3〕 参见姜昕：《比例原则释义学结构构建及反思》，载《法律科学（西北政法大学学报）》2008 年第 5 期，第 47 页。

用比例原则进行评价——难民地位确认前与难民长期合法居住于避难国时。前文中我们曾论述了现行国际法上难民权利之实现须预先经过国家主权许可，被申请国得行使甄别权并在避难者的难民地位确认前可对其采取临时措施。缔约国"在战时或其他严重和特殊情况下"对尚未确认地位的避难者采取临时措施，"战时或其他严重和特殊状况"相当于 ICCPR 第 4 条所述之紧急状态。

采取"临时措施"这一手段有助于达成维护本国利益这一目的，即手段可以达到目的；且《难民公约》第 9 条要求此措施是维护国家安全迫切需要的，即手段正确，所以被申请国对避难申请者之临时措施符合比例原则的适当性要求。比例原则能够在难民权利保护问题上发挥作用的主要是手段必要性与手段目的之比例（狭义的比例原则）这两方面：必要性原则要求缔约国对避难者采取的措施必须是所有可行手段中对避难者损害最小的那种；狭义比例原则要求缔约国采取措施对于国家安全的价值必然大于该措施所减损的避难者权利价值。《难民公约》第 9 条反映出了比例原则三阶的要求，将个人行为约束于规则之下不能直接导致秩序的形成，也不能直接发挥秩序的价值。秩序价值的实现还须规则本身是正确的，否则将很难调节个体行为，此时更何谈秩序价值中的安全性与可预见性。国际法所允许的临时措施对于避难者的约束是特殊状态下为实现整体利益而对局部进行的调整，是暂时性的，因此并不会造成无序状态。而《难民公约》所期望的一定期限后难民权利的扩展也反映了一种整体与局部的关系。假如将难民权利置于时间轴上并视为一个整体，各时间段难民权利的安排以及将不同阶段下的难民权利通过时间串联的合理性、有序性对国际法上难民权利体系下难民权利与自由的实现至关重要。故，难民权利范畴变化时的公权力行使也可通过比例原则进行衡量。避难国何时、以何条件下允许难民权利的扩展均会影响难民权利体系这一整体，《难民公约》第 7 条与前文提到的居住、经常居住等措辞便保证了难民权利保护在不同阶段的有序性。至于比例原则在其中的评价与秩序价值这一结论得出的推导与本书对"临时措施"的论述在逻辑结构上十分相似，故在此不再赘述。

当然，比例原则也不是毫无缺陷的。比例原则的局限性之一在于对于成本的考量并不完整。成本不仅包括手段副作用，还包括治理成本——临时措施、甄别权的行使会造成避难者权利遭遇的限制、减损或延迟实现均属于手段副作用，应计入成本，但是政府行使公权力的成本并不为零。在忽视治理成本的情况下，政府公权力运行得到的帕累托最优并不真实。此外，由于权力行使与权利保护均难以量化，狭义比例原则所要求的手段副作用与目的效果之比例也难以把握。因此，在对国际法上的难民权利保护进行评价时就需以成本收益分析法为工具对比例原则进行补充，在全面考察成本的同时兼顾在"手段域"中选择成本最小的那一项。[1] 并且，成本收益分析法并不要求量化为某一确定数值，而是引入了一个统一的衡量尺度[2]，通过区间估算使比例不致过于模糊。

　　不仅如此，正义价值与秩序价值是存在内在关联的。正如博登海默所言："法律旨在创造一种正义的社会价值。"[3] 我们预先能够明确的一点是，国际法上的难民权利保护兼具正义价值与秩序价值。而在具体评价时，正义价值之判断应考虑国际法上的难民权利体系是否是有序地排列组合的，这影响着其整体正义价值；秩序价值之判断需考虑权利体系之构成以及与国际法上的人权体系这一整体的关系，只有在这些排列组合有利于实现平等的自由——至少是相对平等的自由并逐渐靠近绝对平等的自由，秩序价值才得以与这种态势呈正比例增长。

---

〔1〕 参见戴昕、张永健：《比例原则还是成本收益分析法学方法的批判性重构》，载《中外法学》2018 年第 6 期，第 1528~1532 页。

〔2〕 See Mathew D. Adler, Eric A. Posner, *New Foundations of Cost - Benefit Analysis*, Cambridge: Harvard University Press, 2006.

〔3〕 ［美］E. 博登海默：《法理学：法律哲学与法律方法》，邓正来译，中国政法大学出版社 2004 年版，第 330 页。

第二章　不推回原则下被申请国的权利与义务

从纵向时间轴来看，不被推回的权利之实现是难民其他一切权利实现的首要条件；从被申请国义务来看，不推回义务也是被申请国对于寻求庇护者所负担的首项义务。难民权利与缔约国义务"一体两面"的起点均为不推回，故本章将从不推回原则本身的界定、适用着手厘清国际法上被申请国的权利与义务。在此需要特别说明的是，对于被申请国，甄别权与驱逐权对外是为了维护一国公共利益而由国际法所确认的权利，对内则是一国进行内部事务管理的权力。权力的行使以保护并实现权利为目的，权利的主体可以是集体亦可以是个人，权力则并不为任何个体所拥有——个体只能代表社会行使权力，却不能成为真正拥有权力者。

第一节　不推回原则的遵循与例外

《难民公约》第 33 条第 1 款规定缔约国不得将难民推回（refouler）至其生命或自由受威胁的领土边界，"推回"一词反映出被申请国的主动态度与避难者的被动处境。早在 1933 年《难民公约》中便已有了不推回原则的踪迹，该公约第 3 条规定："各缔约方承诺不采取例如驱逐或不准入境（推回）等管辖措施（police measures），将已获准定期居住在那里的难民从其领土移出或禁止其进入本国领土，除非采取上述措施是出于国家安全或公共秩序的考虑。"同时，该条确认了任何情况下难民在其国籍国的入境权，也保留了缔约国在难民未能离开其领土时出于国家安全与公共秩序考虑对其采取内部措施的权利。可见，1933 年《难民公约》与 1951 年《难民公约》不推回原则在适用对象上是不同的，1933 年《难民公约》下缔约国的不推回义务是在避难者获得难民地位之后，而 1951 年《难民公约》第 31 条与第 33 条无疑将不推回义务的起点设置在了缔约国收到庇护请求时。如果，实践中不被推回的权利须以难民地位的认定为前提，那缔约国极有可能为避免对避难者的接纳、庇护义务而拒绝认定其难民地位。

　　1933 年以后，《关于来自德国难民地位的公约》等难民条约中均对不推回原则予以规定，但这些条约未能对国际社会形成普遍拘束力。1951 年《难民公约》正式在法律上确认不推回原则之内涵并一直沿用至今，这也意味着"不推回原则已经由最初的道德义务发展成为法律义务"[1]。其后，1967 年《领域庇护宣言》与 1984 年《禁止酷刑公约》等均对该原则进行了规定。本节将从现行国际法上的不推回原则的内涵与外延入手，分析不推回原则下避难者与缔约国的权利、义务。

一、不推回原则的适用

　　尽管，不推回原则与个人的庇护权颇有渊源。但是，现行国际法上的不推回原则并非仅针对难民。首先，不推回原则的适用对象应当为提出避难请求者。1951 年《难民公约》与 1933 年《难民公约》对不推回原则的适用对象的规定并不相同，前者没有对难民作出"获准定期居住"（who have been authroised to reside there regularly）的限定。1951 年《难民公约》第 33 条直接使用了"难民"（refugee）一词，通过对该公约第 31 条与第 32 条的分析不难发现第 33 条中的难民并非指已获得被申请国庇护许可的避难者。在第 32 条已经规定除因国家安全或公共秩序原因缔约国不得驱逐"合法在其领土内的难民"（a refugee lawfully in their territory）的情况下，第 33 条再对同一对象进行不得推回的规定实属赘述。在对难民与非法移民进行辨析时，本书曾对非法入境难民入境方式的非法性与权利主张的合法性进行探讨。《难民公约》第 31 条第 2 款规定缔约国采取必要限制的阶段仅限于"难民在该国的地位正常化或难民获得另一国入境准许以前"。这就意味着此处的难民仅指避难者，而

---

〔1〕　梁淑英:《国际难民法》，知识产权出版社 2009 年版，第 217 页。

非特指已获得难民地位的避难者。第 33 条第 2 款提到："但如有正当理由认为难民足以危害所在国的安全，或者难民已被确定判决认为犯过特别严重罪行从而构成对该国社会的危险，则该难民不得要求本条规定的利益。"该款描述的不推回原则的两种例外情形"危害所在国的安全"与"犯过特别严重罪行"极有可能符合《难民公约》第 1 条第 6 款规定的三种情事，故此类避难者或无法获得该公约所述难民地位。结合《难民公约》各项权利中提到难民时使用的不同措辞，如"在其领土内""合法居留在其领土内""合法在其领土内"，由此可知《难民公约》中的难民并不只是难民地位获得被申请国认可的那一部分，对此本书第一章第三节曾进行详细论述。所以，不推回原则的适用对象是避难者，且该原则不要求避难者已实际获得难民身份。

其次，《难民公约》第 33 条第 1 款中提到了禁止将难民推回的是"因为他的种族、宗教、国籍、参加某一社会团体或具有某种政治见解而受威胁的领土边界"，这与《难民公约》第 1 条第 1 款乙项规定的难民畏惧的 5 种情形是相符的，那是否可推断不推回原则的适用对象需符合公约第 1 条的定义？在论述国际法上难民地位时，我们曾总结出取得该地位需满足的三重要件，除 5 种情形外，难民地位的取得还需避难者"留在本国之外""不能或不愿获得本国保护"。缔约国为"推回"避难者采取的管辖措施通常只能是基于属地原则，此时的避难者必然处于其本国之外。是故，判断的关键在于对避难者是否无法获得本国保护。即便，其在原在国确实存在因种族、宗教、国籍、参加某一社会团体或具有某种政治见解等原因而生命或自由受威胁的情形。但是，如其原在国依然有为其提供保护的能力，那便无法触发缔约国的补充性庇护义务。"是否存在威胁"与"原在国是否无法提供保护"这两个问题亦是被申请国甄别时审查的主要内容。《领域庇护宣言》第 3 条规定不得对援引《世界人权宣言》第 14 条的"为避迫害有权在他国请求并享受庇护"之人"在边界予以拒斥，或于其已进入请求庇护之领土后予以驱逐或强迫遣返其可能受迫害之任何国家"。虽然，《世界人权宣言》与《领域庇护宣言》的拘束力问题一直饱受争议，但是并不妨碍我们结合这两项文件对"不推回原则"进行解读。英文版《领域庇护宣言》第 3 条描述"其可能受迫害之任何国家"时使用的是 "State where he may be subjected to persecution"，其中"may"（可能）表明并不要求寻求庇护者受迫害的必然发生，不推回原则旨在防范危险而不仅仅是对危险损害的救济。是故，不推回原则的适用对象是避难者，而不被推回权利的主张者可以仅为避难申请者。

二、不被推回的权利与不得推回的义务

（一）不被推回的权利与受庇护权

不被推回的权利自始至终都存在于避难者权利范畴中，不以难民地位的取得为前提。然而，避难者享有不被推回的权利并不会当然触发其受庇护权。避难申请者不符合国际法上的难民定义而被推回的情形在此自不必论述，关键在于符合难民身份构成要件的避难者是否其不被推回的权利与受庇护权之间是必然联结的状态。

从《难民公约》第 32 条看，当避难者的难民地位得到所在国的认可后，其在所在国的停留便随之合法化。此时，缔约国除因国家安全或公共秩序等理由不得将难民驱逐出境。假如，难民确实对所在国国家安全或公共秩序等构成威胁，在其依然符合难民之定义的情况下，所在国也不得立刻对其进行驱逐，而是需要给予一个合理的期间使其得以合法进入另一国家。[1]"合法进入另一国家"这一条件意味着避难者需获得其他国家对于其难民地位的认可，这也从另一个角度说明《难民公约》并不要求缔约国承认其他缔约国对于避难者法律地位的认定。根据第 32 条第 2 款的规定，在避难者因该条第 1 款所述原因须转而寻求其他缔约国庇护时，所在国的不得推回义务仍需持续至避难者获得他国入境许可。虽然，在避难者等待他国许可的这段时间内所在国可以对其采取必要的限制措施，可是，此时避难者依然可以主张不被推回的权利。综上所述，不被推回的权利贯穿于避难者权利体系的始终，且不与受庇护权必然联结，享有不被推回权利的主体并不仅限于法定难民。

（二）缔约国的不得推回义务

国际法上缔约国所承担的不得推回义务并不仅限于避难者，《禁止酷刑公约》第 3 条第 1 款规定："如有充分理由相信任何人在另一国家将有遭受酷刑

---

〔1〕《难民公约》第 32 条第 3 款规定：缔约各国应给予上述难民一个合理的期间，以便取得合法进入另一国家的许可。缔约各国保留在这期间内适用它们所认为必要的内部措施的权利。

的危险，任何缔约国不得将该人驱逐、遣返或引渡至该国。"据此，国际法上的"不推回"不仅包括难民不推回也包括酷刑不推回。缔约国在难民不推回与酷刑不推回上的义务也可能出现竞合——当酷刑是由《难民公约》所述 5 种情形所导致，或触发同为《禁止酷刑公约》与《难民公约》缔约国的国家在不同公约下的不推回义务。当出现这种义务竞合时，缔约国对于个人的不推回是基于对难民的不得推回义务，只有这样才不致使缔约国违背两公约下的义务。虽然，为免避难者在甄别前便被推回，《难民公约》并不以难民地位的取得为避难者主张不被推回权利的前提。但是，国际难民法中缔约国的不得推回义务是仅针对难民的。当缔约国甄别认定申请者并不符合法定难民定义时，除非将其推回将使缔约国违背其于其他公约下的义务，否则缔约国不必继续履行不推回义务。

国际难民法中缔约国的不推回义务存在一个暂时性向长久性转化的过程，换言之，避难者的不推回义务是存在两个阶段的，《难民公约》第 33 条的目的旨在使难民不再重陷其难，当申请者并非难民时意味着所在国的这种不得推回的义务事实上自始不存在。缔约国在两阶段下义务履行之目的是有差异的，如将《难民公约》下缔约国不得推回义务的对象限定为"真正的难民"，那将使许多"真正的难民"丧失取得难民地位的机会。因此，《难民公约》下缔约国的不推回义务应作两阶段解读。缔约国的不推回义务只有在避难者的难民地位失效或者难民自愿转移至别国时终止，对于缔约国而言，后一阶段的不推回义务是前一阶段不推回义务的前提。后一阶段的不推回义务自缔约国确认避难者之难民地位始，至难民重获原在国保护或获得其他国家保护时止。缔约国前一阶段不推回义务至当局获得难民甄别之结论时止，可是对于前一阶段缔约国不推回义务的起始点，现行国际难民法并没有较为清晰的规定。

国际社会对于缔约国不推回义务起点的分歧主要在于是否可在本国领土以外推回避难者，其中最为典型的案例便是欧洲罗姆人[1]权利中心与 6 名罗

---

[1]　罗姆人即吉卜赛人，一个以流浪著称的民族。

姆人诉布拉格机场移民官员与英国内政大臣案（以下简称"罗姆人案"）[1]。
1999 年，英国议会授权内政大臣通过一项针对移民的计划。经与捷克共和国
达成协议，2001 年 7 月 18 日起在捷克布拉格的机场开始实施这项针对移民特
别是罗姆人的入境通关管制计划。[2] 该计划使得大批目的地为英国的罗姆人
旅行者在布拉格机场便被拒绝，同时由于该计划下旅行者在布拉格面临的预
先许可程序（the pre-clearance procedure）运行并不规律且频率高、不可预测
性强，许多寻求庇护者始终处于被拒绝的状态。1993 年，美国最高法院在审
理塞尔（Sale）诉海地人接待中心一案（以下简称"海地人案"）中也提出尽
管美国海岸警卫队遵从行政命令拦截向美国非法运送船只的做法与部分签署
国保护所有外国人的意图并不一致，但是依然认为总统命令海岸警卫队遣返
在公海拦截的无正式文件外国人的做法并不违反 1952 年美国《移民与国籍
法》（The Immigration and Nationality Act，以下简称"INA"）与《难民公约》
第 33 条的规定。[3] 两案件均反映出了部分国家对于不推回义务起点的不同
解读，《难民公约》第 33 条第 2 款在阐述禁止推回的例外情形时提到"如有
正当理由认为难民足以危害所在国的安全"，其中"所在国"（the country in
which he is）这一措辞被部分国家解释为缔约国的不得推回义务须以避难者已
在其国境内为要件。考虑到一国是否接受非本国国民进入其领土属于该国国
内主权事务，基于对各缔约国主权的尊重与对其国际安全、公共秩序的保
护——这也是前述两案件审理中共同提到的问题，现行国际难民法无法对缔
约国在其领土以外的拦截行为进行限制。特别是在罗姆人案中，英国与奥地
利政府已经就在布拉格机场实施入境通关管制措施达成一致，此时欲对两国
行为形成有效干涉是相当困难的。罗姆人案中另一争议点在于前往英国的旅
客中确有以其他理由申请入境英国并预备到达后提出庇护请求的情况，其申

---

〔1〕 European Roma Rights Centre and Others *v.* the Immigration Officer at Prague Airport and the Secre-
tary of State for the Home Department, [2003] EWCA Civ 666, United Kingdom: Court of Appeal (England
and Wales), 20 May 2003.

〔2〕 See European Roma Rights Centre and Others *v.* the Immigration Officer at Prague Airport and the
Secretary of State for the Home Department, [2003] EWCA Civ 666, United Kingdom: Court of Appeal (Eng-
land and Wales), 20 May 2003.

〔3〕 Sale *v.* Haitian Centers Council, Inc. , 509 U. S. 155, Decided June 21, 1993.

请入境理由确非真实，主权国家在对申请入境者的请求进行审核后拒绝给予入境许可显然是合理的。而海地人案中海岸警卫队拦截的亦是非法船只与无正式入境文件者，所以要求缔约国对处于本国以外的避难者履行不得推回的义务显然是不现实的。

然而，认定缔约国不推回义务是自避难者身处其境内开始将导致两个问题，且实践中这两个问题亦使得难民问题的解决愈发棘手。首先，以身处缔约国境内为缔约国履行不推回义务的条件无异于许可了缔约国得在其域外将避难者推回，这会使避难者原在国邻国成为庇护义务的主要承担者。参考黎巴嫩与土耳其至今接收叙利亚难民的数量，此种情形下是难以构建一个科学合理的难民分摊机制的。其次，允许缔约国在域外实施拦截无异于架空了《难民公约》第 31 条之内涵，缔约国得对任何无法取得正式文件的避难者提前予以"推回"。在对难民与非法移民进行概念辨析时曾对避难者通过非法方式入境的缘由进行讨论，如缔约国频频使用域外拦截这一方式，不仅会将无法获得合法证件的避难者拒之门外，从罗姆人案看还将使以其他理由获得合法证件的避难者也被拒之门外。根据《难民公约》第 27 条与第 28 条的规定，缔约国应向难民颁发身份证件与旅行证件，这两条对于颁发证件的难民均作出了"在其领土内的"（in their territory）的限定。一方面，"在其领土内的"这一条件将缔约国颁发证件的义务限定在了避难者进入该国国境后。另一方面，这一条件与不推回义务是相联结的。《难民公约》第 28 条第 1 款中提到了在其境内而未能取得合法居住地国旅行证件的难民的情况，公约要求对此类避难者"给予同情的考虑"（give sympathetic consideration）。[1] 何为"同情的考虑"？《难民公约》与《难民议定书》并未更详细地予以说明，但是以无合法证件为由将其推回显然与该条希望阐释的精神并不相符。

由于"在其领土内的"限制，缔约国得以在其境外对避难者采取拦截措施。而前文已对将缔约国不推回义务的开始设置在避难者进入该国境内后或

---

〔1〕《难民公约》第 28 条第 1 款规定：缔约各国对合法在其领土内居留的难民，除因国家安全或公共秩序的重大原因应另作考虑外，应发给旅行证件，以凭在其领土以外旅行。本公约附件的规定应适用于上述证件。缔约各国可以发给在其领土内的任何其他难民上述旅行证件。缔约各国特别对于在其领土内而不能向其合法居 住地国家取得旅行证件的难民发给上述旅行证件一事，应给予同情的考虑。

引起的问题进行了讨论，那么当如何设定缔约国不推回义务的起始点？《纽约宣言》第 24 条提出："据不推回原则，不得在边境将人推回"，该条同时认可了各国防止非正常过境行为而采取措施的权利；《难民契约》则重申了不推回原则在国际难民法中的中心地位。即使两项有关难民的国际性文件中屡次提到国际社会应尊重不推回原则，可均未对缔约国在域外拦截、推回避难者的行为予以禁止。从罗姆人案等实践看，缔约国在域外对避难者进行拦截并非均因不愿履行庇护义务，我们必须正视大规模难民潮对缔约国社会稳定的挑战以及带来的庇护压力。然而，这并非解决难民问题的根本路径。目前，除了 19 个国家外，其他所有联合国成员国均因其缔结或加入的各项国际公约而需遵循不推回原则。[1] 这些公约的缔约国中同时加入两个或两个以上规定有不推回原则公约的不在少数。缔约国往往通过与他国的协议或利用国际法的"漏洞"实施域外拦截、推回，若不对这种行为加以限制，便会使不推回原则的"生存空间"越来越狭窄。而就难民不推回这一问题而言，本书认为不妨在设计区域型难民分摊机制时尝试将缔约国不得推回义务的起始点设置在接到难民避难申请之时。如此，既可在避难者可到达被申请国前明确入境者身份、缩短避难者滞留等待甄别结果的时间，也使避难者不被被申请国以入境理由不真实危及其国家安全或公共秩序等借口而过早拦截。此外，将接到避难申请为缔约国不推回义务的起始点，一则可以明确缔约国不推回义务的开始时间，实践中较之入境时间缔约国更容易确认申请时间；二则有助于各方处理区域性难民分摊机制中域内、域外避难申请的数据，有助于形成更为科学、公平的分配方案，亦能清晰反映对缔约国不推回义务之履行。

（三）不推回原则的"一体两面"

避难者不被推回的权利与缔约国不得推回的义务是国际难民法中不推回原则的"一体两面"，二者相辅相成。通过前文论述，不难发现二者开始的时间点是不一致的。避难者不被推回的权利在导致其不能或不愿获得原在国保

---

　　[1] 参见 Elihu Lauterpacht, Daniel Bethlehem, "The Scope and Content of the Principle of Non-refoulement", in Erika Feller, Volker Türk and Frances Nicholson eds., *Refugee Protection in International Law*: *UNHCR's Global Consultations on International Protection*, Cambridge: Cambridge University Press, 2003, pp. 129-130. 转引自 [美] 詹姆斯·C. 哈撒韦：《国际法上的难民权利》，黄云松译，中国社会科学出版社 2017 年版，第 159 页。

护的事由发生时便已拥有，缔约国后一阶段对于难民长久的不推回义务需在甄别确认避难者的法律地位之后，各国前一段暂时的、保障性的不推回义务开始的时间并不相同。在获得被申请国对其难民身份的确认前，避难者不被推回的权利之主张是以最终获得庇护为目的。可是，缔约国的不得推回义务可能并不是依据该国在国际难民法下所负的义务，而是由缔约国缔结或参与的其他国际人权公约所触发。因此，在前一阶段避难者的不被推回的权利与缔约国不得推回的义务或出于不同的缘由，且并不直接对应。当然，如果避难者通过了缔约国的甄别，缔约国不得推回的义务与难民不被推回的权利均运行于国际难民法所规定的不推回原则之下，不再存在其他解释的可能。

　　在避难者的难民地位得到被申请国认可后，其不被推回的权利与受庇护的权利才得以顺利连接，而缔约国的义务亦如此。然而，此处需要注意的是，《难民公约》第32条与第33条对"合法在其领土内的难民"不被推回的例外情形的规定，两条中均规定了当难民对所在国社会构成危险时的缔约国不推回义务的免除。现行国际难民法下该情形的存在并不意味着避难者就此失去难民地位，仅属于缔约国得免除其庇护义务的事由。从确认难民构成对所在国国家安全与公共秩序的威胁后到难民得以合法进入另一国家的这段时间里，《难民公约》允许缔约国对其采取必要的措施。据此，缔约国对此类难民与其他合法在其境内的难民的庇护义务是不同的，而缔约国的不推回义务在这段时间内还需持续。难民对所在国国家安全、公共秩序等构成的危险使其停留或居留不再具有合法性，而非使其在国际法上的难民地位失去合法性。故而，公约要求缔约国给予其能够转而寻求他国庇护的期间，也就是在保护本国利益的前提下对该难民的停留予以暂时性容忍。但是，这种容忍并非全然被动的，《难民公约》第32条第3款在该期间前加上了"合理"（reasonable）这一限制性条件。在难民对所在国构成危险的事由并不导致其丧失难民地位的情况下，难民不被推回的权利只能在缔约国容忍的期间内延续。此时，缔约国对难民享有权利的必要限制亦具有正当性，其不推回义务仅需满足"合理的期间"这一要求，而不必以避难者事实取得进入另一国的合法许可为终点。该条款下只要缔约国有充分理由证明容忍期间足够避难者寻求另一国保护，那么即便避难者无法获得他国合法许可缔约国亦可将其驱逐出境或送回。

三、不推回原则的例外情形

国际法上缔约国不必履行不推回义务的情形主要有三：甄别后确认申请者确非难民；难民原在国保护恢复；难民对所在国国家安全与公共秩序构成危险。难民自愿前往其他国家时，需考虑的是其迁徙自由的实现与他国对于其难民地位的认定等问题，而非缔约国不推回义务的履行。缔约国不推回义务的免除意味着缔约国可以对避难者进行推回，前述三种情形中前两种均涉及难民地位存在与否。当避难申请者不符合或不再符合国际法上的难民定义时，除非触发所在国于其他公约下的不推回义务，否则其不得再基于难民地位向缔约国主张不被推回的权利。换言之，前两种情形下缔约国对于难民所负担的不推回义务事实上是不存在的。而第三种情形中，缔约国不得推回的义务是存在的，但由于国家安全与公共秩序使得难民的停留或居留失去了合法性，由此缔约国的不推回义务得以免除，这便是不推回原则的例外情形。

在例外情形的逻辑关系中，不推回的权利主体是法定难民，义务主体为所在国，该组权利义务关系的依据为现行国际难民法；当所在国有正当理由认为难民对本国国家安全、公共秩序危险时，难民的停留或居留便失去了合法性，此时的"合法性"主要是依据所在国国内法进行判断。可见，难民的法定地位并未发生变化，缔约国依然负有不得推回的义务，而在对其停留是否合法的评价上国际法与所在国国内法发生了冲突。因此，《难民公约》对此做出了安排，允许缔约国在此种情形下免除其义务。

（一）例外情形的解释与认定

《难民公约》第 32 条第 1 款与第 33 条第 2 款对于前述国家安全、公共秩序原因而引起的不推回原则之例外进行了规定，此处需要说明的是第 32 条虽落脚于"驱逐"（expulsion），可"推回"本身也包含"驱逐"之意。第 33 条作为专门的禁止推回条款，其在公约英文版中的名称为"prohibition of expulsion or return（'refoulement'）"，即禁止驱逐出境或送回（"推回"）。部分国家在实践中将不推回原则的例外情形与《难民公约》第 1 条第 6 款规定相结合一并进行审查[1]，而二者所处的阶段并不相同。《难民公约》第 1 条第 6 款是针对公约适用对象提出的，意在将犯有三类严重罪行的犯罪分子排除出公约的适用范围，即此类犯罪分子并不为公约确定的难民范围所包含。《难民公约》规定的不推回原则的例外情形针对对象则为难民，《难民公约》第 32 条第 1 款特别指出了"合法在其领土内的难民"；根据前文的论述第 33 条下不推回包含两个阶段——对于避难申请者的暂时性不推回与对于法定难民的长久性不推回。二者的重合之处便在于甄别阶段对申请者是否犯有某种严重罪行审查，倘若前一阶段甄别时《难民公约》第 33 条第 2 款规定的"难民已被确定判决认为犯过特别严重罪行"且该罪行属于第 1 条第 6 款所列"国际文件中已作出规定的破坏和平罪、战争罪，或危害人类罪""严重的非政治性罪行"与"违反联合国宗旨和原则的行为并经认为有罪"中的一种，那么该避难者便未为《难民公约》的难民范畴包含。这种情形下，此类申请者因其罪行而"不值得受国际保护"（undeserving of international protection）[2]，并不享有《难民公约》下不被推回的权利，缔约国便不必遵循公约中的不推回原则。前一阶段对于罪行的审查以考察是否存在无法认定难民地位之例外情形，后一阶段的例外才属于缔约国不推回义务的例外。前一阶段避难申请者因不属于公约所列难民并不拥有公约下不被推回的权利，在其情形下缔约国的不推回义务自始不存在，又何谈例外。在后一阶段，避难者已具备难民地位但因故不得向所在国主张该权利，缔约国由此豁免应对难民承担的不得推回义务。本书对于不推回原则的例外情形主要聚焦于后一阶段，即在难民地位得到所在国认可后该国不推回义务的免除。

（二）对于适用"例外情形"的限定

《难民公约》第 32 条与第 33 条对不推回原则例外情形的适用附加了三项

---

　　〔1〕　参见梁淑英：《国际难民法》，知识产权出版社 2009 年版，第 244 页。转引自 Geoff Gilbert，"Current Issues in the Application of the Exclusion Clauses"，in Erika Feller，Volker Türk and Frances Nicholson ed.，*Refugee Protection in International Law：UNHCR's Global Consultations on International Protection*，Cambridge：Cambridge University Press，2003，p. 458.

　　〔2〕　James Simeon，"Ethics and the Exclusion of Those Who are 'not Deserving' of Convention Refugee Status"，in Satvinder Singh Juss and Colin Harvey eds.，*Contemporary Issue in Refugee Law*，UK：Edward Elgar，2013，pp. 258-265.

条件：

第一，避难者须足以危害所在国安全或犯过经判决确认特别严重罪行构成对该国社会的危险。该条件要求避难者的罪行在程度上属特别严重性，且对所在国存在危险的。我们认为后者包含两层含义：排除原在国为实施迫害而判决其有罪，事实上并不具有危险性的避难者；所在国不推回义务的免除是为了保护本国利益。实践中，判决其有罪是部分国家为"正当化"其对公民的迫害行为而常用的一种手段。所以，所在国在审查时判断该避难者是否确实构成此类罪行，是否对本国构成危险是相当重要的。

第二，即使难民真的符合第一项条件，但是其原在国依旧不能为其提供保护的情况下——具备难民地位的构成要件，也不能将其直接驱逐或送回。而需在合理期间内对其予以容忍——此期间正常情况下足够难民向另一国提出庇护请求并获得入境许可，在这个合理期间之后，所在国可不再对其履行不推回义务。第二项条件事实上暗含一组价值衡量，所在国对难民不推回义务只履行所保护的价值与驱逐、送回避难者对于本国国家安全、公共秩序的价值之对比。而这一项条件是与第一项条件对于罪行严重性的评判相挂钩的，在不推回的价值必然大于推回的价值时，缔约国是不得主张不推回原则之例外的。梁淑英教授在《国际难民法》中认为缔约国不推回义务之例外应符合相称性原则，难民推回后面临的危险与留在缔约国对国家利益造成的威胁之间的相称也是国内外许多学者所认为的《难民公约》第33条第2款暗含的要求。这种相称性与本书论述的价值衡量所期待实现的效果是一致的，可是，显而易见的是现行国际难民法未能也很难从这一角度对缔约国予以约束。

第三，《难民公约》第32条第2款对不推回原则之例外提出了"合法程序"的要求。该条款明确了难民对于所在国作出的推回决定进行申诉的权利，倘若所在国以国家安全、公共秩序为由实施推回时，需给予难民寻求救济的路径。这一要求旨在避免缔约国以国家利益为名拒绝履行对难民的庇护义务，据此得以通过难民提出的证据检验缔约国未履行不推回义务是否确实由于难民构成对该国国家安全、公共秩序的威胁。不仅如此，《难民公约》要求缔约国应允许难民提出有利于自己的证据，除非有涉及国家安全的重大理由

（compelling reasons）[1]，否则不得对难民举证的权利予以限制。

第二节　被申请国的甄别权

被申请国甄别是避难者取得难民地位的充分条件，被申请国甄别是避难者前一阶段不被推回的权利与后一阶段不被推回的权利的分界点，亦是确认被申请国是否存在庇护义务的必经程序。《难民公约》对难民定义与缔约国须保护的难民权利体系予以了规定，但是并未就被申请国甄别程序与该程序下的审查细节予以进一步规定。1979 年，UNHCR 发布《关于根据 1951 年公约与 1967 年议定书确定难民地位的程序与标准的手册》（以下简称《手册》），后于 1992 年、2019 年其对该手册进行了重新编辑发行。《手册》第 2 部分"确认难民地位的程序"第 189 项中提到，公约与议定书对难民进行了界定，可是缔约国义务的实际履行须先根据该定义对避难申请者进行识别。[2]《难民公约》第 9 条中"在该缔约国断定该人确为难民以前"（pending a determination by the Contracting State that that person is in fact a refugee）这一表述可以视为授予缔约国对避难者进行甄别的权利。《手册》认为缔约国得根据本国宪法与行政构造设计合适的甄别程序[3]，该手册由 UNHCR 制定且并不对《难民公约》与《难民议定书》的缔约国具有约束力，可该项规定反映出 UNHCR 对于缔约国甄别权的认可而非限制——是符合各国在难民接收问题上的诉求的。实践中，各国的甄别程序确实显现出鲜明的本国特征，例如，有些国家

---

〔1〕　在联合国官网中，中文版《难民公约》第 32 条第 2 款使用了"重大理由"这一措辞，而英文版对应的措辞是 compelling reasons，《牛津词典》中将 compelling 定义为令人信服的、无法驳倒的。

〔2〕　UNHCR, Handbook on Procedures and Criteria for Determining Refugee Status under the 1951 Convention and the 1967 Protocol relating to the Status of Refugees, HCR/IP/4/Eng/REV. 1, Reedited, Geneva, January 1992, UNHCR 1979, Part Two Procedures for the Determination of Refugee Status：A. GENERAL, para. 189.

〔3〕　UNHCR, Handbook on Procedures and Criteria for Determining Refugee Status under the 1951 Convention and the 1967 Protocol relating to the Status of Refugees, HCR/IP/4/Eng/REV. 1, Reedited, Geneva, January 1992, UNHCR 1979, Part Two Procedures for the Determination of Refugee Status：A. GENERAL, para. 189.

将难民甄别交由负责移民或出入境管理的部门，亦有国家直接将对难民的甄别委托给 UNHCR。本节将对被申请国甄别权的法律属性与来源进行探讨，在此基础上明晰现行国际难民法中甄别类型与甄别权行使的"空间"，探讨甄别的必要性及甄别权行使与难民权利保护之间的关系。

一、被申请国甄别权的权属来源

被申请国的甄别权是与其对难民的管辖权相挂钩的一项权力，缔约国采取什么方式进行甄别、甄别的具体程序与执行甄别程序的机关均会对难民权利保护产生影响。被申请国的甄别权源自其对本国内部事务享有的主权，即便被申请国是《难民公约》下避难者权利保护义务的承担者，但是是否接收非本国公民入境，又给予其何种法律地位均与被申请国的国家利益牵涉甚深。甄别权属于一国为保护其本国利益而对寻求庇护者行使的一项权力，被申请国对本国公民以外的人承担权利保护义务是以对难民这一群体进行兜底性保护为目的的，其庇护义务亦是其甄别权的来源。甄别权的行使意味着避难者无法在实际满足《难民公约》所述难民地位的构成要件时主张其权利，且需要接受被申请国在被申请国甄别期间对其采取的限制措施。甄别权涉及被申请国于国际法下负担的义务，甄别权行使的依据主要是该国缔结、参与的国际条约、区域性条约。

甄别权属于一种具体的行政权。行政的职能包括维护秩序与安全，行政权的行使表现为对法律执行。[1] 甄别的目的不仅在于识别申请者的身份，也出于维护国家安全、公共秩序的考虑。甄别属于被申请国对《难民公约》或其国内法规定的执行，甄别权行使导致的难民权利延迟实现是公权力对个人权利进行限制的一种体现。假若将被申请国与寻求庇护者置于社会契约理论下进行考察，寻求庇护者为顺利进入被申请国内获得庇护，让渡出自己的一部分权利——在这里表现为被申请国难民权利保护义务的延迟履行。甄别权的行使有效维护了被申请国的秩序与安全，在此情形下难民权利能够得到更妥善的保护。

---

[1] 参见 [英] A. W. 布拉德利、K. D. 尤因：《宪法与行政法》（第 14 版·下册），刘刚、江菁等译，商务印书馆 2008 年版，第 157~159 页。

根据《难民公约》第 1 条的规定，被申请国甄别权的行使具有两层内涵：确认本国在避难者权利保护义务承担方中的位次；确认接收避难者不致对本国国家安全与公共秩序形成负面影响。首先，国际法上的难民权利保护是一种"兜底性保护"。通过甄别对避难申请者身份进行认定，根本目的在于确定本国对其是否负有义务，个人法律地位对于其享有的权利范畴与权利保护义务承担方具有指向功能。当申请者并非难民时，他属于某国公民、居民或无国籍人时，对应的权利保护义务的承担国依次为国籍国、经常居住国、《无国籍人公约》或《减少无国籍状态公约》的缔约国。当被申请国依据国际难民法或其国内法确定申请者为难民时，还需考察是否存在庇护义务、申请审查义务位次在本国之前的国家，例如难民的第一入境国、第一庇护国。其次，《难民公约》第 32 条与第 33 条肯定了缔约国在特定理由存在时对公约下义务有豁免权。被申请国在甄别时便会对寻求庇护者对本国是否构成危险进行审查；通常在确认其难民地位后被申请国也可能主动提起审查或因避难者行为而对其进行审查。当然，在第二层意涵中缔约国甄别权的行使并不以难民是否享有公约规定之基本权利、自由为目的，而是为国家其他行政权或司法权行使提供依据，是缔约国依据其国内法或根据属地原则而进行的有权审查。当然，实践中或许存在缔约国在甄别时未发现避难者此前所犯罪行，在认可其难民地位后又发现其犯有《难民公约》第 1 条第 6 款所述罪行的情况。我们认为，此种情形下避难者的难民地位是自始无效的。因为审查的主要内容仍然是其是否符合难民地位之构成要件，被申请国的审查依据主要是其缔结或参与的国际条约、区域型条约[1]，故而后一阶段的审查本质上仍然属于甄别审查。

二、被申请国甄别权的行使

现行国际难民法中虽未对被申请国的甄别予以特别规定，但是其甄别权的行使并非不受限制的。根据《难民公约》第 35 条的规定，缔约国需与联合

---

[1] 即便缔约国国内法也对难民进行了界定，可根据《难民公约》第 1 条第 2 款乙项与第 42 条第 1 款的规定，缔约国划定难民范畴不得小于公约划定的难民范畴。因此，缔约国甄别的主要依据依然是《难民公约》下的难民定义。

国难民署或者继承联合国难民署的其他联合国办事机关合作，并为其监督本国在公约下所负义务之履行提供便利。《难民议定书》第 2 条则重申了《难民公约》第 35 条的规定，据此 UNHCR 有权对《难民公约》《难民议定书》缔约国接收、安置难民的具体情况进行监督。1992 年《手册》第二部分对于"确认难民地位的程序"的规定不仅可为被申请国甄别提供参考，还可作为 UNHCR 对于《难民公约》《难民议定书》缔约国义务之履行的监督依据。《难民公约》第 35 条使用了"合作"（co-operate）一词，可见 UNHCR 并不拥有对缔约国采取某些强制措施的权力，通常此类办事机关也无法获得某种凌驾于国家之上的权力。

实践中，各国对于避难者的甄别大致可分为两类：直接甄别与通过联合国难民署代为甄别。直接甄别指缔约国通过设立专门甄别机关或者将甄别权交由出入境管理部门、移民局等相关部门自主进行避难者地位甄别，而委托联合国难民署甄别则包括两种情形——被申请国非《难民公约》《难民议定书》的缔约国或被申请国并未建立本国的难民甄别程序。《章程》授权联合国难民署得在这两种情形下对寻求庇护者进行甄别，并对其认定的难民进行援助。可是，《章程》的性质决定了即便被申请国委托联合国难民署代为甄别也并不等于放弃其甄别权，联合国难民署的认定结论是否对被申请国产生效力的决定权还在被申请国。UNHCR 当然可对其认定的难民进行援助，但是考虑到其机构性质、资金来源与并无领土对难民进行安置这一现实，UNHCR 对于难民的保护是无法替代任一国家可为难民提供的保护的。所以，即使联合国难民署确认了避难者的难民地位，但是避难者依然无法充分主张国际法上该地位所对应的权利。倘若，委托联合国难民署进行甄别的国家不认可联合国难民署的结论，且未向避难者提供针对难民的权利保护，那么，联合国难民署的甄别结论在法律上是不具有任何意义的。故，本节接下来讨论的难民甄别以被申请国的直接甄别为主。

（一）被申请国甄别的基本遵循

各国甄别权的行使通常是相对独立的，除在区域性难民庇护体系下区域内各国或对彼此所作甄别之结论予以承认，但是《难民公约》并不要求缔约国承认其他缔约国的甄别结论。这从《难民公约》第 32 条第 3 款中可见一斑，该款规定："缔约各国应给予上述难民一个合理的期间，以便取得合法进入另一国家的许可。""上述难民"即指该条第 1 款所述之"合法在其领土内的难民"，前文中已明确"合法在其领土内"表明避难者已通过被申请国甄别获得对其难民地位的认可。对于此类难民，要求缔约国等待其取得"合法进入另一国家的许可"，意味着公约并不禁止另一国对已获得他国难民地位的避难者行使甄别权。

《难民公约》并无对于缔约国甄别的专门规定，但是公约关注到了地位尚未得到确认的寻求庇护者的权利。除了本章第一节中提及的避难者前一阶段下不被推回的权利外，《难民公约》第 9 条对缔约国在确认避难者难民身份以前得对其采取的临时措施（provisional measures）进行了限制，该措施的实施须满足"为了国家安全的利益"与"对其国家安全是迫切需要的"这两项条件。避难者处于甄别期时是符合该条所述之语境的，根据《难民公约》第 9 条的规定，即使是甄别期内被申请国非必要也不得对避难者采取措施。除非是出于维护国家安全的迫切需要，避难者的权利与自由在甄别期内是不容侵犯的，这也是被申请国于现行国际难民法下应当遵守的首要原则。

UNHCR 方案执行委员会针对难民甄别程序先后通过了以《难民地位的甄别》为代表的一系列决议，为被申请国依据《难民公约》与《难民议定书》确认避难者的身份提供了参考。可是，无论是 1992 年《手册》还是联合国难民署的决议对于被申请国均不具有拘束力。《难民公约》"序言"部分与第 35 条以及《难民议定书》第 2 条均提及缔约国有义务与联合国难民署合作、接受联合国难民署监督，但是这种监督仅限于缔约国对于公约或议定书义务之履行，而非将缔约国置于联合国难民署的管辖之下。尽管，在进行难民甄别时各国设计的甄别程序与联合国难民署制定的流程并无较大出入，通常包括申请、受理、确认事实、决定这四个步骤。《国际难民法指南》中对面谈这一环节的必要性与注意事项进行了阐述。"面谈"这一环节有利于被申请国处理避难申请时进行一事一议，在避难者无法提供有利证明材料时——这种情况在难民中相当常见，还可通过面谈向被申请国证明自己的现实处境。但是，在一些特别的甄别程序中可能并不会采用个案审查的方式，且面对大规模难民潮时这种方式可能无法形成对于难民的及时庇护。即便如此，UNHCR 的一些文件依旧为国际法上被申请国甄别的基本遵循，具有极强的借鉴意义。其中，未为《难民公约》与《难民议定书》规定但与其宗旨一致且已为国际社会所广泛适用的两项内容是为避难者提供必要帮助与给予避难者难民地位未得到承认时的上诉权。梁淑英与刘国福两位教授在论述甄别程序时亦将这两项作为该程序的基本要求[1]，两项内容亦反映出被申请国甄别时须遵循的公平原则。在被申请国，负责避难者甄别的机关与其他国家行政机关同样被授予了管理"个人或私人组织的事务"的权力[2]，受所处困境与语言、文化习惯等因素影响，避难者与其他外国公民、被申请国公民在面对国家行政权力时并不处于相对平等的地位，而由于原在国保护的缺位其在被申请国面前也处于极为弱势的地位。因此，给予其必要帮助使其能够获得与拥有原在国保护的个体处于相对平等的地位，使其能够质疑甄别结果，给予其维护自身权利的机会，这均为被申请国行使甄别权时应当遵循的公平原则，亦是国际难民法所期望保护之公平的正义。

欧盟都柏林体系设计了相对完善的被申请国甄别程序，2013 年 6 月 26 日欧洲议会和理事会颁布了《关于授予和撤销国际保护的共同程序的指令》（Directive 2013/32/EU of the European Parliament and of The Council of 26 June 2013 on common procedures for granting and withdrawing international protection，以下简称《庇护程序指令》），该指令第三章聚焦于初审程序对甄别程序、毫无根据的申请（unfounded applications）、关于可否受理面谈的特别规则（special rules on an admissibility interview）、不可受理的申请（inadmissible applications）、第一庇护国概念（the concept of first country of asylum）、安全来源国概念（the concept of safe country of origin）、安全第三国概念（the concept of safe third country）等 13 项甄别时的具体问题，而指令第二章与第五章分别对基本原则与保障、上诉程序等予以了详细规定。《庇护程序指令》对前述两项原则均予以了详细规定，例如，其第 9 条规定了避难者在甄别期间的居留权，第

---

〔1〕　梁淑英教授与刘国福教授对于甄别程序之基本要求的论述，具体可参见其论著，梁淑英：《国际难民法》，知识产权出版社 2009 年版，第 136~137 页；刘国福：《国际难民法》，世界知识出版社 2014 年版，第 221~229 页。

〔2〕　[英] A. W. 布拉德利、K. D. 尤因：《宪法与行政法》（第 14 版·下册），刘刚、江菁等译，商务印书馆 2008 年版，第 529 页。

12 条则关注于如何使申请者在相关程序中不致处于显失公平的地位。2009 年
欧洲理事会通过的《斯德哥尔摩公约》（Stockholm Programme）提出了个人在
甄别程序上的同等待遇，而《庇护程序指令》再次重申了这一点。平等安排
是公平原则的题中之意，所有申请者在甄别程序上的同等待遇与避难者和其
他人面对同一国家公共权力时相对平等的地位等不同内涵的平等均是罗尔斯
所述公平的正义之不同侧面。此外，《庇护程序指令》第 10 条第 2 款则明确
了对于难民的保护属于国际保护，在申请者无法获得成员国难民地位的认可
时，当局还需确定其是否享有其他辅助性保护（subsidiary protection）。当申
请者在被申请国无法获得难民地位时，其至少还能主张一种辅助性保护，这
与国际法上人权保护的宗旨是一致的。都柏林体系将国际法对于被申请国甄
别之基本遵循的概括性规定结合实践予以了细化，设计出了一套完整的甄别
程序框架并逐一对各步骤进行规定，同时结合欧盟自身的区域性特点对管辖
权、甄别程序中包括审理期限在内的具体问题等内容予以明确。事实上，《庇
护程序指令》对于国际难民法对被申请国甄别程序的模糊性规定的清晰化与
体系化处理会形成对于其成员国甄别权行使的限制。毕竟，概括性陈述关注
的是整体，而部分中的许多细节便有了讨论与商榷的空间。欧盟都柏林体系
在此帮助我们进一步确认了被申请国甄别之基本遵循——对于避难申请者之
权利的非必要不侵犯与保证甄别期间申请者处于公平地位。

　　至于《难民公约》及《难民议定书》均规定的接受 UNHCR 对其公约义
务之履行这一要求，在《庇护程序指令》第 29 条 "联合国难民署之地位"
（The role of UNHCR）中的表述主要体现为 "合作"——允许（allow）联合
国难民署向被申请国当局按照《难民公约》第 35 条的规定对其程序提出意
见，而并没有当然接受联合国难民署监督的意思。因此，本书论述的被申请
国甄别的最后一项遵循将落脚于 "合作"，被申请国特别是《难民公约》与
《难民议定书》的缔约国在行使甄别权时应谨慎尊重与联合国难民署的合作。
虽然，"合作" 一词并无 "约束力"。但是，该原则下联合国难民署得以切实
了解被申请国甄别程序的具体情况。其意见或未全部为被申请国所采纳，可
"合作" 原则下被申请国不得将 UNHCR 完全排除出其甄别、安置工作，联合
国难民署依然有机会为避难者提供辅助性保护。并且，联合国难民署的参与

会对缔约国产生一定的警戒作用，在申请者寻求法律救济时能够作为第三方出席。即使尊重与联合国难民署的合作这一遵循很难展现出法律上的拘束力，但该原则与非必要不侵犯、公平原则均以将甄别权行使对避难者权利的侵犯最小化为目的。的确，该原则落脚于"合作"难以使 UNHCR 的功能无法最大化，可考虑到联合国难民署的性质以及契约的达成，采取折中选择并不应构成对难民权利保护之辩证发展过程的冒犯，该遵循依然符合现行国际难民法的精神。

（二）被申请国的特别甄别程序

《难民公约》《难民议定书》未对甄别予以展开论述，但正如前文曾提到的那样，国际社会采取的避难者甄别细节上或有差异而流程却大致相似。上述甄别程序之遵循主要关注的是矛盾的普遍性，可甄别权的行使还须关注难民群体中的特殊主体以及避难者甄别实践中的某些具体问题——即矛盾的特殊性。个案审查方式在面对大规模难民潮时效率不足无法为避难者提供及时的保护，而寻求庇护者中妇女、儿童与老年人通常处于更为不利的境遇。实践中为应对某些特殊时期或特殊的避难申请者，各国设计出了一些特别甄别程序。

1. 集体甄别与初步甄别

由于难民问题具有较强的地域性特征，所以难民原在国的邻国与距离相对较近的、社会福利待遇较好的发达国家会成为避难者的主要目的地国。以"阿拉伯之春"后的欧洲难民危机为例，除黎巴嫩、土耳其外，不少经济发展较好的欧盟国家也面临数以万计的避难请求。面对大规模的难民潮，各国是无法在《庇护程序指令》规定的期限内完成对寻求庇护者的个案审查的。假如，不设置或遵循审查期限的要求，又将使避难者长期处于流离失所的状态，由此集体甄别程序、初步甄别程序便应运而生。集体甄别与初步甄别即在认定避难者的难民地位之前先对其是否属于某一群体的难民进行判断，并对该群体避难者予以暂时庇护。不容忽视的是，暂时庇护并不意味此类避难者必然享有受庇护权，暂时庇护也不等同于避难者可以向被申请国主张难民地位所对应的权利。实践中，通过集体甄别的申请者仍需通过被申请国对于其难民地位的正式甄别（个案审查）。因此，各国虽使用了集体甄别与初步甄别等不同的名称，可是二者本身并无区别。

实践中，集体甄别或初步甄别的目的均在于提高甄别效率，尽可能地使申请者不至于长期流离失所。无论是集体甄别抑或是初步甄别，被申请国通常会事先划定一个范畴，并在属于这一范畴的申请者中识别真正的难民。通常情况下，来源国会成为被申请国划设范畴的主要依据。例如，对于来自叙利亚的申请者在其难民地位确定之前可取得在被申请国的居留权，这种居留权必然是十分有限的，申请者往往只能居留在某一固定安置场所范围内，且这种居留权并不同等于难民的合法居留权。1981 年，UNHCR 方案执行委员会通过了第 22 号决议，该决议要求成员国为寻求庇护者提供临时性保护，欧盟都柏林体系亦曾对临时保护程序进行尝试，德国就曾在海德堡建立登记中心将之作为临时保护试点。可见，对于避难申请者，集体甄别或初步甄别通过对应的是临时性保护，这种保护义务当然窄于被申请国对于难民所负担的权利保护义务，后者对应的是正式难民地位甄别的通过。

值得注意的是，被申请国实施集体甄别或初步甄别与都柏林体系下进行的"第一入境国""第一庇护国"或"安全第三国"的审查并不相同。前述都柏林体系下的三原则主要是以对于寻求庇护者管辖权的认定为目的，在认定本国不具有管辖权时成员国得将申请者移送给有管辖权的国家。欧盟《庇护程序指令》第 33 条第 1 款指出："如果根据本条申请被视为不可受理，则成员国无须审查申请人是否符合第 2011/95/EU 号指令规定的国际保护资格。"[1] 该条第 2 款将已有成员国给予庇护、安全第三国与第一庇护国列为判断庇护申请不可受理性的决定因素。是故，对这三项内容的判断有可能发生在初步甄别阶段，且这种移送亦是为了缓解本国的甄别压力。然而，集体甄别的直接效果在于对更有可能通过获得难民地位认可的避难者进行必要的预先保护，从而避免等待甄别期间其基本权利无法得到保障。但是，一旦认

---

〔1〕 2011 年 12 月 13 日，欧洲议会和理事会颁布《关于第三国国民或无国籍人作为联合国国际保护受益人资格标准、难民或有资格获得辅助保护的人的统一地位标准以及所给予保护的内容的第 2011/95/EU 号指令》（Directive 2011/95/EU of the European Parliament and of the Council of 13 December 2011 on Standards for the Qualification of Third-Country Nationals or Stateless Persons as Beneficiaries of International Protection, for a Uniform Status for Refugees or for Persons Eligible for Subsidiary Protection, and for the Content of the Protection Granted，以下简称《庇护资格指令》）。

定避难者来自"第一庇护国"或"安全第三国",即使申请者符合国际法上的难民定义,被申请国依然得以无管辖权为由拒绝为其提供庇护。集体甄别或初步甄别与前述三项内容的甄别是存在显著差异的,无论是集体甄别还是正式的难民地位甄别,归宿均为缔约国对于本国是否有庇护义务的判断。而都柏林体系下的三原则均属于被申请国对于本国是否有管辖权的判断,因此不得将之混淆。

2. 事前甄别与边境甄别

事前甄别,即事前审查,亦是在正式的难民地位甄别前进行的审查。事前审查的对象是庇护申请的可受理性,该审查判断是的庇护请求是否可进入本国的正式甄别程序。这种甄别与初步甄别均发生于正式甄别之前,且也意在提高避难甄别的效率。未通过初步甄别、集体甄别并不代表避难者无法获得难民地位,申请者依旧可以等待正式甄别结论,只不过在此期间内或许无法获得临时保护。事前甄别则意在筛选,将不值得予以正式甄别的申请事先予以排除,这就意味着申请者只有通过事前甄别才得以进入个案审查阶段。这种审查方式通过将对不可受理的判断独立出来,提高难民地位的甄别效率。根据《庇护程序指令》第33条第2款的规定,申请者只要在事前审查时符合其中之一便不必再对其国际保护的申请予以正式审查。故,事前审查属于前文所提到的管辖权审查。与集体甄别不同,这项审查并非难民地位甄别的必经程序,是由被申请国国内法自行决定的一项审查。对于"第一入境国""安全第三国"的认定便是此项审查的内容。不容忽视的是,事前审查虽有利于提高审查效率,可是往往也会沦为被申请国逃避庇护义务的一种手段。

边境审查也属于一种事前甄别程序,但是与前文论述的事前审查不同,边境审查的"事前"指的是在避难者进入被申请国国境以前。边境审查的意图主要在于审查申请者是否以非法方式入境,实践中许多寻求庇护者往往会通过非法路径进入被申请国后再转而寻求庇护。在旷日已久的欧洲难民危机中,大批避难者通过地中海沿岸"人蛇集团"伺机进入欧洲国家,由此也为许多欧盟国家的社会治安带来极大的隐患,超载难民船倾覆导致的惨案屡屡发生。正因如此,许多欧盟国家启动了边境审查机制,在避难者进入本国国境前对其进行审查。该审查与事前审查的相同之处在于不必再对未通过审查者进行正式的难民地位甄别。根据《难民公约》第 31 条的规定，所在国不仅须处理合法入境者的避难请求，还应对有正当原因非法入境的难民予以一定程度的容忍。[1] 该款要求非法入境者向当局说明须"毫不迟延"（without delay）且需有非法入境的"正当原因"（good cause），并指明了入境国当局享有对于这两项要求的审查权。同时，《难民公约》第 31 条第 2 款提到"此项限制只能于难民在该国的地位正常化或难民获得另一国入境准许以前适用"，此规定不仅对入境国对非法入境难民采取必要限制的时间进行了规定，还揭示出避难者通过边境审查仅表明其有权停留在入境国境内，至于这种停留是否可以转化为合法居留，还应视正式的难民地位甄别结论而定。因此，通过边境审查并不意味着通过难民身份审查。实践中，各国的边境审查大致可归纳为两类：对无合法通行许可的避难者（非法入境）是否有权入境并提交庇护请求的审查；对所有避难者是否有权入境并提交避难申请的审查。[2] 在这两种边境审查模式下，避难者均须在边境便递交难民地位的申请，区别仅在于后者对于持有合法证件的避难者亦提起审查。这里便涉及对于合法入境之合法性的判断问题，前文曾提到一种情形，即避难者以其他理由获得被申请国的入境许可，而其真实目的是进入该国后提出庇护请求。此种情形下，其获得的入境许可或者通行证件确实是合法的，但是其入境请求的理由并不真实，这种情形下其入境的合法性应如何认定目前仍是一个值得商榷的问题。而从两种不同类型的边境审查来看，国际社会对于该问题所持的态度并不相同。通过对两种边境审查的讨论，我们不难看出后一种边境审查将导致更多的避难者无法进入被申请国内部。《难民公约》考虑到入境国的国家安全问题确认了入境国当局对于非法入境者的审查权，但是部分国家通过边境审查实际上将非法入境的概念进行了扩展，而这种审查的导向与公约所期待的更为

---

〔1〕《难民公约》第 31 条第 1 款规定：缔约各国对于直接来自生命或自由受到第 1 条所指威胁的领土未经许可而进入或逗留于该国领土的难民，不得因该难民的非法入境或逗留而加以刑罚，但以该难民毫不迟延地自行投向当局说明其非法入境或逗留的正当原因者为限。

〔2〕 国内学者对边境甄别进行了广义与狭义之区分，具体可参见刘国福：《国际难民法》，世界知识出版社 2014 年版，第 243 页。刘国福教授认为广义与狭义的区分在于边境审查的对象，狭义的边境审查仅审查非法入境的外国人，而广义的边境审查还须对"合法入境并在边境地区提交难民地位申请的避难者"。

广泛的难民保护并不相符。

虽然，事前审查与边境审查所处的阶段也是先于正式的难民地位甄别。可是，与集体甄别或初步甄别不同，事前审查、边境审查的并非以预先为申请者提供临时保护为目的。恰恰相反，二者通过对不可受理性、是否有权入境的审查，将部分请求者排除出了正式甄别审查的范围。在集体甄别中，即使申请者未能通过该甄别获得临时庇护，但是依然可以经过个案审查取得难民地位。而未通过事前审查、边境审查的申请者甚至无法进入被申请国境内，更何谈进入个案审查环节。

3. 针对特殊主体的甄别程序

欧盟《庇护程序指令》第 24 条第 1 款规定："成员国应在申请者提交国际保护申请后的合理期限内评估其是不是需要特别程序保障。" 相较于前述三种特别甄别程序，针对特殊主体的甄别程序并非在正式甄别前再设置一道审查，而是侧重于对避难申请者中的儿童、妇女等特殊群体，考虑到其权利状态的脆弱性对其在甄别时予以特别帮助。《难民公约》除第 25 条第 4 款规定 "对贫苦的人可能给予特殊的待遇" 外，并未对难民中特殊群体的权利保护进行特别规定。而国际社会为寻求庇护者中的特殊群体提供权利保护的依据主要是《儿童权利公约》等针对特殊群体保护的人权公约。2016 年 12 月 2 日，联合国难民署发布了第 12 号《关于国际保护的指导方针》（Guidelines on International Protection，以下简称《方针》），《方针》第 92 段建议缔约国在评估难民地位的申请时，考虑到 "包括儿童或具有不同性别身份、性取向的人" 的具体情况。[1] 不仅如此，该方针还关注到 "性格、背景、社会地位、年龄、性别和其他因素" 对于避难者的影响[2]，并将 "性迫害与性别有关的迫害" 纳入迫

---

〔1〕 See UNHCR, Guidelines on International Protection No. 12: Claims for refugee status related to situations of armed conflict and violence under Article 1A (2) of the 1951 Convention and/or 1967 Protocol relating to the Status of Refugees and the regional refugee definitions, HCR/GIP/16/12, 2 December 2016, para. 92.

〔2〕 See UNHCR, Guidelines on International Protection No. 12: Claims for refugee status related to situations of armed conflict and violence under Article 1A (2) of the 1951 Convention and/or 1967 Protocol relating to the Status of Refugees and the regional refugee definitions, HCR/GIP/16/12, 2 December 2016, para. 12.

害的常见形式[1]。

　　各国对申请者中特殊群体的甄别采取了不同的方式，以儿童难民为例，国际社会在处理儿童难民申请时通常会给予特别帮助。1989年《儿童权利公约》"序言"部分重申了此前各儿童权利保护的国际文件中对于给予儿童"包括法律上的适当保护"在内的特殊保护。《儿童权利公约》第22条对于申请难民地位的儿童之保护予以了专门规定，该条要求缔约国无论该儿童是否有父母或其他人陪同都应给予"适当的保护和人道主义援助"。《儿童权利公约》第22条第2款还对儿童难民的家庭团聚权进行了规定，本书第三章将对此项权利进行详细论述，故在此不再进一步展开。欧盟对于难民群体中的儿童保护问题亦予以了详细规定，2012年《欧洲联盟条约合并文本》第3条第3款与第5款均强调了儿童利益保护原则，《庇护程序指令》则重申了2000年《欧盟基本权利宪章》第24条第2款规定的"儿童最大利益"原则。此外，《庇护程序指令》第2条定义中的n项指出成员国有义务为无人陪伴的未成年人任命在本指令规定的程序对其进行协助或代表该未成年人的组织或个人；该指令还规定了涉及儿童问题的申请在审查或作出决定时有必要征求专家意见[2]，以及与儿童申请者面谈时应采取合适的方式[3]等内容。部分欧盟国家据此在其国内设计专门适用于儿童庇护请求的甄别程序，或在难民地位甄别程序的不同环节为儿童避难者提供帮助。

　　正如《方针》所列举的那样，性格、背景、社会地位、年龄、性别等诸多因素都会影响个人使其成为处于弱势地位的"少数派"，因而当无法获得原在国保护时其境遇相较于其他人或愈发艰难。但是，在诸多影响其处境的因素中，年龄和性别是较容易识别的。所以，国际社会在甄别时得以关注到申请者中妇女、儿童、老人并为其提供帮助，这也是各国或区域内针对特殊主体的特别甄别程序中最为常见的三类。美国、英国、瑞典等多国国内法中均要求有关机构在甄别时认识到妇女的特殊脆弱性，在审查时对其处境予以特

---

〔1〕　See UNHCR, Guidelines on International Protection No. 12: Claims for refugee status related to situations of armed conflict and violence under Article 1A (2) of the 1951 Convention and/or 1967 Protocol relating to the Status of Refugees and the regional refugee definitions, HCR/GIP/16/12, 2 December 2016, para. 26.

〔2〕　参见欧盟《庇护程序指令》第10条第3款d项。

〔3〕　参见欧盟《庇护程序指令》第15条第3款e项。

别关注。其中，较为典型的是 1995 年 5 月 26 日美国公民与移民服务局颁布的《庇护官员裁决女性庇护申请时的注意事项（"INS 性别准则"）》中便提到"尽管女性申请者申请庇护的理由经常与男性申请者相同，但也可能存在只限于该性别的经历"[1]，该规定关注到相同理由下女性申请者与男性申请者可能因性别差异而遭遇不同。当然，还存在针对其他特殊群体的特别甄别程序，但是这些特别甄别程序或仅出现于个别国家国内法或实践中，并未为国际社会所普遍适用。故，在此不再对其进行逐一分析与研究。

（三）被申请国甄别权的滥用

通过本节前文对于被申请国甄别权的行使、甄别权的权属来源以及一些特别甄别程序的讨论，不难看出由于甄别牵涉一国对其内部事务的主权行使，《难民公约》及其议定书并未且很难对缔约国甄别权的行使进行限制。然而，部分国家便期望借此逃避对于避难者的庇护义务。甄别权滥用的路径有二：借助事前审查或边境审查使避难请求无法进入正式甄别环节；在难民地位的甄别中无视特殊主体之处境或未谨慎遵循本节第一部分所述的三项原则。

事前审查与边境审查属于在正式甄别前增设的程序，"不可受理性"与"非法入境"已经成为一些国家将避难者排除出可获得难民地位范畴的惯用手段。特别是边境审查，在欧洲难民危机中这已经成为避免避难者入境本国的常见方式。这两项增设的审查均以避免甄别程序滥用为其理由。不可否认确实有其他目的的移民以避难为借口企图进入被申请国，但是这不足以成为使大批申请者难以进入个案审查环节的理由。广义的边境审查与前文提到的域外拦截的区别仅在于是否需要另一国的协助与避难者是否已提交庇护请求，在未与第三国达成协议的情况下被申请国很难在本国领域外"推回"避难者而不违反其负担的不得推回义务。被申请国通过边境审查使申请者止步于边境，由此避免了庇护请求被拒绝的避难者继续非法滞留在其境内。欧盟都柏林体系下事前审查与边境审查建立的初衷在于各国切实履行分摊难民的义务、

---

[1]　See United States Immigration and Naturalization Service (INS), Considerations for Asylum Officers Adjudicating Asylum Claims from Women ("INS Gender Guidelines"), II Procedural Consideration for US Asylum Officers (a) Purpose and Overview, United States Bureau of Citizenship and Immigration Services, 26 May 1995.

减少难民非法流动对公共秩序和国家安全带来的影响。然而，事与愿违。一方面，部分欧盟国家并不乐观的财政状况使其并不在避难者理想的目的地国之列；另一方面，一些国家不愿承担难民的分摊与安置责任。这就导致欧盟内部很难形成一个切实可行的难民分摊方案，一些国家便通过前述甄别程序将寻求庇护者拒之门外。甄别权的滥用导致了大批真正的难民长期游离于各国边境，基本权利与自由难以获得保障。不少避难者不得不选择铤而走险非法进入并滞留在某国再另寻出路，长此以往不仅使欧盟各国社会矛盾激化，还对其社会秩序造成极大威胁。

被申请国在正式的难民地位甄别中滥用甄别权的表现主要有二：罔顾特殊主体的具体情况而对其处境进行错误评价；适用《难民公约》或区域型难民条约时对难民定义进行限定解释。前者会影响关于申请者是否有正当理由畏惧与是否原在国保护缺位的审查结论，进而影响申请者难民地位的取得。后者则会使适格的难民范畴必然小于国际法上的难民范畴，使部分真正的寻求庇护者难以拥有难民地位对应的权利体系。清单式列举划定的范围是十分有限的，因而有违国际难民法所期待的保护广泛的寻求庇护者群体这一宗旨。《难民公约》及其议定书所作难民定义的概括性意味着难民绝非一个封闭的概念范畴，可同时这种概括性也使得该定义存在较为宽泛的解释空间。在甄别申请者地位的个案审查中，被申请国便利用这一解释空间将某些避难者排除出难民范畴，这种解释方式也属于审查中甄别权的滥用，有违前文中我们所探讨的甄别之基本遵循。

三、被申请国甄别对于难民权利保护之影响

被申请国甄别对于难民权利保护的影响可以分为两个方面进行讨论。首先，即使被申请国未曾滥用甄别权，甄别程序本身也将使避难者无法在符合难民地位的构成要件时即可主张其权利。而《难民公约》下各缔约国未达成甄别结果互认，这就意味着如果原避难国无法继续提供保护，避难者又需要重新提交庇护请求并等待新的被申请国认定。甄别期内避难者的权利状态是不完整的，实践中大规模避难者长期处于甄别期，无疑此种情况下避难者作为自然人的基本权利与自由是难以实现的。出于对一国在维护国家安全与管

理公共秩序等内部事务上的主权之尊重，无论是国际条约还是区域型条约均认可了被申请国对非本国国民的甄别权。透过比例原则观察甄别权这一公权力与难民权利之间的关系，手段（甄别程序）之必要性与从手段到目的之适当性均不难把握。但是，甄别权行使与难民权利保护之比例如何把握，即便使用成本收益分析法，这个衡量尺度如何确定亦是难题。现实状况的复杂性使手段副作用与目的效果均难以把握，何况比例原则最适合的场景是在立法的合宪审查中，难民分摊的不合理状态使被申请国并不会主动借由比例原则限制本国的甄别权。

其次，便是甄别权滥用场景下的难民权利保护。需事先厘清是，增设甄别程序并不同等于甄别权的滥用，例如集体甄别后便是以避免甄别权行使过度侵犯难民权利为目的的。集体甄别符合罗尔斯所述的正义的第二个原则，在无法给予其法定难民保护时使难民得以通过临时保护不致处于显失公平的境遇，这种安排符合客观存在的需求。避免甄别权滥用不代表避免行使甄别权，而是防止甄别权运行于错误的轨道之中。欧盟关于庇护请求"不可受理性"审查的规定，是关注到了区域内矛盾的特殊性。以"第一入境国"原则为例，部分欧洲边境国家由于清楚本国并非难民的目的地国，索性放宽移民入境政策。《庇护程序指令》将之纳入了庇护申请不可受理性的考察范围，但是该原则设立的目的是建立起科学合理的难民分摊机制，而非在正式的难民地位审查前拒绝庇护请求。《难民公约》第 31 条第 2 款要求缔约国给予在本国境内的难民合理的停留期间与必要的便利"以便获得另一国入境的许可"，该规定保证了避难者至少可停留在一个缔约国境内而非始终处于流离失所的状态。但是，甄别权滥用的结果恰使得避难者或无法进入任一国家境内。根据《难民公约》及《难民议定书》的精神，即使存在管辖权异议也应使避难者至少可停留在一国境内，而甄别权的滥用使得难民保护失去了这一层底线保障。被申请国甄别权的滥用使其能够回避对于避难者的不可推回义务，其本质便是将避难者推回。倘使，国际社会均以此为由而不必负担庇护义务，那么又何谈难民权利保护？

第三节　被申请国的庇护义务

本章对于被申请国权利与义务的讨论最终须回归到其庇护义务，缔约国的不推回义务之履行是其兑现庇护义务的前提，而其甄别权的行使确保了缔约国能够为真正的难民提供庇护。人不仅具有自然属性，还具有社会属性，而伴随历史发展人权国际性的一面逐渐显现。[1]"庇护"（asylum）一词源于希腊语中的"ασυλια"，即"不可侵犯"[2]；"asylum"在现代通常指政治庇护或避难，主体为那些由于政治原因而无法回家的人。[3] 庇护义务来源于国际社会对于人类家庭所有成员之基本权利与自由的尊重，人权国际保护的道德充分性使其为国际法所确认。虽然，人权保护当属一国内部管辖的事务。"使人们免遭损失与伤害"是国家的首要目的，亦是主权的职责。[4] 但是，任何现代国家均有义务在恪守国家主权原则与互不干涉原则的同时切实承担起对于非本国公民的保护责任。

人权的社会属性也决定了国际保护存在的必要性，尽管非避难国公民的个人未曾服从于该国主权权威之下履行其对该国与该国公民的义务。此前，避难者义务履行的对象是其国籍国或经常居住国。在避难者原在国保护存续时，其与被申请国之间互负的是一种互不侵犯的义务。根据《难民公约》第2条的规定，在避难者失去原在国保护后，被申请国承担庇护义务的同时避难者也负有遵守该国法律法规的义务。是故，避难者接受庇护也意味着接受了

---

〔1〕 参见沈宗灵主编：《法理学》（第 2 版），高等教育出版社 2009 年版，第 205、223 页。

〔2〕 See Ulrich Sinn, "Greek Sanctuaries as Places of Refuge", in Robin Hagg and Nanno Marinatos eds., *Greek Sanctuaries*: *New Approaches*, London and New York: Routledge 1994, p.90.

〔3〕 参见 ［英］英国柯林斯出版公司编著：《柯林斯 COBUILD 高阶英语学习词典》（第 8 版），外语教学与研究出版社 2017 年版，第 106 页。该词典将"asylum"定义为"如果一国政府给予来自另一国的人庇护，允许他们留在本国，通常是因为由于政治原因无法安全返回其母国"。该词的定义亦可参见 ［美］梅里亚姆-韦伯斯特公司编：《韦氏高阶英汉双解词典》，施佳胜等译，中国大百科全书出版社 2017 年版，第 116 页。

〔4〕 参见 ［德］塞缪尔·普芬道夫：《人和公民的自然法义务》，鞠成伟译，商务印书馆 2010 年版，第 196 页。

避难国的管辖。当然，根据属地管辖、普遍管辖、保护性管辖等原则，一国也可对非本国公民行使管辖权。然而，这种管辖权主要是"因事而起"需要事件与本国具有关联性，而非"因人而起"。因此，我们认为庇护义务引起的管辖权范围大于一国对于其他非本国公民的管辖权范围。将该观点置于社会契约论下，避难国义务与难民权利之间的关系便愈发清晰。不容忽视的是，这并不等同于认定被申请国必然对避难者负有庇护义务。毕竟，被申请国的庇护义务需要该国对难民予以积极保护，而难民兑现其对避难国的一般义务仅需做到不违反该国法律法规，二者履行义务之成本并不对等。

一、被申请国庇护义务的来源

在国际法上，被申请国对难民不仅负有庇护义务，还对其他非本国国民负有庇护义务。后者是指主权国家对于不分法律地位的个人共同负有的庇护义务。当面对非本国公民、居民时，这种庇护义务主要表现为一种不侵犯，即一种消极的权利保护。而当个人权利遭遇侵犯或面临侵犯危险时，相关人权条约的缔约国根据条约规定对该个体或负有提供庇护使其免受其难的义务。例如，ICCPR 或《禁止酷刑公约》的缔约国在特定情形下也对个人负有庇护义务。两公约下的缔约国庇护并不等同于国际法上的难民庇护，这种庇护可能仅表现为不推回。而庇护的对象也不仅限于难民。根据《禁止酷刑公约》第3条第1款的规定，缔约国不推回的对象为有遭遇酷刑可能的任何人，这种不推回便属于一种庇护。不过，免遭酷刑不等于免遭合理的刑事处罚，行为人仍须为所犯罪行承担相应的刑事责任。

不仅如此，正如本节开头所述，"庇护"一词伴随时代发展似乎逐渐被阐释为政治避难。从国际法的角度，这种解释有将权利受侵犯的根本原因限定为政治迫害之嫌。《禁止酷刑公约》所禁止的是罪与刑之不均衡使个人权利受到过度侵犯，并不禁止与犯罪相称之刑罚。酷刑属于国家公权力对于个人权利的过度侵犯，各国有权为管理本国内部事务而制定相应的刑罚，刑罚的目的在于预防犯罪。但是，刑罚的严厉性不得超过犯罪预防之必要，否则便可视为对于人权的过度侵犯，是公权力对个人权利的侵犯。是故，酷刑可以被认定为一种政治迫害。但是，权利侵犯的形态亦可能并不具有政治性。当根据 ICCPR 第 6 条确认之生命权遭遇威胁时，缔约国亦有为其提供庇护的义务。现在，个人权利所受到的侵犯主要是社会性的，政治性亦属于一种社会性。政治仅存在于人处于社会状态时。普芬道夫将这种社会状态称之为"文明状态"。文明状态下人需服从于社会规律、遵循社会中的法律法规。然而，我们不能就此忽视人的自然状态，人类最初所处的状态便是自然状态。孤立无依的人集聚并逐渐形成社会，社会契约下主权须尽力避免个人权利在自然状态下受到侵犯。但是，人长期处于社会状态并不意味着人就此脱离了自然状态。人的自然状态与社会状态是可以同时存在的，客观地说，人可以脱离社会状态生存，却无法离开自然状态生存。正因如此，人需要遵循自然规律，自然状态下依然存在侵犯个人权利的危险。其中，最为典型的是环境问题对个人权利构成的威胁。HRC 在审理泰托塔诉新西兰案中提到："气候变化的影响或使个人基于 ICCPR 第 6 条或第 7 条所享有的权利受到侵犯，从而触发遭返国的不推回义务。"气候变化可能造成十分极端的影响，而这种影响或对个人的生命权、免受酷刑权构成侵犯，由此触发被申请国于 ICCPR 与《禁止酷刑公约》下的不推回义务。这种不推回义务的终点并不是放任申请者在其境内自生自灭，而是使个人脱离，或者避免权利受到侵犯的处境。此时，是否可以认定庇护对应的是政治迫害，当个人原在国有能力应对气候问题却放任危险的发生时或可以认定权利侵犯是带有政治色彩。可是，当原在国无力应对或者已采取积极措施却未能避免侵犯的发生时，庇护隔绝的便不是政治迫害，仅仅是一种气候问题引发的危险。

一国于国际法上负担的庇护义务是相当复杂的，不管被申请国是否为《难民公约》《难民议定书》的缔约国，均需根据其缔结、参与的人权条约或其国内法尊重并保护避难者作为自然人的基本权利与自由。这时，被申请国对避难者履行的庇护义务或许并非对难民的庇护义务。例如，当被申请国为 ICCPR 的缔约国时，便不得将避难者送回其本国、放任其为 ICCPR 所确认的生命权等权利遭受侵犯。给予此种庇护并不意味着给予难民地位的许可。所以，避难者虽未被推回，可也无法主张难民地位对应的权利。并且，一国的庇护义务的承担还需存在一个关联性的前提。无论是对于难民的庇护义务抑或是对于其他个体的庇护义务，缔约国履约的前提是已接到庇护请求，或该庇护对象正身处于本国境内。倘若，避难者是对某一缔约国提出的庇护请求，那么其他国家不为之提供庇护并不构成对于公约之违背。故，缔约国须为被申请国，否则只能作为个体的所在国，根据属地管辖原则对个体予以庇护。

综上，被申请国负有庇护义务的对象或许并不仅限于难民，而是权利遭遇侵犯威胁的任何人。庇护所防止的权利侵犯并不仅来源于公权力，而对于那些自然状态下权利遭遇侵犯的个人，国际社会亦负有庇护义务。庇护义务之履行本身具有政治性特征，属一国主权许可给予非本国国民的个体以保护；庇护希望隔绝的侵犯大多数也呈现出政治性。可事实上，个人权利还有可能受到公权力以外的威胁。如果将被申请国庇护义务的对象限定于受到政治迫害者，无异于认为人在自然状态下权利不会遭到侵犯，而这显然是不现实的。全球气候变暖、海平面上升导致的土地盐碱化、饮用水短缺等问题已切实威胁到了部分太平洋岛屿居民的生命权，由此引发的冲突也使得其免受不人道待遇的权利岌岌可危。根据 ICCPR 之精神，缔约国应当为其提供庇护。"政治避难"应属国际法上"庇护"的狭义解释，如若仅采这一内涵来定义被申请国的庇护义务，便也缩小了庇护义务的主体与对象之范围，而这与现行国际人权法的宗旨是背道而驰的。

二、《难民公约》及其议定书下被申请国的庇护义务

国际法上被申请国对于难民的庇护义务主要可分为两类：《难民公约》《难民议定书》缔约国的庇护义务；区域型难民分摊机制下的庇护义务。还有一种情形是，被申请国未参与任何国际公约，也未加入任何难民分摊机制，其对避难者的庇护义务是依据其国内法规定或者当局的决定。但这种情形在实践中较为罕见，故本书将着重探讨前两类庇护义务。

以《难民公约》《难民议定书》为核心的国家难民法确认了国际社会对于难民的庇护义务，但是公约与议定书仅对缔约国产生拘束力。作为缔约国的被申请国须谨慎履行其缔结或参与的国际条约之规定，为难民提供庇护。《难民公约》《难民议定书》是缔约国义务的核心，却并非其义务框架的全部，公约及议定书明确了被申请国接收、庇护难民的责任——缔结或参与表明其已作出有责承诺。而被申请国对难民所负义务之框架是以其在公约、议

定书下的义务为基础，并由其缔结或参与的其他国际性人权条约、区域型人权条约及其国内法中规定的义务共同组成的。《难民公约》与《难民议定书》确认了被申请国对于国际法上的难民之庇护义务，而其他法律文件确认了被申请国对于人之庇护义务。

被申请国对于难民的庇护义务不是一个封闭的集合。因为，避难者此前与避难国之间缺乏一种互负权利义务的关联。所以，现行国际难民法先划设一个不必使被申请国承担过多压力且使避难者作为社会一员生存与发展必需的那部分权利能够得到满足的庇护范畴。当避难者合法居留于避难国时，在基本权利与自由得以实现的情况下便有能力对避难国负担更多的义务，而避难国也得以为其提供更为广泛的权利保护。随着这种权利义务关系逐渐紧密，难民得与其他法律地位上个人拥有相似的自由体系。被申请国的庇护义务是以使避难者权利免受损害为目的，而被申请国对于难民权利的保护义务不仅须确保其权利免遭侵犯还应以避难者个人权利的实现为目的。因此，庇护义务仅为缔约国负担的避难者权利保护义务中不可或缺的一部分。难民作为处于社会中的一员，其发展需要所在国为其提供更为广泛的权利保护。从前文对于《难民公约》下的避难者权利结构来看，我们不能对缔约国的庇护义务进行扩大解释，否则有违国际保护的兜底性特征，使避难国负担过重。为此，现行国际难民法设计了一套相对灵活的避难者权利体系，避难国的权利保护义务伴随难民与该国权利义务关联的加深而扩展。

值得注意的是，被申请国对于难民的庇护义务与被申请国对于难民的权利保护义务是两组不同的概念。虽然，二者确存在重合之处。当被申请国为ICCPR、ICESCR 等人权条约缔约国，或根据其参与的区域性人权条约、其国内法的规定，该国给予了避难者《难民公约》及其议定书以外的权利。这时，被申请国为难民提供的权利保护或超出了其应承担的庇护义务。《难民公约》《难民议定书》确认的被申请国应予保护的权利意在解决难民之"难"——使其摆脱基本权利受侵犯的状态。作为《难民公约》《难民议定书》的缔约国，被申请国基于其缔结或加入时的承诺而需对难民履行庇护义务。但是，被申请国的庇护义务并非被申请国所承担的难民权利保护义务的全部内容。国际法上难民权利中有一部分权利的实现需要主权国家的庇护使其不受侵犯，而另一部分则需要主权国家予以积极保护才得以实现。

三、区域型难民团结机制下的共同庇护义务

实践中，还有一种方式可触发一国对于难民的庇护义务，即难民分摊机制下的庇护责任。这种机制主要着眼于区域性难民问题之解决，强调区域内各国对于难民的共同责任，且不要求被申请国为《难民公约》《难民议定书》的缔约国。欧盟曾试图在都柏林体系下建立一个难民分摊机制，使各个成员国承担相对均衡的难民安置义务。由于避难者数量与各国的接收能力均难以估量，公平分摊机制并无意为各国安排固定的难民接收额度，而是希望通过难民管辖权移送分散部分国家的压力。的确，如果能够建立一个科学的分配机制，根据各国的财政、人口、社会稳定性等为各国分配合理数量的避难者，那么难民潮带来的甄别、庇护压力便可随之公平分散给各国。

然而，即便区域内各国承诺承担难民庇护，但各国的责任亦有区别，参考因素与难民问题本身的复杂性也使得该机制的科学性与机动性难以保证。所以，欧盟所构建的难民分摊机制并未着眼于避难者额度的公平分配而是强调庇护责任的共同分担。关于难民额度分摊，欧盟曾通过都柏林移送对难民分配进行"试水"，期望通过明确管辖权转移部分成员国的安置压力，使欧盟边境国家在处理避难请求时更为谨慎，并保障被申请国接收的避难者是真正需要庇护者。为此，欧盟设计了"第一入境国""第一庇护国""安全第三国"等原则。但是，实践中这些原则被部分国家作为逃避庇护义务的工具。在欧洲难民危机"白热化"阶段，第一入境国原则曾被个别欧盟内部成员国停止适用。可好景不长，部分边境国家由于知晓本国并非避难者的理想目的国，因而不再严格审查庇护请求。在此背景下，大批移民涌入欧盟内部，对欧洲各国的社会秩序与国家安全造成了极大影响。以德国为代表的国家不得不紧急叫停"开放型难民政策"，重启边境审查。从欧洲难民危机中的现实状况来看，都柏林移送未能产生公平分配难民的效果，欧盟期望借此公平分配避难者的愿望已然落空。

根据《欧盟运作条约》（The Treaty on the Functioning of the European Union，以下简称"TFEU"）第80条的规定，"本章规定的联盟政策及其实施

应遵循成员国之间的团结与责任公平分担原则",但是欧盟并未在相关法律中将该原则运用于难民责任的分担。近年来,有学者建议适用 TFEU 第 80 条的原则建立一种欧盟庇护团结机制,要求各国在该机制下团结一致、公平分担难民安置义务。[1] 该机制并不要求各成员国平均分配难民配额,而是强调在财政等方面实现难民庇护义务的共同分担,为直接承担庇护义务的成员国提供援助。例如,以财政换取难民配额——成员国对承担难民压力的一线国家进行财政补偿与经济援助。2015 年,面对大规模涌入欧洲的避难者与非法移民,《欧洲议会工作文件》中指出欧盟及其成员国应在难民问题上遵循《欧盟条约》(The Treaty on European Union,以下简称 "TEU") 第 4 条第 3 款[2] 所述之真诚合作原则。[3] 由此,理想的欧盟庇护团结机制可分为对内团结与对外团结两个方面:对内团结强调各成员国对于避难者的共同责任;对外团结则指欧盟及其成员国应对避难者原在国与承担主要难民庇护责任的邻国以援助,团结一致共同解决难民问题。可见,欧盟庇护团结机制下庇护义务被分为直接庇护责任与间接庇护责任。承担直接庇护责任的成员国实际接纳并安置避难者,而间接庇护责任则要求其他成员国在共同庇护义务下对那些实际接收难民的成员国以补助。

　　与《难民公约》及其议定书下的庇护义务不同,区域型难民团结机制下的庇护义务并不要求成员国为被申请国,亦不要求避难者在其境内。该机制下区域内所有国家对于请求区域内任一国家庇护的避难者均负有庇护义务,有利于减轻 "一线" 成员国的安置压力。与难民配额分摊机制不同,团结机制运行的前提是区域内各国已实现高程度的政治经济一体化。由此这种共同

<hr>

〔1〕　See Micaela Del Monte and Anita Orav, "Solidarity in EU Asylum Policy", European Parliamentary Research Service, European Union, Jan. 2023, available at https://www.europarl.europa.eu/RegData/etudes/BRIE/2020/649344/EPRS_BRI (2020) 649344_EN.pdf.

〔2〕　《欧盟条约》第 4 条第 3 款规定,根据真诚合作的原则,联盟和成员国应在充分相互尊重的情况下,相互协助执行条约规定的任务。需要特别说明的是,该条约最初于 1992 年在马斯特里赫特签署,因此又称《马斯特里赫特条约》,本书所使用的是 2012 年 10 月 26 日的《欧盟条约》合并版 (Consolidated version of the Treaty on European Union)。

〔3〕　See Micaela Del Monte and Anita Orav, "Solidarity in EU Asylum Policy", European Parliamentary Research Service, European Union, Jan. 2023, available at https://www.europarl.europa.eu/RegData/etudes/BRIE/2020/649344/EPRS_BRI (2020) 649344_EN.pdf.

责任、公平分担的模式才具有可行性，政治、经济、地缘上的紧密联系也使得其他成员国愿意分摊直接避难国的压力。欧盟的政治经济一体化程度及其与避难者原在国的地缘关系为其构建区域型难民团结机制提供了基础。然而，TFEU 确认了欧盟各成员国的"团结与责任公平分担原则"，但是该原则并未被落实在欧盟关于难民庇护的相关法律文件中。前述 2015 年工作报告提到的 TEU 下真诚合作原则在难民问题中的适用，由于报告并不具有拘束力，故而只能将之作为对于欧盟各成员国的建议而非约束。

四、被申请国庇护义务的免除：驱逐难民权

《难民公约》中的驱逐（expulsion）与推回（refoulement）并不具有完全相同的内涵，该公约第 33 条的标题为"禁止驱逐出境或送回（'推回'）"。因此，"推回"不仅包括将避难者送回（return）还包括将避难者驱逐出境。驱逐也并不要求将避难者送回其本国。本章第一节曾讨论过不推回的两个阶段，一是甄别期间对于避难者的不推回，二是甄别通过后对于已确认难民地位者的不推回。前者在本章前两节中已经予以详细论述，这里我们将予以重点讨论的是后者。根据《难民公约》第 32 条的规定，缔约国在特定情形下得以免除不推回义务、享有将难民驱逐出本国国境的权利。对于难民的驱逐权意味着缔约国庇护义务之免除，国际法上缔约国的驱逐权只在两种情形下得以被触发：《难民公约》第 32 条第 1 款规定的出于国家安全或公共秩序的考虑；《难民公约》第 1 条第 3 款规定的使其获得难民地位的事由已不复存在。

（一）驱逐难民权的法定理由

国际实践中缔约国对难民地位不再存续的避难者所采取的几种常见做法为劝返、遣返、重新安置或就地融合。《难民公约》第 1 条第 3 款[1]所述的 6

---

〔1〕《难民公约》第 1 条第 3 款规定：（甲）该人已自动接受其本国的保护；或者（乙）该人于丧失国籍后，又自动重新取得国籍；或者（丙）该人已取得新的国籍，并享受其新国籍国家的保护；或者（丁）该人已在过去由于畏受迫害而离去或躲开的国家内自动定居下来；或者（戊）该人由于被认为是难民所依据的情况不复存在而不能继续拒绝受其本国的保护；但本项不适用于本条 1 款甲项所列的难民，如果他可以援引由于过去曾受迫害的重大理由以拒绝受其本国的保护；（己）该人本无国籍，由于被认为是难民所依据的情况不复存在而可以回到其以前经常居住 的国家内；但本项不适用于本条 1 款甲项所列的难民，如果他可以援引由于过去曾受迫害的重大理由以拒绝受其以前经常居住国家的保护。

种情形事实上可以分为避难者主动放弃在避难国的难民地位与避难者难民地位存续的事由消失。难民享有的国际保护是在原在国保护缺位的情形下的补充性保护，当排在前一序位中的保护存在时，被申请国不必履行公约及其议定书下的庇护义务。难民在避难国居留的合法性须依托于其难民地位而存在，当避难者不再享有避难国许可的难民地位时其居留的合法性亦随之消失。实践中，常常会出现难民不愿离开避难国的情况，经避难国许可，避难者可就地融合取得其他法律地位，例如公民、居民。当避难者未获得避难国的合法居留许可时，须遵循避难国法律离开。当避难者难民地位消失、避难国亦未给予继续居留许可，避难国劝返可避难者拒不离开时，避难国便可对其行使驱逐权。不容忽视的是，此时避难国驱逐的对象其实是曾取得该国难民地位的非法居留者。

《难民公约》第32条第1款规定了避难国对于难民地位依然存续的避难者的驱逐权，而这种驱逐权行使的法定理由只有国家安全与公共秩序。博登海默对秩序与安全进行了区分，认为秩序是一种形式结构，而安全是一种正义所必须设法增进的实质性价值。[1] 根据《联合国宪章》第2条的规定，"国家安全"可以被解释为一种"政治独立"与"领土完整"，一切对和平之威胁、侵略行为与对和平之破坏均会危及国家安全[2]。各国通常会在其国内法中对国家安全与危害国家安全的行为予以界定，例如《中华人民共和国国家安全法》第2条与第4条便分别规定了二者的定义。透过各国国内法的规定，我们可以将国家安全理解为一种状态，一种国家领土完整、主权、政权、人民福祉等国家重大利益不受侵犯的状态。参考 E. 博登海默对于秩序的描述，秩序是无序与混乱的对立面，秩序意味着"某种程度的一致性、连续性、确定性"。[3] 由此，我们可以将公共秩序解释为社会按照一致、连续、确定

---

〔1〕 ［美］E. 博登海默：《法理学：法律哲学与法律方法》，邓正来译，中国政法大学出版社2004年版，第227页。

〔2〕 参见《联合国宪章》第1条第1款：联合国之宗旨为维持国际和平及安全；并为此目的：采取有效集体办法，以防止且消除对于和平之威胁，制止侵略行为或其他和平之破坏；并以和平方法且依正义及国际法之原则，调整或解决足以破坏和平之国际争端或情势。

〔3〕 参见 ［美］E. 博登海默：《法理学：法律哲学与法律方法》，邓正来译，中国政法大学出版社2004年版，第227~233页。

的形式构成与运作。社会结构中各部分有条理、有组织地协同运转不仅可以优化整体功能——使公共福祉与国家利益得到更好的保护，亦可以使个体与各单位的福祉与利益得到充分实现。

公共秩序与国家安全往往是相联结的，公共秩序失衡极有可能使国家安全面临被侵犯的危险，而国家安全遭遇侵犯时也难以维持公共秩序。细观《难民公约》不难发现，"国家安全"（national security）在公约中共出现了 6 次，分别是在公约第 9 条、第 28 条、第 32 条、第 33 条[1]中；而"公共秩序"（public order）则出现 3 次，分别是第 2 条、第 28 条与第 32 条。两个词同时出现是在《难民公约》第 28 条"旅行证件"与第 32 条"驱逐出境"中，可见《难民公约》对二者的适用是进行了限定的。在第 28 条与第 32 条中符合二者其中之一，缔约国便可免除于该条下所负的义务。可是，缔约国于第 33 条下的不推回义务、第 9 条下采取临时措施的权利均仅以国家安全为条件。这一方面是因为，第 33 条与第 9 条下"不推回"与"临时措施"均以尚未取得被申请国难民地位认可的避难者为对象，第 28 条与第 32 条则仅针对法定难民，《难民公约》仅允许被申请国"在战时或其他严重和特殊情况下"对处于甄别期的避难者行动采取必要限制。不仅如此，寻求庇护者在通过甄别前很有可能仅停留在被申请国边境。在这种情形下，避难者很难对被申请国公共秩序造成不良影响。更为重要的是，对于一国公共秩序之尊重与维护一般表现为遵守该国法律法规、接受该国管辖与行政管理，即接受该国公权力的限制。从社会契约的角度来说，此时被申请国政府公权力行使所为实现的公共福祉中并不包括在此国境之外或者已采取必要限制措施的避难者之福祉。根据《难民公约》第 2 条的规定，难民负有"遵守该国的法律和规章以及为维护公共秩序而采取的措施"责任的对象是所在国（the country in which he finds himself）。换言之，身处一国境内便负有维护该国内部秩序的责任，将维护公共秩序作为行动已受到限制或者处于国境之外的避难者所应承担的义务显然是不合理的。可见，《难民公约》中"国家安全"与"公共秩序"的概念并不存在混用，在第 32 条中二者满足其一即可触发缔约国的驱

---

[1] 英文版《难民公约》第 33 条第 2 款"国家安全"一词使用的是"the security of the country"。

逐权。

（二）　驱逐难民权应受的限制

即使具备法定理由，缔约国驱逐权的行使也并非毫无限制的，相反缔约国在认定本国驱逐权行使的法定理由存在后亦不能即刻将难民驱逐出境。国家安全与公共秩序仅是一国免除庇护义务的缘由，却并不影响避难者难民地位的存续。缔约国驱逐权源自这两项理由使避难者在缔约国的居留失去合法性，但却未影响避难者难民地位构成的要件——难民之难依然存在。所以，出于对难民的关怀，《难民公约》第 32 条第 2 款与第 3 款对于驱逐权的行使加以限制。

首先，缔约国即便获得了驱逐的法定理由，可是，依然需要维护难民的申诉权。《难民公约》第 32 条第 2 款规定了缔约国在认定难民构成法定驱逐理由时需承担的三项义务：依合法程序作出判决；允许难民提出有利于自己的证据；允许难民申诉或委托申诉。其中，对于合法程序的要求旨在避免缔约国认定时的肆意性，法定理由是否真实存在以判决结果为依据。允许申诉或委托申诉这一要求不仅保证了难民依然拥有法律面前的平等地位，还进一步保障了那些对避难国语言、法律等不熟悉的难民申诉权的实现。值得注意的是，《难民公约》中对于难民提出有利于自己的证据的权利予以限定，该项权利的行使存在例外——即存在国家安全的重大理由。虽然，《难民公约》第 32 条第 2 款给予了难民抗辩的权利，但是，不可否认该条款所追寻的更多的是一种程序正义。即便，难民对于缔约国认定的结论存在异议，并向 HRC 或区域型人权法院提出申诉，由于缔约国的判决主要是依据其国内法，故委员会或区域型人权法院更侧重于审查判决是否存在程序瑕疵。在泰托塔诉新西兰案的审理意见中，HRC 多次提到申诉人提交的材料不足以证明新西兰当局的评估"显然是武断的、错误的或者等同于拒绝司法"，亦不能表明"司法程序存在明显错误，或拒绝司法，或以其他方式违反了其独立公正义务"。[1]而在查哈尔（Chahal）诉英国案中，欧洲人权法院指出："由于咨询小组和法院都未能对审查内政大臣仅根据风险问题所作的驱逐申请人之决定进行审查，

---

〔1〕　See Ioane Teitiota *v.* New Zealand, (advance unedited version), CCPR/C/127/D/2728/2016, UN Human Rights Committee (HRC), 7 January 2020, p. 12.

所以这些程序不能被视为 ECHR 第 13 条所要求的有效救济措施。"〔1〕 是故，最终认定这构成对于 ECHR 第 13 条之违反。这两个案例反映出，对于驱逐权法定理由的认定权主要掌握在避难国手中，如果避难国当局的结论谨慎遵循合法程序，那么委员会或区域型人权法院并不会轻易推翻其结论。是故，该条款下难民享有的申诉权并不完整。出于国家安全的考虑难民或不能提交有利于自己的证据，这种状态下很难对避难国的认定进行抗辩。并且，避难国只要遵循了法定程序，那么，难民再行申诉的效果也十分有限。

其次，如果最终避难国认定难民提供的证据不足以证明其未构成对该国的国家安全、公共秩序之威胁，避难国仍须在合理期间内对难民予以容忍。这个容忍的合理期间主要是为了便利该难民 "取得合法进入另一国家的许可"，由此在维护本国利益的同时兼顾难民的利益。而在此期间内，避难国有权对此类难民适用必要的内部措施。《难民公约》第 32 条第 3 款的规定再次明确了难民是否具有人身危险性并不影响其取得国际法上的难民地位，这与该公约第 1 条第 6 款难民地位的排除性情节的区别在于其人身危险性是否为其失去原在国保护的理由。《难民公约》第 1 条第 6 款甲项所列三种罪行亦构成对国家安全、公共秩序之危险，但是第 6 款规定三种情事是使寻求庇护者权利受到侵犯之原因。这种情况下，避难者原在国保护的缺失是不可被认定为迫害的，其罪行的严重性导致了其刑罚的严重性。可是，《难民公约》第 32 条中避难者构成的是对避难国公共秩序与国家安全的危险。此时，其构成的危险并非其失去原在国保护的原因，因此其难民地位依然存续。避难国不再负担庇护义务得将其驱逐出境，但这并不导致成为其他缔约国同样豁免对该难民的庇护义务。

---

〔1〕　See Chahal *v.* The United Kingdom, 70/1995/576/662, Council of Europe：European Court of Human Rights, 15 November 1996.

第三章　国际法上的难民待遇与特殊保护

　　国际法上的难民权利体系不仅包括难民地位所对应的权利类型，亦包括各项权利的执行标准，难民的待遇标准决定了难民权利的实现程度与避难国承担的义务大小。即使，各国公民能够享有同样的法定权利范畴，可各国现实状况与负担能力的差异也导致了公民权利实现程度的差异。《难民公约》及其议定书所确认的难民权利范畴通常是小于各国所保护的公民权利范畴的，不仅如此，各国给予不同法律地位的个人在同一权利上的待遇也是不同，大致可分为：一般外国人待遇、国民待遇与最惠国待遇。实践中，避难国或难民原在国就其公民在本国境内享有的待遇已有约定。然而，难民与原在国保护存续的外国人并不具有相同的权利状态。难民处于权利遭遇侵犯或在面临侵犯威胁的境遇，即便其原在国与避难国此前就互惠豁免等问题达成一致，此时或已无力兑现己方义务，或对避难国给予本国公民庇护的决定持相反意见。故，要求缔约国对难民直接适用本国给予其原在国公民的待遇标准可能并不妥当。

第一节　国际法上难民待遇的三重维度

　　难民待遇，即避难国对于难民权利的执行标准，该标准意味着难民权利的实现程度。难民享有的待遇标准不仅取决于避难国基于公约及其国内法所负担的义务，也取决于难民国籍国的努力[1]。1933 年《难民公约》第 14 条规定："在没有互惠的情况下，不得拒绝给予难民外国人所享有的某些权利与某些优惠的福利。"1951 年《难民公约》中"互惠豁免"的内容发生了改变，第 7 条仅规定缔约国至少须给予难民一般外国人待遇，除非公约中对于权利的待遇标准进行了更有利于避难者的规定。与《无国籍人公约》不同，《难民公约》下的各项权利分别对应三个标准：一般外国人待遇、国民待遇、最惠国待遇，而最惠国待遇却未在《无国籍人公约》中出现。通常情况下，三种待遇标准所对应的权利实现程度由大到小依次为国民待遇、最惠国待遇、一般外国人待遇。当然，我们必须承认在近代史中曾出现过最惠国待遇甚至优于本国国民待遇的不平等状况，但这种情况于本书的研究意义不大。是故，后文不再特别论述。

《难民公约》对于难民权利待遇标准的规定意在明确难民在缔约国的权利实现程度，但同一待遇标准在各缔约国实践中反映出的难民权利实现程度并不相同。以国民待遇为例，不同国家给予本国国民的待遇并不一致，所以，缔约国按照本国国民的标准对难民权利进行保护达到的效果也不同。待遇标准所对应的权利实现程度是由缔约国的国内法与现实状况决定的，这也是欧洲难民危机中难民以某些欧盟内部国家为理想目的地国的原因。

一、底线：一般外国人待遇

"一般外国人待遇"（the same treatment as is accorded to aliens generally）中的"一般"是相较于外国人所享有的特殊待遇而言的，质言之，享有该待遇的外国人国籍国并未取得其所在国的优待承诺。《难民公约》第 7 条第 1 款规定："除本公约载有更有利的规定外，缔约国应给予难民以一般外国人所获得的待遇。"但是，这是否意味着难民在公约规定的这些权利上享有与一般外国人完全相同的待遇？根据《难民公约》第 6 条对于公约中多次出现的"在同样情况下"（in the same circumstances）的解释，如该项权利规定了"在同样情况下"这一条件，则难民需具备与其他非难民的个人享受该权利所必备

---

〔1〕　See Ad Hoc Committee on Statelessness and Related Problems Status of Refugees and Stateless Persons: Memorandum, UN. Secretary-General, 3 January 1950, E/AC.32/2, pp. 9-11.

的相同的要件，除非这项要件性质使其无法为难民取得。《难民公约》规定有此限制的为适用一般外国人待遇与最惠国待遇的权利，而对适用国民待遇的权利则有此限制。其中，适用一般外国人待遇的权利包括第 13 条动产和不动产、第 18 条自营职业、第 19 条自由职业、第 21 条房屋、第 22 条第 2 款初等教育以外的教育、第 26 条行动自由，适用最惠国待遇的权利为第 15 条的结社权与第 17 条第 1 款以工资受偿的雇佣权。可见，"在同样情况下"明确了两项外国国民待遇与国民待遇在优惠程度上的先后顺序——缔约国对于外国国民享受此项权利附加的条件，难民也需满足。与此同时，《难民公约》第 6 条对难民基于其地位无法取得的条件予以免除，以保障"在同样情况下"这一要求不会使难民因所处特殊的境遇而无法享有该权利。

"在同样情况下"这一条件表明国际社会对于难民的保护考虑到其困难处境而对其予以关怀，使难民不致陷于显失公平的地位。可是，这种国际保护并不欲给予难民超越其他外国国民的优待，因为这不但会使缔约国负担过重、对于在缔约国的其他外国国民亦是不公平的。《难民公约》第 6 条的规定意在兼顾难民与其他非难民个体，而对于"不可逾越的要求"之免除则旨在避免缔约国罔顾难民之不利处境而使其无法实现权利。从这一角度来看，避难国难民享有权利的待遇标准与一般外国人并无显著差异，而这便是国际法上难民权利实现程度或者说缔约国执行标准之底线。

需特别注意的是，《难民公约》下适用同一待遇标准的各项权利亦呈现出某些共性。以第 22 条公共教育为例，该条第 1 款明确了难民的初等教育权按本国国民待遇执行，第 2 款对初等教育以外的教育适用一般外国人待遇。由此，执行一般外国人待遇与国民待遇的权利之差异便显而易见。《难民公约》中各权利适用的待遇标准与该权利对个人生存、发展的重要性是呈正比例关系的，适用国民待遇的权利之充分实现是适用其他待遇标准之权利实现的基础与前提。试想，在初等教育以外的教育中，没有经历过完整初等教育者何以与接受完整初等教育者处于同一起跑线？假如，《难民公约》允许缔约国在初等教育权上给予难民低于本国国民的待遇，那么难民与该国国民在以工资受偿的雇佣权之实现上亦无法保持一致。《难民公约》第 22 条对于不同类型公共教育权适用的不同待遇标准，恰好反映了权利对于个体之重要性。国家对于个人权利体系中越是处于基础地位的权利，越是应给予无差别的保护，如此才能缩小不同法律地位上的个体在实现其他权利时的差距。约翰·罗尔斯在正义的第二个原则中所述不同地位所对应的社会、经济之不平等应当是允许被消除的，这也是正义的第一个原则所期望实现的目标，而其实现的前提是至少保障每个人所拥有的权利体系之基础平等。[1] 据此，国际法上难民权利的基础部分由《难民公约》所列权利组成，而在这个范畴中各项权利的位置与其待遇标准对应。位于难民基础权利顶层的那些权利适用一般外国人待遇，而位于底层的权利适用国民待遇。是故，国际法上难民待遇标准之底线与难民权利之底线并不具有相同的内涵，在梳理难民权利体系时不可将之混淆。

二、国民待遇的直接适用

在《难民公约》《难民议定书》设计的难民权利体系中，各项权利适用的基本执行标准并不相同，国际法中常见的三种待遇均出现在该体系中。然而，根据《难民公约》第 7 条之规定，在符合相应条件后难民可就仅适用一般外国人标准的权利向缔约国主张更优的待遇。当然，难民对于公约中的部分权利自始便可主张国民待遇。前者为国民待遇的转化适用，后者为国民待遇的直接适用，我们将于本节第二目与第二节第二目中对这两种情形进行分别讨论。

《难民公约》中涉及国民待遇的条款共采用了四种不同表述：本国国民所享有的同样待遇（the same treatment as nationals）；至少给予本国国民所获得的待遇（treatment at least as favourable as that accorded to their nationals）；该国国民所享有的同样保护（the same protection as is accorded to nationals）；与本国国民类似的征收。《难民公约》下缔约国负有对难民享有的"向法院申诉的权利"（第 16 条）、"定额供应"（第 20 条）、"初等教育"（第 22 条第 1 款）、"公共救济"（第 23 条）、"劳动立法与社会安全"（第 24 条）等权利给予"本国国民所享有的同样待遇"的义务。不难发现，这 5 项权利中除"向法院

---

〔1〕 参见［美］约翰·罗尔斯：《正义论》（修订版），何怀宏、何包钢、廖申白译，中国社会科学出版社 2009 年版，第 47 页。

申诉的权利"外均属于一国社会福利待遇类的保障性权利。而"向法院申诉的权利"则确保了难民在法律面前与缔约国公民享有平等的地位。平等是正义的主要组成部分,法律上的平等地位对于难民权利之实现具有促进作用。[1]造成难民失去原在国保护的事由可能长期存在,这也意味着难民在避难国的停留亦是长期的。如果,缔约国在社会保障上始终给予难民与其本国国民差别待遇,那么难民享有的基础性权利以外的权利便更加难以得到充分的实现。这将会导致难民与避难国国民权利体系的显著差异一直存在,而这是有违《难民公约》第3条下的不歧视原则的,因为此时限制难民权利实现的唯一因素是其不具有缔约国国籍。故,《难民公约》要求缔约国对难民权利中最为基础的保障性权利直接适用国民待遇。

"至少给予本国国民所获得的待遇"(treatment at least as favourable as that accorded to their nationals)这一措辞仅出现在《难民公约》第4条规定的宗教自由中,在公约起草过程中各方对于应对宗教自由适用何种待遇标准曾有过激烈的争执。宗教问题亦是影响各国难民政策的重要因素。近年来欧洲难民危机中欧盟各国国内社会对于难民态度的转变的直接原因之一,便在于宗教信仰冲突与穆斯林难民的融合问题。《难民公约》下避难者宗教自由的实现程度并非等同于(same as)缔约国国民,而是至少给予国民待遇(at least as favourable as)。这一措辞表明公约下难民宗教自由仅以国民待遇为底线,各宗教自身的特性决定了不同国家对于宗教自由之实现程度或存在不同理念,缔约国国民在宗教自由上享有的待遇或不能满足难民对于宗教自由之需求。根据1951年联合国难民和无国籍人地位的全权代表会议的会议记录摘要,针对《难民公约》第4条,罗马教廷代表孔德(Comte)提出,在宗教自由遭到限制的国家给予难民与该国国民同样的待遇将会使难民遭受苦难,因此建议在"同样待遇"一词之后插入"至少"。[2]会议主席将罗马教廷代表的提议付诸表决,最终第4条"同样待遇"(same treatment)被换为了"至少给予同样

---

〔1〕　参见〔美〕E. 博登海默:《法理学:法律哲学与法律方法》,邓正来译,中国政法大学出版社2004年版,第307~316页。

〔2〕　Conference of Plenipotentiaries on the Status of Refugees and Stateless Persons: Summary Record of the Thirty-third Meeting, UN General Assembly, UN Conference of Plenipotentiaries on the Status of Refugees and Stateless Persons published, A/CONF. 2/SR. 33, 30 November 1951.

有利的待遇"（treatment at least as favourable as）。因此，本书虽然将"宗教自由"放入了适用国民待遇这一部分，但是《难民公约》使用的这一措辞事实上是希望各缔约国能够尽可能对难民的宗教自由予以最大程度的尊重。所以，宗教自由之待遇标准范畴与其他采用国民待遇这一措辞的权利之待遇标准范畴事实上是不同的。而根据罗马教廷代表的观点，只有这样才能够保证难民在宗教自由上享有实质性的平等，当然此时的平等所比较的对象或并非缔约国国民。

《难民公约》第 14 条"艺术权利和工业财产"中要求给予难民以"该国国民所享有的同样保护"（the same protection as is accorded to nationals）。显然，"同样保护"与"同样待遇"的概念并不相同。《难民公约》第 14 条确认的是难民享有在艺术与工业财产上受保护的权利，而适用"同样待遇"的条款确认的是难民权利的实现程度。二者均提到与国民相同，但是二者权利性质的差异性也导致了其落脚点并不相同——工业财产与艺术权利的实现程度主要取决于个人，国家保护的意义在于给予难民与本国国民平等的实现机会。虽然，《难民公约》第 14 条落脚于同样保护。但是，与"同样待遇"的目的一致，二者的目的均是实现难民与本国国民在这些权利上的平等地位。因此，我们将之放入国民待遇的直接适用这一部分进行讨论。

与之相同的还有《难民公约》第 25 条第 4 款与第 29 条第 1 款，这两条在提及征收时分别出现了"与所在国国民相称"（shall be commensurate with those charged to nationals）与"不得高于本国国民"（shall not...higher than those which are or may be levied on their nationals）等措辞。这两条款之规定旨在使难民在行政协助的费用征收与财政征收上保持与缔约国国民之间的平等，考虑到征收即便是发生在一国国民之间也很难做到"同样"（same），故这两条款中使用的"相称""不高于"这样的措辞可解释为缔约国在征收上对难民与本国公民的平等对待。故，第四种表述亦可放入国民待遇的直接适用这一部分。事实上，以詹姆斯·C. 哈撒韦教授为代表的专家学者在处理后两种表述时亦将之置于国民待遇的部分进行讨论，因为这两种表述与第一种表述所期望达到的效果是一致的——与避难国国民之平等。

三、最惠国待遇：《难民公约》特别规定的两项权利

最惠国待遇与前述两待遇不同，"最惠"意味着即使在缔约国内该待遇标准的内容也是一个动态的范畴——缔约国与第三国签订双边协定，最惠国享有的待遇之内容便有可能随之变化。在《难民公约》划设的难民权利体系中有两项权利被规定适用最惠国待遇——以工资受偿的雇佣权与结社权，而该待遇在《无国籍人公约》中则并未出现。国际法上的最惠国待遇多出现于经贸领域，在国际人权法中并不常见。该待遇标准对应的是一个极其特殊的法律地位，取得该地位的外国人在实惠国境内享有不低于任何其他外国人的待遇。同时，最惠国待遇并不以互惠为前提，施惠国与受惠国不必互为最惠国。是故，即使最惠国待遇对于个人权利的保护程度并不及国民待遇，一国往往也不会在人权保护方面给予另一国国民最惠国待遇的承诺。

（一）难民的结社权

根据《难民公约》第 15 条的规定，缔约国应对难民的结社权适用最惠国待遇。不过，该条所述结社权之"社"（association）仅指"非政治性和非营利性的社团以及同业公会组织"。出于对国家利益之考虑，一国在给予居于本国的外国国民结社权时一般十分谨慎，而难民中有相当一部分是遭遇政治迫害的避难者，因此很难期待各缔约国就给予难民政治性结社自由达成一致。此外，该条还要求难民之最惠国待遇需以与其他外国人"在同样情况下"为前提。换言之，即使难民在结社上的自由不低于所在国的任一外国人，但是，除非其他外国人实现结社权必备的要件是难民无法具备的，不然难民也需与之满足同样的条件。

结社权作为一项基本人权，不仅为《世界人权宣言》、ICCPR 与 ICESCR 所确认，在 1951 年《难民公约》以前的国际难民法律文件中亦有出现。1933 年《难民公约》第 11 条规定："难民得在任一缔约国领土内享有成立互助、援助协会与加入前述组织的权利，并就该权利享受（缔约国）给予外国国民的最优惠待遇。"1951 年《难民公约》第 15 条中扩大了"社"之概念，结社权不再仅限于"互助、援助组织"（associations for mutual relief and assistance），难民可成立或参与的组织包括非政治性、非营利性组织和工会。无论是 1933

年《难民公约》还是 1951 年《难民公约》，均要求缔约国给予难民结社权上的最惠国待遇。这种特别待遇除了使难民能够通过互助、援助组织维护其利益，也意在帮助难民加快融入避难国社会。《世界人权宣言》第 20 条与第 23 条第 4 款均对个人的结社权作出了规定，只不过前一条款着眼于结社自由，后一条款侧重于结成工会之权利。据此，结社权这一概念包含两层内涵：一是结社自由，个人得自由决定是否成立或参与某一组织；二是可以维护自己的权益为目的结成互助与援助组织。前者保护的是结社的能力，后者保护的是个人通过结社维护自身权益的权利。ICESCR 第 8 条下的结社权主要指个人"为促进及保障其经济及社会利益"的结社权，而 ICCPR 第 22 条第 1 款重申了《世界人权宣言》对于结社权的两项规定，该条第 2 款则对个人结社权予以了限制——结社权之行使不仅需依法律规定，同时不得对国家安全、公共秩序等社会重大利益与他人的权利自由构成侵犯的威胁。

　　ICCPR 第 22 条第 2 款之规定明确了国际法上的结社权之道德充分性，不得侵犯他人权利与自由这一项要求自不必过多论述，不得侵犯国家重大利益这一点需置于社会契约论下予以探讨。社会契约下个人为实现公共福祉所让渡的那部分权利为国家主权之来源，当少数个体为了维护自身利益而形成组织时该组织便有了对内管理的权力与对外维护本组织及成员利益的权利，而这种权力的行使并不能够对组织以外的人行使。从权利保护的广泛性上讲，组织所保护成员的权利与利益远不及国家所保护的人民的权利与利益。故，结社权之行使不得侵犯国家安全、公共秩序等国家重大利益。ICESCR 第 8 条第 1 款 a 项与 c 项亦规定缔约国除依法律规定及维护国家安全、公共秩序、他人权利自由之需要外不得对个人结成保障经济、社会利益工会的权利进行限制。结合《难民公约》第 15 条的措辞，难民与缔约国国民享有的结社权范畴之差异主要在于政治性结社权上。一国通常不会给予本国境内的外国公民政治权利，如选举权与被选举权，即便该外国公民与本国属于居民与经常居住国之关系。此外，ICESCR 第 8 条第 1 款所述促进及保障其经济利益及社会利益（for the promotion and protection of his economic and social interests）的组织也并不等同于《难民公约》第 15 条中的政治性（political）、营利性（profit-making）的组织。倘若，合法居住在缔约国境内的其他外国国民所成立或参与的保障其经济利益与社会利益的组织有了某些政治性特征,那么,缔约国亦会对其进行限制。综上所述,难民得行使结社权的范畴与其他外国国民大致相同,而难民之处境使其在行使结社权时难以与缔约国内的其他外国国民处于平等的地位。所以,《难民公约》要求缔约国在执行时给予难民不低于本国内任何外国国民的待遇,从而帮助难民切实维护自身权益、融入本国社会。

(二)难民以工资受偿的被雇佣权

1950 年 1 月 26 日,在无国籍人及有关问题特设委员会第一届会议第 13 次会议上,法国政府代表雷恩(Rain)认为:"如果难民得不到其(原在国)政府的支持,那么也无法期待其(原在国)政府利用公约规则为其争取特殊待遇"[1],因而提出在以工资受偿的雇佣权上给予难民最惠国待遇。美国代表赞同了该观点并指出:"如果仅给予难民一般外国人待遇,实际上并不会为他们的生活带来明显的改善,因为也不可能给予难民比一般外国人待遇更低的待遇了。"[2] 我们必须考虑到的一点是,给予难民一般外国人待遇并不能保证其权利实现程度能够达到一般外国人在该待遇下的权利实现效果,因为二者的处境并不相同。假如,难民无法在避难主张被雇佣的权利,那么其生存与发展所需的其他权利之实现便只能依赖于避难国给予的救济。无论是从缓解《难民公约》缔约国安置压力的角度,抑或是从使难民摆脱不利处境、在避难国更充分地实现其权利的角度,确保难民的工作权都是相当重要的。

根据《世界人权宣言》第 23 条之规定,个人的工作权包括自由选择职业、同工同酬不受歧视、获得免于失业的保障等权利,该条第 3 款特别提出工作报酬应公正、合适。ICESCR 第 6 条与第 7 条则分别从缔约国对个人获得工作与获得薪酬、福利的保障义务这两方面进行了规定。由此,可以归纳出国际人权法中工作权的两个方面:个人享有工作与选择从事何种工作的自由;

---

〔1〕 Ad Hoc Committee on Statelessness and Related Problems, First Session: Summary Record of the Thirteenth Meeting Held at Lake Success, New York, 26 January 1950, E/AC. 32/SR. 13, https://www. unhcr. org/publications/ad-hoc-committee-statelessness-and-related-problems-first-session-summary-record-13, 最后访问日期:2024 年 10 月 21 日。

〔2〕 Ad Hoc Committee on Statelessness and Related Problems, First Session: Summary Record of the Thirteenth Meeting Held at Lake Success, New York, 26 January 1950, E/AC. 32/SR. 13, https://www. unhcr. org/publications/ad-hoc-committee-statelessness-and-related-problems-first-session-summary-record-13, 最后访问日期:2024 年 10 月 21 日。

工作应当获得包括薪酬、就业保障在内的公平待遇。《难民公约》第 17 条第 1 款确认保护的工作权不仅包括获得工作机会的权利，同时还要求须为可以获得工资的工作。《难民公约》第 17 条落脚于被雇佣权（employment）而未使用《世界人权宣言》、ICESCR 中的工作权（right to work），二者虽内容相似，但是所强调的缔约国义务却存在区别。参考 ICESCR 第 6 条第 2 款的规定[1]，缔约国工作权之保障包括使个人获得就业指导与便利，而《难民公约》中的被雇佣权则关注使难民在就业市场上不受歧视，二者的侧重点不同。《难民公约》第 17 条第 1 款所要求的最惠国待遇也有利于保障难民在同样工作下获得薪酬的权利不低于其他任何外国国民。而该条第 2 款在此基础上进一步保障了难民在缔约国的被雇佣权，该款对缔约国在就业市场上对外国人采取的措施进行了限制。各国对于外国人在本国就业或多或少会采取一些限制性措施，有因国家安全考量而不对外国人开放的职位限制，也有因保护本国劳动力市场而对外国人进行的限制。《难民公约》第 17 条第 2 款所列三项难民得对缔约国就业限制措施豁免的条件也反映出《难民公约》期望缔约国在就业上给予与该国有紧密的权利义务关联的难民以优待，而这种优待能够使难民与缔约国公民在受雇佣权上拥有相似的地位。

《难民公约》第 17 条第 3 款则进一步鼓励缔约国在以工资受偿的雇佣问题上尽可能给予难民国民待遇。虽然，该条款并不意味着缔约国有对难民的该项权利适用国民待遇的义务。但是，特别提出"给予同情的考虑"可使缔约国对难民此项权利的实现程度予以关注，而难民也可据此请求缔约国给予其更为优惠的待遇。倘若，包括难民在内的外国国民无法与所在国国民在同等条件下（"在同样情况下"）获得同样的工作机会或者同工不同酬，那么便违反了《难民公约》第 3 条规定的不歧视原则。所以，缔约国不仅需对难民以工资受偿的雇佣权适用最惠国待遇，使在不利处境中的难民得以尽可能与其他外国国民处于平等的地位。同时，缔约国还当尽可能地对难民的该项权利适用国民待遇。罔顾难民显而易见的弱势地位，将其与一般外国人等同视

---

[1] ICESCR 第 6 条第 2 款规定：本盟约缔约国为求完全实现此种权利而须采取之步骤，应包括技术与职业指导及训练方案、政策与方法，以便在保障个人基本政治与经济自由之条件下，造成经济、社会及文化之稳步发展以及充分之生产性就业。

之，并无益于实现实质上的平等。而忽视外国国民与本国国民在权利实现上的显著差异，使二者之差距始终无法被缩小，则构成歧视，这是有违公平正义之精神的。

（三）适用最惠国待遇的两项权利之关联

事实上，《难民公约》将以工资受偿被雇佣权与结社权共同列为适用最惠国待遇的权利并非偶然。根据 ICESCR 第 8 条之规定[1]，两项权利虽具有不同的内涵，却存在紧密的联系。首先，结社权中结成工会的权利对于确保难民被雇佣权的公平实现是相当重要的。结社权中很重要的一项内容是结成工会。1948 年《结社自由及保护组织权公约》（以下简称《结社公约》）第 10 条对组织的定义明确了结社旨在促进和保护工人或雇主利益。假如，只对被雇佣权适用最惠国待遇，而对结社权适用一般外国人待遇，那么难民通过工会维护自身经济利益的权利则会大打折扣。如此，即使难民得与其他外国国民获得同样的工作机会，但是其在工作待遇、福利等方面却无法获得与其他外国国民同等的保障，这时其以工资受偿的受雇佣权亦不能充分实现。

其次，如若缔约国对难民的结社权适用最惠国待遇，而对以工资受偿的被雇佣权适用一般外国人待遇。在无法通过工作获得与其他外国国民相似的生活保障时，结社权上的最惠国待遇又是否能达到预期效果？或者说难民在无法充分实现以工资受偿的被雇佣权时是否有能力结社，又是否有结社之必要？正如美国代表亨金在难民及无国籍人问题特设委员会第二届会议第 37 次会议上的发言："如果没有工作，其他权利都将毫无意义。如果没有这项权利，任何难民都无法在居住国被同化。"[2] 以工资受偿的被雇佣权为难民其他权利的实现提供了经济基础，且使难民能够自食其力、快速融入避难国社会中。

在对结社权的待遇标准进行讨论时，关于是否给最惠国待遇以及是否需

---

〔1〕 ICESCR 第 8 条第 1 款 a 项中规定"人人有权为促进及保障其经济及社会利益而组织工会及加入其自身选择之工会，仅受关系组织规章之限制"。

〔2〕 Ad Hoc Committee on Refugees and Stateless Persons, Second Session: Summary Record of the Thirty-Seventh Meeting Held at the Palais des Nations, Geneva, 16 August 1950, E/AC. 32/SR. 37, https://www.unhcr. org/publications/ad-hoc-committee-refugees-and-stateless-persons-second-session-summary-record-thirty-2, 最后访问日期：2024 年 10 月 21 日。

要对结社权之社予以进一步限定这两个问题部分国家代表存在较大分歧。《结社公约》第 3 条第 2 款规定合法结成前述组织的权利是不受公共当局限制或干涉的，个人以工资受偿的被雇佣权须以结社权为保障。若难民与其他外国国民在被雇佣权上享有相对平等的地位，但是却无法获得与其他外国人同样的通过工会维权的机会，那么事实上其被雇佣权依然无法得到充分实现。因此，《难民公约》对二者均适用最惠国待遇或许也是出于对两权利这种特殊关联之考量。遗憾的是在对结社权之最惠国待遇进行讨论时部分国家代表便提出对该条予以保留，而《难民公约》第 42 条第 1 款最终也未将第 15 条与第 17 条列为不可保留之条款。

第二节　难民待遇的转变与例外

一、互惠豁免与难民待遇

拜尔斯认为，互惠是国际法体系的基础，因为双边关系不可避免地会涉及某些平等交换。[1] 而国家间的互惠不仅可通过立法予以明确，也可直接通过实践确立。互惠豁免，即立法或事实上相互条件的免除，指一国主动给予另一国国民某些优惠待遇而不必以另一国是否同等对待本国国民为前提。《难民公约》第 7 条对互惠豁免进行了规定，互惠待遇指两国"基于平等互利的原则，互相给予对方国民某些权利、利益或优惠"[2]。这种互惠有可能是已明确在两国立法中的，也有可能是在两国实践中直接适用的。通常，一国给予互惠国国民的待遇是优于该国给予一般外国人的待遇的。在《难民公约》第 7 条规定了特别情形下，难民得免除互惠条件的限制而向缔约国主张某些优惠待遇，但是这种优惠的程度是否与缔约国或最惠国国民一致则须依据缔约国国内法的规定。互惠豁免之目的在于使难民在缔约国享有更为优惠的待

---

〔1〕 Michael Byers, *Custom, Power and the Power of Rules: International Relations and Customary International Law*, New York: Cambridge University Press, 1999, pp. 88-89.

〔2〕 马呈元主编：《国际法》（第 5 版），中国人民大学出版社 2019 年版，第 94 页。

遇，而这种优惠的幅度由缔约国决定。国际法并未对互惠豁免对应的待遇标准予以进一步规定。我们在此能够明确的是，在特定情形下缔约国负有给予难民某种优惠的义务。

将对于互惠豁免的探讨置于三种待遇标准之后，一方面是由于《难民公约》第7条第1款已明确一般外国人待遇是缔约国执行标准之底线，互惠豁免带来的优惠待遇不得低于这个标准；另一方面，互惠豁免或将导致公约中原本适用一般外国人待遇的权利转而适用更为优惠的待遇标准。例如，国民待遇通常是各国在互惠基础上相互给予的[1]，互惠豁免或以难民取得缔约国国民待遇为结果。因此，本书在厘清公约所述三种标准之后对互惠豁免进行讨论，旨在进一步明晰互惠豁免的效果与国际法上难民权利体系的延展空间。《难民公约》下缔约国并不当然对来自互惠国的难民适用此前约定好的优惠待遇，立法或事实上互惠条件的免除有利于难民权利的实现。1950年2月，在无国籍人及有关问题特设委员会第一届会议上，美国代表亨金指出："在涉及难民的情况下，将权利置于互惠之下是毫无益处的，如果难民没有获得互惠豁免，将使其被置于与其他外国人相比不合理的劣势地位。"[2]

1951年《难民公约》第7条第2款明确规定："一切难民在居住期满3年以后，应在缔约各国领土内享受立法上相互条件的免除。"这一规定在1933年《难民公约》规定的互惠豁免之前设置了一个时间条件——居住期限满3年，这表明在1951年《难民公约》下难民在缔约国境内居住3年后便可向其主张给予豁免。而1951年《难民公约》第7条第3款又规定了难民可主张缔约国互惠豁免的另一种情形——在公约生效前无须以互惠为前提即有权享受缔约国已给予难民的权利，该款之规定明确了难民有权主张未为《难民公约》包含但已为缔约国国内法确认适用优惠待遇的那部分权利。这种情形下，缔约国与难民原在国之间是否达成互惠并不影响难民就该部分权利主张优惠待

---

〔1〕　参见马呈元主编：《国际法》（第5版），中国人民大学出版社2019年版，第94页。参见梁淑英主编：《国际法》（第2版），中国政法大学出版社2016年版，第105~106页。

〔2〕　Ad Hoc Committee on Statelessness and Related Problems, First Session: Summary Record of the Twenty-Third Meeting Held at Lake Success, New York, 3 February 1950, E/AC. 32/SR. 23, https://www.unhcr.org/publications/ad-hoc-committee-statelessness-and-related-problems-first-session-summary-record，最后访问日期：2024年10月21日。

遇。可见，该条款再次重申了《难民公约》第 5 条之精神，缔约国不得以权利未为公约列举为由停止给予难民公约以外的权利保护。不仅如此，在《难民公约》生效以前，缔约国主动给予难民的优惠如因公约而终止，那么公约下的难民权利保护或无法兼顾矛盾的特殊性，而这是不利于实质性平等之实现的。《难民公约》第 7 条第 4 款在第 2、3 款的基础上倡导缔约国进一步在其他权利上实行互惠豁免，这事实上也反映出《难民公约》起草者期望实现的状态是尽量使难民在缔约国地位正常化——使难民不致与缔约国国民长期处于并不平等的处境。

二、互惠豁免下国民待遇的特别适用

《难民公约》中不仅要求缔约国对难民权利中部分权利直接适用国民待遇，同时互惠豁免条款之存在为难民享有一般外国人待遇的那部分权利转化为国民待遇提供了可能。《难民公约》第 7 条第 5 款指出公约第 13、18、19、21、22 条规定的权利和利益亦可适用第 7 条第 2 款规定的互惠豁免，而这 5 项权利恰好为公约规定的适用一般外国人待遇的权利，该款之规定再次明确了《难民公约》之规定不妨碍缔约国给予难民更为广泛的权利保护、更优惠的待遇。第 7 条第 2 款规定的时间限制需从两个方面予以考虑：一方面，难民失去原在国保护的状态或长期持续，一般外国人待遇很难满足其在缔约国正常生活及发展的需求；另一方面，当难民在缔约国居住满 3 年后，难民与缔约国之间的权利义务联结更加紧密，特别是当难民与公民、居民长期缴纳同等税款、同样接受缔约国法律约束、管理的情况下，缔约国出于维护正义之平等价值的考量也须给予其国民待遇保护。所以，居住期限满 3 年是难民得主张互惠豁免之前提。当然，在难民居住期限届满后给予其何种待遇标准的决定权依然掌握在缔约国手中。可是，《难民公约》第 7 条为难民实现就公约规定适用国民待遇的权利以外的权利、利益获得国民待遇提供了可能。

除此之外，我们还必须考虑就地融合这一情况。《难民公约》第 34 条提出缔约国"应尽可能便利难民的入籍（naturalization）[1] 和同化（assimi-

---

〔1〕 "naturalization" 在《牛津词典》中的定义为接受（侨民）入籍、归化。

lation)[1]"，同时要求缔约国在办理入籍时须"特别尽力"（make every effort）并减低（reduce）费用。从《难民公约》《无国籍人公约》《减少无国籍状态公约》的制度设计可见，入籍是一种理想的解决国际流离失所者问题的路径。此处需要注意的一点是，虽然《难民公约》第34条的标题即为"入籍"，且该条第2句只提及了入籍，但是入籍与同化并不具有完全相同的内涵。入籍要求移民被接纳为该国公民且这一事实已经正式确认，而同化主要聚焦于使移民融入本国社会，且同化并不需要确认该移民为本国公民。固然，同化与入籍（归化）所期待实现的效果是一致的——使难民真正融入缔约国社会，而与该国国民拥有相似的权利体系与待遇便是融合的结果。只不过从法律地位上，入籍使难民转而取得缔约国公民之地位，同化则可能使难民与缔约国的关系转变为居民与经常居住国。二者均属于一国国民，该国通常会给予二者相似的待遇。据此，不难看出《难民公约》下使难民脱离失去原在国保护的路径除缔约国对其予以国际保护外，将缔约国对避难者庇护义务转变为亦为可行的解决方案，且缔约国为其公民提供的保护必然优于避难者享有的保护。因此，就地融合亦能使难民就其权利主张国民待遇，且不需要其原在国负有给予缔约国国民同等待遇的义务。然而，就地融合与互惠豁免存在两处显著区别。首先，入籍（归化）、同化意味着难民的法律地位已然发生转变，作为所在国国民即可主张国民待遇。其次，即使符合相互条件的免除之情形，且缔约国承诺给予国民待遇，但这种国民待遇或仅限于《难民公约》规定的权利与根据《难民公约》第7条第3款缔约国额外给予的权利，而入籍后的难民可就所在国一切国民权利主张国民待遇。倘若，难民的法律地位不发生变化，互惠豁免并不必然导致难民与公民享有相同的权利体系。值得注意的是，当难民在缔约国居住满3年后缔约国亦有可能通过给予其居民身份而兑现该国于《难民公约》第7条第2款下的互惠豁免义务。从结果上，入籍、同化与互惠豁免都可使难民获得国民待遇。可是，入籍、同化后难民受到的保护已不属于国际性保护、兜底性保护，而通过公约下的互惠豁免条款取得的国民待遇并不当然以难民法律地位与缔约国保护性质的转变为结果。

---

　　[1]　"assimilation"在《牛津词典》中的定义为使民族、思想或文化同化；《柯林斯词典》将之解释为作为移民的个体融入社会或社会接纳其融入并成为自己的一部分。

三、例外：难民的重新安置

我们还必须考虑的一种状况是难民的重新安置或者转移安置，这里的重新安置与转移安置均指难民的管辖权被转移至其他国家，在区域型难民分摊机制下这种情形是极有可能发生的。根据当前各国接收难民的实践，一线接收国或与其他国家达成协定，转移在本国的难民，这种情况也会导致难民重新安置的发生。难民管辖权的转移并不意味着难民的法定地位也随之发生变化，《难民公约》未就期限届满后难民是否可在后一接收国主张互惠豁免作出进一步规定。但是，《难民公约》第 7 条第 2 款要求的 3 年期限届满是指居住期限（after a period of three years' residence），而不是取得难民地位满 3 年。所以，转移安置后居住期限是否持续计算需要前一避难国与后一避难国在管辖权转移时进行约定。如无约定，后一避难国得自主决定。《难民公约》第 7 条第 2 款的模糊性表述使得难民管辖权转移时互惠豁免义务是否一定转移存在探讨的空间。一般在前后两避难国无特别约定的情况下，我们认为难民在后一避难国并不当然享有互惠豁免权，原因如下：

第一，如前所述，难民在原避难国长期居住使其与避难国之间的权利义务关联愈发紧密，此时给予其互惠豁免并不使避难国负担过重。但是，难民与后一避难国尚无这种紧密的权利义务关联。因此，后一避难国可能并不愿接受难民居住期限的连续计算。

第二，如若国际法上难民在两避难国的居住期限可连续计算，那么相当于要求后一避难国承认前一避难国给予互惠豁免的决定。而这是不利于分散难民危机中一线避难国的安置压力的，否则，后一避难国不仅需给予避难者公约规定的权利及待遇还须负担前一避难国于互惠豁免条件下所负的进一步给予优惠的义务。

第三，同一待遇标准下难民权利的实际实现程度还需根据避难国国内法与国内实践的现实状况进行判断。即便，难民在前后两国的居住期限持续计算，但是，难民在两国权利实现的实际状况亦有可能不同，这就导致了互惠豁免或不能使难民实际享受的待遇优于其在前一避难国时。正因如此，难民的转移安置需受到合理约束。不然，各缔约国得利用转移安置在须给予难民优惠待遇时将之转移至另一国，而这将使难民迟迟无法拥有与避难国国民相似的权利体系。

综上，在难民转移安置时互惠豁免的认定前后两避难国有约定的按约定处理，如无约定则按后一避难国国内法规定或其当局决定。不容忽视的是，无论是区域内的转移安置还是两国约定的管辖权转移，均须以有利于难民为考虑，不得将管辖权之转移视为转移本国庇护义务之路径。

四、例外：声明与保留条款

至此，本书已大致厘清了以《难民公约》为核心的现行国际法上的难民权利体系及与之对应的难民待遇标准。然而，正如数次特设委员会会议记录中反映的那样，各国代表在一些问题上迟迟难以达成共识。而作为《难民公约》重要价值之所在的国民待遇与最惠国待遇最终未能完整地被列入《难民公约》第42条第1款的不可保留之条款，这使得《难民公约》在保障难民不致与避难国内其他个体处于显失公平之地位上的期待未能完全实现。《难民公约》第14条第1款规定的缔约国不得保留的条款中，仅有第4条可以适用国民待遇。《难民公约》第16条向法院申诉的权利中第2款未被列入不可保留清单，因此对该条第2款予以保留的国家亦可不对该权利适用国民待遇。此外，该清单中第36条至第46条均为程序性条款不涉及难民的实质性权利。《难民公约》第1条、第3条与第33条分别为定义、不歧视原则、不推回原则，均属其基础与基本遵循。倘若允许缔约国提出保留，有违《难民公约》之宗旨，亦会使得公约缔结偏离轨道、变得毫无意义。是故，极有可能发生这样的状况，难民在《难民公约》的缔约国或参与国所能主张适用特殊待遇的仅有第4条之宗教自由。当然，这种情况较为极端，但是在《难民公约》缔约方中对规定国民待遇、最惠国待遇条款提出保留的国家并不占少数。与此同时，《难民公约》第7条同样没有被列入不可保留条款清单，那么对第7条提出保留的国家如博茨瓦纳便不必依该条给予难民互惠豁免。在对《难民公约》第7条声明保留的国家中，避难国不负有在难民已合法居住满3年或符合其他条件时必然给予其更为优惠待遇的义务。

值得注意的是，《难民公约》下各缔约国庇护义务之差异并不仅因第42

条允许了其对部分条款提出保留。中文版《难民公约》第 1 条、第 40 条、第 41 条与第 44 条中均出现了"声明"这一措辞，这一措辞在英文版公约中对应的是 statement 或 declaration。根据《难民议定书》第 7 条第 4 款的规定："加入本议定书的公约缔约国按照公约第 40 条第 1、2 款作出的声明，应视为对本议定书适用。"该条款虽意在说明《难民公约》在缔约国的领土适用同样适用于《难民议定书》，除非缔约国在加入议定书时已做过相反的通知。但是，不容忽视的一点是，这意味着缔约国对公约与议定书的适用范围、如何适用等问题上存在一定的解释权。《难民公约》第 1 条第 2 款甲项中提到"缔约各国应于签字、批准或加入时声明为了承担本公约的义务，这一用语应作何解释"，这一规定恰佐证了这一点。那么，这种解释权是否会影响难民权利与待遇的取得呢？我们认为，由于《难民公约》中规定的各项权利在组成国际人权宪章的三项国际性文件中均得到了确认，因此各缔约国很难对权利之概念作出相去甚远的解释。然而，难民待遇本身就是以各缔约国内不同法律地位的个人为参照的，故各缔约国并不存在一个统一的标准。《难民公约》第 41 条第 3 款提到为联邦国家的缔约国通过立法或其他行动履约的问题，规定此类缔约国须应其他缔约国请求说明任何个别公约下义务的实现情况。暂且不论《难民公约》并未就缔约国违约的应对方式予以规定，第 38 条"争端的解决"亦仅明确了缔约方之间的争端可提交至国际法院。单从声明的提交看，《难民公约》仅要求缔约国对就第 1 条、第 40 条、第 41 条与第 44 条作出声明，却无对于声明是否可被质询等问题的规定，这就使得待遇标准之适用经缔约国在声明中解释后或存在例外。例如，加拿大除对《难民公约》第 23 条与第 24 条作出保留外，声明将"合法逗留"一词解释为仅指获准永久居留，而获准临时居留的难民对第 23 条和第 24 条所涉权利仅可获得与一般访客相同的待遇。[1] 可见，缔约国可通过声明对《难民公约》在本国的适用进行解释由此形成公约待遇义务之例外。

《难民公约》所构建的难民权利体系及公约起草者涉及的以有利于难民为

---

[1] See Canada's Declarations and Reservations to Convention Relating to the Status of Refugees, United Nations Treaty Collection, available at https://treaties.un.org/pages/ViewDetailsII.aspx? src = TREATY&mtdsg_no = V-2&chapter = 5&Temp = mtdsg2.

导向的待遇适用模式为国际法上难民地位的正常化与难民保护之公平的正义价值之实现提供了可能。令人遗憾的是，《难民公约》的 146 个缔约国中的绝大多数均通过声明、保留等方式对部分庇护义务予以回避，这使得《难民公约》在这种声明与保留中大失其色。

第三节　国际法上关于难民的特殊保护

虽然，《难民公约》并无针对难民中特殊群体的规定。但是，对于难民中妇女、儿童、老人的特别援助一直是 UNHCR 工作中极为重要的组成部分。而公约缔约国在履行庇护义务的同时，还需根据其缔结或参与的其他人权条约，谨慎履行对于特殊主体的保护义务。国际社会关注于人类家庭中相对弱势群体的权利与自由之实现，形成了一系列针对特定主体的国际性文件，包括但不限于难民、无国籍人、妇女、儿童、老年人、残疾人、民族或族裔、宗教和语言上属于少数群体的人，等等。不容忽视的是，这些特定主体或存在身份上的重合。本节便聚焦于难民中的特殊主体，这类群体的权利与自由客观上本就更易受到侵犯，而失去原在国保护无疑将使之陷入更为不利的境遇。是故，国际人权法中有相当一部分法律文件是针对此类群体的保护问题而颁行的。

一、国际法对于难民中特殊群体的保护

国际法对于特殊群体的特别保护旨在消除此类群体与其他群体之不平等，平等是为《世界人权宣言》确认的第一项原则。人类社会中的不平等现象是客观存在的，平等与自由是正义的题中应有之义，客观上不平等造成了特殊群体无法与人类家庭其他成员拥有相似的自由。倘若，国际社会无法给予此类群体之自由地实现更多的关注与保障，那么便会进一步加剧不平等。第一次世界大战之后，国际社会就特殊群体的权利保护问题颁行了许多文件，但这类文件多以宣言的形式出现。然而，国际法上各类宣言的拘束力有待商榷。联合国公约与宣言系统在对专业术语进行解释时，明确表示"以表明签署方

无意建立具有约束力的义务，而仅仅是想要表明某些意愿"。[1] 即便如此，我们也不能就此否定此类宣言在人权保护上的价值。以 1948 年《世界人权宣言》为例，虽不具有强制力，但依旧为国际人权法的发展奠定了基础，同时也为联合国各成员国的宪法或宪法性文件提供了重要参考。《世界人权宣言》的内容已逐渐成为国际社会人权保护之基本遵循，《世界人权宣言》之规定亦被作为确认个人基本权利与自由的依据。国际人权法的各类宣言已逐渐发展为习惯国际法，其中内容也已被一些区域性条约或某些国家国内法所正式规定，由此在该区域、该国获得了法律上的拘束力。

国际法中能够建立义务的文件通常为条约（treaty）、公约（convention）、协定（resolution）或议定书（protocol），这四类由于缔约国的承诺而具有了拘束力。国际人权法中条约、协定的形式较为少见，议定书的性质则决定了其需要附属于公约、条约而存在。所以，国际人权法中具有独立存在且具有拘束力的文书主要为公约。值得一提的是，伴随着社会发展，部分人权公约所聚焦的特殊群体之不平等已通过国际社会的共同努力逐渐改善、减少，不再是人权保护中的主要矛盾。如 1926 年《禁奴公约》，该公约效力依旧，但是公约所关注的问题已不具有普遍存在性与迫切性。而有些人权公约所关注的特殊群体之不平等则依然是将长期作为人类社会的主要矛盾而存在，其中就包括前文曾提及的《儿童权利公约》《残疾人权利公约》《消除妇女歧视公约》等。

根据《儿童权利公约》第 1 条之规定，"儿童系指 18 岁以下的任何人"。截至 2023 年底，全球被迫流离失所者中约 40% 为儿童，约 49% 为妇女和女童，妇女与儿童在全球被迫流离失所者中的占比约为 70%。[2] 作为"更容易受伤害的特殊群体"[3]，妇女与儿童在失去原在国保护后处境更为困难，个人的基本权利与自由也更难实现。2021 年 5 月底至 8 月，在近 25 万名来自阿

---

〔1〕　参见联合国公约与宣言系统—专业术语—宣言，载联合国官网，https：//www. un. org/zh/documents/treaty/glossary，最后访问日期：2024 年 10 月 21 日。

〔2〕　参见 UNHCR《2023 年被迫流离失所者全球趋势报告》，载联合国难民署官网，https：//www. unhcr. org/global-trends-report-2023，最后访问日期：2024 年 10 月 21 日。

〔3〕　参见梁淑英：《国际难民法》，知识产权出版社 2009 年版，第 210 页。

富汗的国际流离失所者中约 80% 为妇女和儿童。[1] 国际法对于难民中妇女儿童的保护主要是由《难民公约》及其议定书与《消除妇女歧视公约》《儿童权利公约》及其议定书共同确认的。因为，前述三公约对世界各国开放并为绝大多数国家所缔结、参与[2]，故在国际社会中形成了广泛的拘束力。公约缔约国不仅对难民中的妇女、儿童负有针对其难民地位的庇护义务，同时也对其负有基于妇女、儿童之身份而给予特别保护的义务。无论是在联合国难民署的工作中还是区域性难民条约、部分国家国内立法与实践中均可见到对于难民中妇女与儿童的特殊保护。例如，2011 年欧盟《庇护资格指令》第 20 条在阐述一般规则时特别提到成员国应考虑到未成年人、无人陪伴的未成年人、残疾人、老年人、孕妇等的具体情况。该指令第 30 条第 2 款则要求成员国在相同资格条件下为遭受各种形式迫害的孕妇、残疾人、未成年人等提供与成员国国民同样的包括精神障碍治疗在内的足够的医疗保障。1974 年《在非常状态和武装冲突中保护妇女和儿童宣言》考虑到妇女与儿童的脆弱地位，要求各国在卷入武装冲突或采取军事行动时"应尽最大努力使妇女和儿童不受战争蹂躏"。本书之所以在第三章结尾聚焦于国际法上难民中特殊群体的权利保护，意在说明难民之性别、年龄等身份因素亦会对其享有的权利体系与权利实现程度产生影响。

二、国际法上关于难民妇女的保护

长久以来，女性权利保护一直是国际人权法的重要组成部分。无论是《世界人权宣言》、ICCPR、ICESCR 等国际人权宪章，抑或是 ACHR 与 ECHR 均对消除女性歧视作出了规定。在过去的几十年中，UNHCR 针对难民妇女的保护特别出台了一系列文件，包括 2001 年《高级专员对于难民妇女的五项承

---

〔1〕 该数据来源于联合国难民署 2021 年 8 月 16 日的新闻报道，参见《联合国难民署：阿富汗冲突造成大量流离失所妇女和儿童死亡》，载联合国难民署官网，https://www.unhcr.org/cn/16227-阿富汗冲突造成大量流离失所妇女和儿童死亡.html，最后访问日期：2024 年 10 月 21 日。

〔2〕 《难民公约》现有 19 个签署国、146 个缔约国，《消除妇女歧视公约》现有 99 个签署国、189 个缔约国，《儿童权利公约》现有 140 个签署国、196 个缔约国。

诺》[1]、2006 年《关于处于危险中的妇女和女孩的决定》[2]、2008 年《联合国难民署妇女和女童保护手册》[3]，等等。尽管，在这些文件的背后关于难民妇女权利理念的发展速度远远超过实践的进展。[4] 但是，我们也不能忽视国际社会在保护难民妇女权利上已经取得的那些进步。1979 年《消除妇女歧视公约》要求各项权利上给予妇女与男子平等的地位，而实践中难民妇女的弱势地位决定了避难国需给予其特别关注以使其基于难民地位所享有的权利能够与男性难民不存在任何区别。

《难民公约》中虽无针对难民妇女的特别规定，且性别歧视也并非《难民公约》第 3 条所禁止的歧视种类。但是，反对性别歧视一直是各国际人权公约中禁止歧视原则的当然内涵。《世界人权宣言》与 ICCPR、ICESCR 第 2 条均明确本文书所载权利与自由之享有不分性别，不仅如此，ICCPR 与 ICESCR 第 3 条均规定"男女权利，一律平等"。《难民公约》所关注的是难民问题中常见的主要矛盾，而性别因素导致的不平等地位（歧视性地位）在任何群体中均存在，故而不能以未为《难民公约》列举作为拒绝将第 3 条之不受歧视原则适用于不同性别难民之理由。

不容忽视的是，性别亦有可能成为难民受到迫害的原因之一。《难民公约》第 1 条第 1 款乙项中虽未专门将性别作为避难者产生畏惧的正当事由，但性别亦可被归为"属于其一社会团体"（membership of a particular social group）这一情形，且避难者由于性别遭到迫害的情况并不罕见。UNHCR 于 2019 年重新发行的《关于根据 1951 年公约与 1967 年议定书确定难民地位的程序与标准的手册》（以下简称"2019 年《手册》"）在对社会团体进行定义

---

〔1〕 See UN High Commissioner for Refugees (UNHCR), Report on the High Commissioner's Five Commitments to Refugee Women, EC/55/SC/CRP. 17, 13 June 2005. Report on the Dialogue with Refugee Women, Geneva, 20–22 June 2001.

〔2〕 Executive Committee of the High Commissioner's Programme, Conclusion on Women and Girls at Risk No. 105 (LVII) –2006, No. 105 (LVII), 6 October 2006.

〔3〕 Division of International Protection Services, "UNHCR Handbook for the Protection of Women and Girls", available at UNHCR, https://www.refworld.org/policy/opguidance/unhcr/2008/en/85385.

〔4〕 See Dale Buscher, "Refugee Women: Twenty Years On", *Refugee Survey Quarterly*, Vol. 29, No. 2, 2010, pp. 4–20.

时指出，"该社会团体通常由具有相似背景、习惯或社会地位的人构成"。[1]
2019 年《手册》之解释下将同一性别者亦可被视为一特定社会群体，同时该
手册中明确提出"妇女是一个特殊的社会群体"。[2] 而从国际社会难民保护
的实践来看，这种解释是为各国所普遍接受的，否则《难民公约》所能保护
的避难者将十分有限。无论是 1992 年重新编辑的《手册》还是 2019 年重新
发行的《手册》，均关注到了难民中妇女与女童的保护问题。不过，相较于
2019 年《手册》对于难民妇女之迫害之认定与特别保护的重点关注，1992 年
《手册》中关于妇女、女童的规定仅寥寥数语。可见，伴随着时代发展，国际
社会逐渐开始重视给予难民妇女特别保护。

　　关于难民妇女的具体保护方式多见于区域性难民文件或部分国家的国内
立法、实践中。欧盟针对难民妇女保护进行了特别规定，2013 年欧盟《庇护
程序指令》特别提及甄别程序应考虑到性别问题，确保男性申请者与女性申
请者的实质性平等，同时要求成员国在审查安全第三国、安全来源国或连续
申请之概念的程序中考虑与性别有关要求之复杂性。[3]《庇护程序指令》之
规定意在使难民妇女在获得成员国庇护许可上能够与男性难民处于平等的地
位，欧盟要求成员国对女性难民进行甄别时遵循性别敏感原则，在面谈等程
序中也需考虑性别因素的影响。事实上，难民妇女面临的困境并不仅限于甄
别环节，即使在难民营中针对难民妇女的各种形式暴力也并不鲜见，而由于
同时还需承担照料家庭的义务，难民妇女的权利实现状况往往较之难民中的
男性要更为恶劣。联合国难民署的各项文件与欧盟《庇护程序指令》等为国
际社会对于难民妇女的保护提供了参考，但是从前文讨论中不难看出难民妇
女的具体保护及各国承担义务之依据仍主要是习惯国际法。而相关国际公约
所确认之原则仅为不歧视，并未结合难民与妇女这两重身份下的具体困境作

---

〔1〕　UNHCR, Handbook on Procedures and Criteria for Determining Refugee Status under the 1951 Convention and the 1967 Protocol relating to the Status of Refugees, Reissued Geneva, HCR/1P/4/ENG/REV. 4, February 2019, p. 24.

〔2〕　UNHCR, Handbook on Procedures and Criteria for Determining Refugee Status under the 1951 Convention and the 1967 Protocol relating to the Status of Refugees, Reissued Geneva, HCR/1P/4/ENG/REV. 4, February 2019, p. 199.

〔3〕　参见 2013 年欧盟《庇护程序指令》的"序言"部分 (32)。

出进一步规定，这也是难民妇女在不同避难国享有的权利体系与权利实现程度存在较大差异的主要原因。

三、国际法上关于难民儿童的保护

相较于难民妇女，国际法上不仅有关于难民儿童之保护的特别规定，国际社会也已关注到难民儿童所面临的双重困境，部分区域、国家的立法与实践中均有针对难民儿童之特别保护的尝试。《儿童权利公约》第 22 条中便存在针对儿童难民的特别规定，该条第 1 款明确了缔约国对于避难申请者中的儿童、难民儿童的援助义务，且这种义务无论该儿童是否有父母或其他人陪同均不可豁免。该条第 2 款则主要阐述了缔约国对于难民儿童的三项义务：缔约国应配合其他组织实施的保护难民儿童之工作；缔约国有义务帮助无人陪同的难民儿童寻找父母或其他家庭成员；即便无法找到家庭成员也负有保障该儿童实现公约下权利的义务。不仅如此，《儿童权利公约》第 3 条所规定的儿童最大利益原则也为欧盟《庇护程序指令》为代表所遵循。[1] UNHCR 于 1997 年出台《处理无人陪伴的未成年人难民地位申请的政策和程序行动指南》（以下简称《未成年难民指南》），该指南为《难民公约》各缔约国处理无人陪伴的难民儿童之庇护请求提供了参考。

（一）儿童最大利益原则

《儿童权利公约》第 3 条第 1 款规定："关于儿童的一切行动，不论是由公私社会福利机构、法院、行政当局或立法机构执行，均应以儿童的最大利益为一种首要考虑。"该规则明确了公权力行使时的一项基本遵循——儿童最大利益原则，当该行动关涉儿童时不仅需保护儿童之利益，还需作出最有利于儿童的决定。根据儿童权利委员会（Committee on the Rights of the Child，以下简称"CRC"）的界定，"儿童最大利益"有三层内涵：一项实质性权利；一项基本的、解释性的法律原则；一项程序规则。[2] CRC 认为，儿童有要求

---

〔1〕 2013 年欧盟《庇护程序指令》的"序言"部分（33）中规定：成员国在应有本指令时应将儿童的最大利益作为首要考虑。

〔2〕 UN Committee on the Rights of the Child (CRC), General comment No. 14 (2013) on the right of the child to have his or her best interests taken as a primary consideration (art. 3, para. 1), CRC/C/GC/14, 29 May 2013.

成员国就其所涉问题利益最大化的权利，当《儿童权利公约》及其议定书所规定的权利存在多种解释时应以儿童最大利益原则为解释框架，为实现儿童最大利益提供程序上的保障。[1]《儿童权利公约》第 22 条所述之缔约国援助、合作义务便对应的是儿童所享有的最大利益之权利，缔约国对其所享有的权利负有保护责任。然而，考虑到难民儿童之特殊处境，为实现利益最大化，缔约国需与其他组织合作并为其寻找家庭成员。

　　欧盟《庇护程序指令》将该原则规定为各成员国之基本遵循，并要求成员国在对"最大利益"进行评估时，尤其应当对包含其背景在内的未成年人福利、社会发展情况进行应有的考虑。《都柏林第三条例》则要求缔约国在评估儿童最大利益时对家庭团聚原则也进行适当考量[2]。这项原则还在《庇护程序指令》中得到了具体落实，同时，欧盟要求面对申请者成员国负有给予特殊程序保障之义务。《庇护程序指令》第 2 条 n 项规定成员国主管机构有义务为无人陪同的未成年人指定代表，使未成年人在程序中的权利得到最大保障；《庇护程序指令》第 10 条第 3 款 d 项提出，审查庇护请求并作出决定的人员可就儿童问题征求专家意见；《庇护程序指令》第 15 条第 3 款 e 项要求，面谈需采用适合儿童的方式。不仅如此，《庇护程序指令》第 25 条专门针对无人陪伴的未成年人之保障作出了详细规定。除《庇护程序指令》第 25 条第 2 款是对于成员国免除指派代表人义务的规定、第 6 款关于对无人陪伴的未成年人适用指令其他条款的规定外，其余条款阐述了在包括面谈代表人与决定人之要求、法律与程序信息的免费提供、体检等具体问题上，成员国应给予无人陪伴的未成年人的保障。欧盟《庇护程序指令》在甄别环节为难民儿童进入成员国提供了一系列程序性保障，以避免其不利处境使其难以被申请国甄别。无论是指定代表、允许向专家咨询还是对作出审查决定者的资格要求，均反映出欧盟在甄别程序中对于儿童的特别关照，属于 CRC 所述之"儿童最

---

〔1〕　UN Committee on the Rights of the Child（CRC）, General comment No. 14 (2013) on the right of the child to have his or her best interests taken as a primary consideration（art. 3, para. 1）, CRC/C/GC/14, 29 May 2013.

〔2〕　欧盟《都柏林第三条例》的"序言"部分（18）中规定：成员国在评估儿童的最大利益时，尤其应适当考虑家庭团聚原则、未成年人之福利和社会发展、安全与安全保障之考虑，并根据未成年人的年龄与成熟程度听取其意见。

大利益"之第三层内涵。而《都柏林第三条例》第 31 条则确认了未成年人所享有的一些具体的权利与利益,包括采取必要措施使难民儿童由法定监护人或相关组织等代表、定期评估法定监护人或代表执行指令时满足未成年人之需求、确保其被安置在适合的住处、兄弟姐妹应尽量居住在一起且严格限制变动其住所、为无人陪伴的未成年追寻家庭成员并在必要时对其信息进行保密、与无人陪伴的未成年人一起工作需经过适当培训。此外,《都柏林第三条例》第 27 条第 1 款还明确了未成年人在受教育权上的国民待遇。由此可见,《都柏林第三条例》对于难民儿童之特殊保护,不仅反映在对条例进行解释时作出最有利于未成年人的解释,还通过对于一些实质性权利与利益的保护保障儿童最大利益这一权利的实现,属于 CRC 所述之第一层与第二层内涵。

欧盟都柏林体系遵循儿童最大利益原则为难民儿童提供了特别保护,不仅使之在经受甄别时可以受到程序上的保障,还给予难民儿童一些额外的权利与利益,使其基于难民地位与儿童身份所享有的权利能够得到充分的实现。当前,儿童最大利益原则已为包括欧盟成员国在内的一些国家国内立法所规定。以英国为例,在英国公约所载权利与义务须通过在国内法中予以规定才能够在英国法院具有法律上的拘束力。英国《1989 年儿童法案》明确了儿童最大利益原则在本国的适用,同时法案多次提到应作出最有利于儿童的考虑。2009 年英国《边境、公民身份和移民法》第 55 条规定相关部门职能之履行必须预先考虑对在英国境内儿童之福利需求的保障与促进,该法第 54a 条第 2 款也确认了在家庭返回案件中应考虑如何实现对家庭中儿童之福利的最好保障与促进。"儿童最大利益"的三重内涵在各区域、各国立法中的进一步明确使难民中的未成年人得享有优于成年难民的权利体系与待遇。然而,不可忽视的是这种优待是出于对儿童之明显弱势的考虑,意在使难民儿童权利亦能充分实现,而非划分出不同的难民地位。

(二)难民儿童接收在实践中暴露出的问题

尽管,儿童最大利益原则为被申请国接收、庇护难民中的未成年人设置了基本遵循。然而,实践中难民儿童之接收也存在许多问题。某些国家能够较快地通过未成年人的庇护请求,但是对于其亲属的避难申请却并未提供某些程序上的便利,这就导致了未成年人与直系亲属、法定监护人等被迫分离。

2018 年 4 月，特朗普政府宣布了对于未获许可之移民的"零容忍"政策。根据该政策，包括寻求庇护者在内的每一名试图通过官方入境口岸以外的渠道进入美国的移民都将被拘留并遭到刑事起诉，该政策将使得未经许可的成年移民和与之同行的儿童分开。[1] 移民"零容忍"政策导致数千名儿童被迫离开父母，随后在公众的抗议中，该政策改为对非法移民实施长期家庭拘留。

虽然，包括美国在内的许多区域、国家的立法中规定了对于无人陪伴的难民儿童之父母、法定监护人等避难国应给予相同的庇护。可是，正因如此，部分国家在面对寻求庇护者中的儿童请求时也十分谨慎。即便，这些被申请国作为《儿童权利公约》等国际文件的缔约国需在作出关涉儿童的决定时以儿童之最大利益为首要考虑。并且，对于部分缔约国，其缔结或参与的国际条约之规定须经其国内法确认才得以在其国内具有法律上的拘束力，如英国。因此，这些国家将条约义务转化为国内法规定时，或在措辞上进行调整，使条约内容以更有利于本国的方式呈现。国际社会一再强调儿童权利之独立性，然而，考虑到未成年人往往没有独立行使一些法定权利的能力，故确保其有直系亲属、法定监护人或其他亲属作为其代表是十分重要的。儿童权利之独立性表明未成年人拥有独立的人格尊严与完整的权利体系，可这不代表儿童能够通过自己独立的行动行使权利。是故，避难国接收安置难民儿童时，应对其家庭团聚权予以特殊保护，并借此作出最有利于该儿童决定，确保难民儿童之权利能够得到充分实现。

四、国际法上的难民家庭团聚权

《世界人权宣言》第 16 条第 3 款与 ICCPR 第 23 条第 1 款均规定家庭为社会中自然、基本的团体单位，明确家庭应受到社会及国家的保护。同时，IC-CPR 第 17 条确认个人享有家庭不受无理、非法之侵扰、破坏的权利。2004 年，HRC 在本杰明·恩甘比（Benjamin Ngambi）与玛丽·路易丝·内博尔（Marie Louise Nébol）诉法国案中指出，"保护家庭生活的权利也不一定会因

---

〔1〕 "The Trump Zero Tolerance Policy：A Cruel Approach with Humane and Viable Alternatives, Refugees International"，31 July 2018，available at https：//www.refugeesinternational.org/reports/2018/7/31/trump-zero-tolerance-policy#_ftn1.

地域分离而被取代"，委员会认为家庭团聚权"首先必须有可保护的家庭纽带"。[1] 据此，明确了家庭团聚权之享有不受家庭成员地理上分离的影响，只要存在真实的家庭附着关系，个人便可主张家庭团聚权之法律保护。不仅如此，家庭团聚权也被视为儿童权利的题中应有之义。根据《儿童权利公约》第9条的规定，除非有违儿童最大利益，否则应确保不使儿童与父母分离。并且，《儿童权利公约》第10条还要求对于儿童或其父母要求进入或离开一缔约国以便与家人团聚的申请，缔约国应当积极处理。国际社会在安置难民儿童，特别是无人陪伴的儿童时，通常会以儿童最大利益为原则对其家庭团聚权予以特别保护。这种保护义务主要表现在以下两个方面：对于享有庇护权的难民儿童家庭成员之追寻；确认难民之未成年子女亦享有庇护权。由此可见，难民儿童家庭团聚权之实现亦会对其他家庭成员庇护权的取得产生影响。

在欧盟，家庭团聚权已为 TFEU 与 ECHR 所共同确认。此外，2003 年 9 月 22 日，欧盟理事会颁行《关于家庭团聚权的理事会指令》（Council Directive 2003/86/EC of 22 September 2003 on the right to family reunification，以下简称《家庭团聚指令》），该指令对难民家庭团聚权之实现作出了详细的规定。《家庭团聚指令》第 10 条特别规定，对于依赖于难民的家庭成员、对于无人陪伴的未成年难民的法定监护人或其他家庭成员[2]，成员国可批准（may authorise）其以家庭团聚为目的入境居留；对于无人陪伴的未成年人的直系亲属，成员国应批准其以家庭团聚为目的入境居留。可见，在欧盟与难民有依赖关系的家庭成员或可因家庭团聚权而获得合法入境、居留许可。难民享有的家庭团聚权对其家庭成员难民权利的取得与实现存在积极影响，国际社会对于难民家庭团聚权之保障不仅有利于难民权利之充分实现，亦能够形成对于该难民及与其有依赖关系之家庭成员的特别保护。根据德国《庇护法》第 26 条第 2 款之规定，倘若申请者为被确认享有庇护权的外国人的未成年子女，

---

〔1〕 See Benjamin Ngambi and Marie-Louise Nébol *v.* France, CCPR/C/81/D/1179/2003, UN Human Rights Committee（HRC），16 July 2004, para. 6. 4.

〔2〕 欧盟《家庭团聚指令》第 10 条第 3 款 b 项规定，无人陪伴的未成年难民若无直系亲属或无法追查其直系亲属的，可以为其法定监护人或其他家庭成员办理以家庭团聚为目的的入境和居留许可。

则需承认该申请者亦有权获得庇护。美国《移民与国籍法》确认了在美难民得以基于家庭团聚原则而享有的一项优先权，已进入美国的难民或寻求庇护者之配偶、未满 21 岁的未婚子女、父母如果陪同或跟随则可被授予同样的身份。[1]

　　综上所述，难民所享有的家庭团聚权对该难民及其家庭成员之难民权利的取得与实现具有积极的影响，特别是对于难民中的儿童。家庭团聚权之主体并不仅限于难民，而是人人得享有之权利，例如欧盟各国、美国对合法居留在本国境内的移民家属通常会基于家庭团聚权在法定条件下给予入境、居留之许可。国际社会针对难民，特别是难民中的未成年人，所给予的家庭团聚权之保障，一般以难民与该家庭成员之间的依赖关系为前提，未成年人权利之充分实现依赖于其父母、法定监护人等给予的保护，已获得难民地位的避难者之家庭成员依赖于该避难者，均可作为避难国基于家庭团聚权给予入境、居留许可的缘由。国际法上的家庭团聚权不仅是难民所享有的一项实质性权利，一项以家庭纽带或者说家庭附着关系之存在为条件的权利，同时也形成了一项使避难者得到特别保护的法律原则。考虑到难民之家庭成员往往与之因同样的事由而失去原在国保护，家庭团聚这一原则能够使被申请国对难民之家属进行甄别时给予有利考虑，使之能够相对顺利地获得被申请国对其难民地位的认可。而从另一个角度，家庭在个人的发展中扮演着极其重要的角色，家庭之团聚、家庭成员间的互帮互助不仅可以加速难民在避难国之融合，也有助于难民更好地实现其权利。因此，家庭团聚原则也属于一国给予部分难民或寻求庇护者的特殊保护。

---

　　[1]　参见美国《移民与国籍法》1158 "庇护"（asylum）与 1101 "定义"（definitions）中的相关规定。

第四章　国际法上难民权利的限制与终止

国际法上的难民权利体系中由《难民公约》规定的那一部分权利是不得克减的，根据公约第 9 条之规定，即使缔约国处于紧急状态时仅能对尚未确认难民地位的避难者采取措施，但措施须为临时性且国家安全所迫切需要的。该条事实上明确了法定难民于公约下所享有的权利之不可克减性，但是公约允许缔约国出于国家安全、公共秩序之考虑对已取得本国庇护许可之避难者权利进行限制。此外，国际法上的难民权利保护是一种临时性、兜底性的保护，是为了弥补避难者原在国保护之缺位。所以，国际法上的难民地位也不具有永久性。否则，长期处于难民地位避难者作为自然人与社会一员之发展需求也难以得到满足。避难者之难民地位一旦中断便不会自动恢复，该地位所对应的难民权利也一并终止，缔约国的庇护义务也随之终止。

第一节　所在国对难民权利之限制

对于未对《难民公约》任一条款进行保留的缔约国，倘若其也未通过声明等方式在其国内法中对本国所负公约责任予以限制，只表明该缔约国不会主动且非法地侵犯难民合法享有的权利，而不代表公约禁止其合法限制难民权利。[1]《难民公约》下法定难民权利的不可克减性并不意味着在难民对缔约国之国家安全、公共秩序构成危险时缔约国也不得对其予以合理限制。难

---

〔1〕　参见 ［美］詹姆斯·C. 哈撒韦:《国际法上的难民权利》，黄云松译，中国社会科学出版社2017 年版，第 87 页。

民之法定权利与其对所在国之一般义务是相统一的，当难民违背所负之义务时所在国得对其权利进行必要的限制。根据《难民公约》规定，被申请国对于难民权利的限制可分为两个阶段——甄别期间与法定难民居留之合法性消失后。同时，所在国可通过声明或保留对于公约规定之权利作出限定解释，由此缩小本国的义务范围。

一、难民权利限制的合理性与必要性

正如前文中所论述的那样，被申请国给予难民地位的许可事实上代表着该国对与本国不具有紧密的权利义务关联者的庇护承诺。此时，被申请国对于难民权利的保护是出于对难民的人道主义关怀与对难民作为人之尊严、权利、自由的尊重。《难民公约》之缔约国因其缔结或加入公约时之承诺接纳避难者入境并允许其居留于本国境内，而根据属地管辖原则被申请国有权对避难者在本国境内之行为进行约束、管理。《难民公约》第 2 条亦明确了难民负有遵守所在国法律法规以及所在国为维护公共秩序而采取措施的义务，法定难民权利的不可克减性在难民违背其对于所在国之义务时便不再存在。否则，难民与缔约国之权利义务会陷入一种失衡的状态，与此同时，难民与缔约国公民之相对平等也随之消失。《难民公约》允许的对于难民权利的限制发生在避难者获得合法地位前或法定难民之居留失去了合法性后，前一种情形中，被申请国尚未明确自己是否对其负有庇护义务，此时难民权利是否真实存在还有待商榷；后一种情形中，避难者之地位仍然具有合法性，但是由于其行为对所在国构成的危险使之不再合法享有某些权利。假如，在后一种情形中所在国依旧不能对其权利进行限制，那么相当于认定难民之地位可以使其不必对自己的行为承担责任。这无疑会导致各国不再愿意承担对于难民的补充保护责任，因此难民权利的不可克减性并不代表难民权利在任何情况下均是不受限制的。

对于难民权利进行限制之必要性主要反映在两个方面：缔约国对难民权利的保护是一种补充性、兜底性的保护，缔约国不必以牺牲本国国家安全的重大利益为代价履行这种义务；被申请国脱离紧急状态才能够使难民权利得到更好的保护。《难民公约》允许缔约国对难民权利进行合法限制意不再使难民权利受到侵犯，难民权利被压制的状态只是缔约国依法行使权力之表征。限制的根本目的在于为本国境内所有人得以共处，并对满足包括被限制的难民在内所有人之基本需要予以规范性安排。[1] 在 1950 年难民及无国籍人问题特设委员会第二届会议上，英国代表曾就缔约国对于难民权利之限制提交两项提案，提案一建议应当在《难民公约》中加入紧急状态下的克减条款，提案二建议是在临时措施条款中加入"前提是在国家发生危机时，缔约国可基于难民的国籍对其临时地适用任何此类措施，直至确定为了国家安全利益该措施不再是必要的"这一阐述。[2] 最终，《难民公约》第 9 条并未采取提案一之表述，也未在该条款中允许缔约国"基于难民的国籍"采取此类限制措施。《难民公约》下国籍不得单独作为缔约国对难民权利进行限制的事由的，包括公约第 8 条亦强调了特殊措施之适用不得仅因难民所属的国籍。《难民公约》中允许对难民进行限制的条款主要为第 9 条、第 31 条与第 32 条，第 8 条虽规定了缔约国对于难民的特殊措施免除义务，可对该条予以保留的国家依然得对难民权利进行限制。不过，缔约国因保留、声明或国内立法限定解释的方式对难民权利予以的限制并不属于公约允许的情形，故本部分不再予以展开。

《难民公约》第 9 条与第 31 条规定的缔约国得对其采取必要限制的对象为尚未确认难民地位的避难者；而第 32 条第 3 款缔约国采取必要内部措施的对象为合法在其领土内的难民，即被申请国已允许其停留的避难者，这就包括已取得难民地位之难民与等待甄别之难民。对象不同，享有的权利亦存在区别，而缔约国对于权利的限制也只能发生在避难者已享有的权利上。非法入境的难民与尚未确认身份的难民均还未获得被申请国的避难国许可，因此还未享有公约规定之难民权利。被申请国对此类难民之限制意在预防此类难民可能对本国国家安全之利益造成的威胁，而被申请国对合法在其领土内的

---

〔1〕 参见［美］E. 博登海默：《法理学：法律哲学与法律方法》，邓正来译，中国政法大学出版社 2004 年版，第 365~366 页。

〔2〕 Ad Hoc Committee on Refugees and Stateless Persons, Second Session: Observations Concerning Article 5 of the Draft Convention Relating to the Status of Refugees (E/1618), E/AC. 32/NGO/1, https://www.unhcr. org/publications/ad-hoc-committee-refugees-and-stateless-persons-second-session-observations-concerning, 最后访问日期：2024 年 10 月 21 日。

难民之限制则旨在预防难民在等待另一国许可期间侵犯本国国家安全、公共秩序。同属于对未获得难民地位许可之避难者，《难民公约》第 9 条与第 31 条所述情形虽有关联，但是限制的原因其实不同，前者是由于紧急状态之存在，后者则是由于避难者之入境、居留之非法性。前者以国家安全利益的迫切需求为前提，后者虽出于缔约国对于本国内部事务之主权，可国家安全的利益也是各国对边境进行管理的主要原因。《难民公约》第 9 条与第 30 条的必要措施实施后，避难者仍然有可能取得难民地位。而缔约国根据《难民公约》第 32 条第 3 款采取内部措施时，难民的权利状态存在两种情况——权利已经中止或尚未取得，无论是哪种情况，避难者都无法在所在国继续享有或取得难民权利。《难民公约》第 9 条、第 31 条规定的限制措施是临时的，且这种措施在时间、限制程度上是否具有合理性需通过对被申请国国家安全的迫切需要进行判断。《难民公约》第 32 条第 3 款所述之限制措施存续时间长短之合理性则由难民获得另一国许可正常所需的时间决定，而该内部措施对难民权利的限制程度之合理性则应以该国维护国家安全、公共秩序之需要为评判标准。

二、临时措施：临时保护与临时限制

国际法上的临时措施有广义与狭义之分：狭义的临时措施是指根据《难民公约》第 9 条对仍处于甄别期的避难者采取的临时限制措施；而广义的临时措施不仅包括临时限制措施，还包括临时保护措施。国际难民法中的临时限制措施与临时保护措施均存在于难民获得被申请国庇护许可之前，无论是临时保护还是临时限制均需以难民已在缔约国境内，否则缔约国无法对其进行庇护，更不存在对其予以限制的迫切需要。值得注意的是，临时限制与临时保护并不冲突，所在国对大规模涌入的难民适用临时保护的同时，往往也会对避难者予以一定程度的限制，防止其在本国境内流窜。而临时限制亦不等同于可推回，因此所在国在对该避难者予以限制的同时也须对其予以人道主义对待。在符合《难民公约》第 9 条规定的情况下，所在国可以对处于临时保护的避难者采取必要限制措施。狭义临时措施对于避难者权利之限制在严厉程度上必然大于避难者在临时保护中所受到的限制，后者往往仅限于对避难者行动自由、行动区域之限制，前者则主要表现为对避难者采取关押、拘留等措施。

（一）临时措施：对于权利暂时且合理的限制

《难民公约》第9条中临时措施的适用需满足三项条件：避难者尚未获得所在国对其难民地位的认可；所在国正处于战时或其他严重和特殊情况下；该措施是保护国家安全迫切需要的。而《难民公约》第31条第2款允许所在国对难民采取的措施亦须以必要为限，且只能存在于"难民在该国的地位正常化或难民获得另一国入境准许以前"。其中，后一项时间限制意味着缔约国所采之措施也只存在于避难者取得该国难民地位之前，因此该条款下所在国得采取的措施也是暂时性的。

而《难民公约》第9条与第31条所规定的所在国得采取的措施之不同在于前提，第9条要求紧急状态之存在且国家安全利益需要该措施存在，第31条则规定避难者之入境、逗留未经许可。从形式上，第9条措施的适用前提是国家安全的利益，而第31条第2款措施适用之前提则为前款行为之非法性。从逻辑上看，这两项前提是存在内在关联的，本国国家安全问题是各国入境审查主要关注的内容之一，未经许可的入境会为所在国之国家安全、公共秩序等国家重大利益带来一定的风险，故不必紧急状态存在，所在国便可对非法入境避难者予以限制。《难民公约》第9条未对难民为合法入境还是非法入境作出限定，结合《难民公约》第31条之规定，不难看出对于合法入境的避难者所在国对其权利进行限制的理由仅限于紧急状态下为保障国家安全重大利益。紧急状态与国家安全的迫切需要属对于缔约国适用临时措施的双重要求，二者缺一不可。仅以"国家安全的利益"为要求，那么缔约国在适用临时措施时就有了更多的解释空间，且这个概念本就具有一定的模糊性与概括性，对紧急状态的要求确保了所涉国家安全利益的迫切性、重大性。迫切需要这一条件也进一步限缩了限制措施的适用空间，倘若是否对避难者采取限制措施并不影响紧急状态下的国家安全，则缔约国不得对避难者适用临时措施。此外，ICCPR第4条第1款规定国家克减权行使须以当局对紧急状态的正式宣布为前提，《难民公约》第9条虽未对此进行规定，但我们认为"在战时或其他严重和特殊情况下"也应是显而易见且缔约国当局已正式确认该情况之发生的。所以，对于紧急状态与国际安全的迫切需要的双重要求确保了缔约国对避难者采取的紧急措施确实是该国保障国家安全所必要的，这种必要性之存在使临时措施的适用具备了合理性。

（二）临时保护下的避难者权利

根据《领域庇护宣言》第3条之规定，对于享有《世界人权宣言》第14条规定之受庇护权者，所在国应考虑是否给予暂行庇护或其他给予关系人前往另一国机会的方法。"予关系人以前往另一国之机会"与《难民公约》第31条第2款"一个合理的期间以及一切必要的便利，以便获得另一国入境的许可"相同，均要求缔约国对享有庇护权者予以暂时性容忍。虽然，《难民公约》第31条允许所在国在这个容忍期内对避难者采取必要限制，但是在此期间内避难者不被驱逐、送回的权利却未遭到限制，避难者依然处于所在国的庇护之下。实践中，面对大规模涌入的难民，部分国家或采取前文中所述集体甄别或初步甄别方式，先允许避难者停留在本国，之后再通过个案审查给予其庇护许可。在等待甄别结论的过程中，被申请国往往会给予避难者暂时性庇护，但是这种暂时性庇护所保护的避难者权利是不同于法定难民权利的——受临时庇护者的法律地位有别于国际法上的难民地位。《难民公约》虽未对临时保护予以规定，但是公约通过"在其领土内的难民""合法居留在其领土内"与"合法在其领土内"等不同的措辞分别对处于不同阶段的避难者权利作出了划分，受临时保护者应属第3种"合法在其领土内"的避难者。所在国给予临时保护意味着允许该避难者留在本国领土内，因此其停留具有合法性。对应《难民公约》中使用这一措辞的条款为第18条自营职业、第26条行动自由、第32条禁止驱逐出境。《难民公约》第一章中曾对"合法在其领土内"所代表的难民范围进行讨论——获得停留许可与获得庇护许可的难民均在此列，所以受临时保护的避难者与已取得难民地位的避难者均可享受这几项权利。

2001年7月20日，欧盟第2001/55/EC号指令颁行《关于在流离失所者大量涌入的情况下提供临时保护的最低标准以及促进成员国之间在接收此类人员和承担后果方面的努力之平衡的措施》（以下简称《临时保护指令》）[1]，该指令第 3 条第 2 款规定："成员国应在适当尊重人权和基本自由及其不推回义务的情况下实施临时保护。"获此种临时性保护者为《临时保护指令》第 2 条所定义的来自欧盟成员国以外第三国或无国籍的流离失所者，通常情况下临时保护的期限为 1 年，且可自动延续 6 个月至多延续 1 年。所以，受临时庇护者至多可以获得 2 年的临时性保护，但如果临时保护之终止是由于第 6 条第 1 款 b 项所规定的理事会决定引起的，则不得延续。2003 年，UNHCR 在对欧盟《临时保护指令》的注释评论中表示赞同该指令第 3 条之规定，并强调临时保护程序之适用具有特殊性，该程序不得削弱缔约国在《难民公约》《难民议定书》下所负的难民权利保护义务。[2]《临时保护指令》所规定的触发临时保护程序的条件为大规模流离失所者涌入（a mass influx of displaced persons），同时指令要求这一情形是否存在须经由欧盟理事会的决定确定[3]，这意味着成员国不得自行决定是否开启临时保护程序。若欧盟理事会认定存在大规模流离失所者涌入，则成员国需启动临时保护程序保护理事会之认定涉及的避难者，对于这种大规模涌入已不存在之认定也需由理事会决定。可见，临时保护程序在特定情形下启动，成员国无权自行否定大规模流离失所者涌入且拒不提供临时保护。《临时保护指令》规定的成员国义务包括：提供居留许可；允许受临时保护者不超过临时保护的期限内被雇佣或自营职业，并为其提供适用于薪酬、雇佣、自营职业的社会保障；确保其获得住所、社会福利、生活资料、医疗等方面的必要援助；给予受临时保护者中 18 岁以下的未成年人与东道国国民在相同条件下进入教育系统的权利；使其与指令所规定

---

〔1〕　European Union: Council of the European Union, Council Directive 2001/55/EC of 20 July 2001 on minimum standards for giving temporary protection in the event of a mass influx of displaced persons and on measures promoting a balance of efforts between Member States in receiving such persons and bearing the consequences thereof, OJ L. 212/12–212/23; 7. 8. 2001, 2001/55/EC, 7 August 2001.

〔2〕　See UN High Commissioner for Refugees (UNHCR), UNHCR Annotated Comments on Council Directive 2001/55/EC of 20 July 2001 on minimum standards for giving temporary protection in the event of a mass influx of displaced persons and on measures promoting a balance of efforts between Member States in receiving such persons and bearing the consequences thereof, 19 May 2003, p. 6.

〔3〕　《临时保护指令》第 5 条第 1 款规定：流离失所者大量涌入之存在应由理事会根据委员会的提案以特定多数通过的决定确定，理事会还应审查成员国向委员会提交的所有请求。

的家庭成员团聚；为临时庇护者中的未成年人确认代表，并予以妥善安置。[1]此外，根据《庇护程序指令》第 9 条的规定，成员国还需向难民提供一份以其能够理解的语言对临时庇护之规定进行明确说明的文件。可见，《难民公约》下受临时庇护者可享有的权利均为欧盟《临时保护指令》所接纳。不过，在临时保护程序期间欧盟事实上是允许成员国暂缓对受临时保护者的难民地位甄别的，《临时保护指令》第 17 条第 2 款规定："对在临时保护期结束前未处理的庇护申请的审查应在该期结束后完成。"由此，保障临时保护程序不致阻碍避难者取得难民地位及难民权利。

　　不止欧盟对临时保护予以了专门规定，在日本、美国等国的国内立法中均包含了对于避难者的临时保护。日本《出入国管理及难民认定法》第 18 条第 2 款对"临时保护登陆许可"予以规定[2]；美国则在其《移民与国籍法》中规定了"临时性受保护地位"（temporary protected status），根据该法第 1254a 条 b 款的规定，可获得这种临时保护资格者包括：其国内存在持续武装冲突、返回将对其人身安全构成严重威胁的外国人；国内发生环境灾害导致其生活条件出现重大但暂时影响的外国人；经认定其国内存在特殊且临时的状况阻止该外国人安全返回。虽然，各国、各区域立法中临时保护的适用对象范围、权利范围等均存在差异。但是均包括了符合《难民公约》第 1 条第 1 款乙项所列情形的避难者，而其所规定的受临时保护者享有的权利体系均仅限于一些基础性权利如允许入境、行动自由等。并且，这些有关临时保护的立法中或多或少对提供保护国得对受临时保护者施以限制的情形进行规定。例如，日本《出入国管理及难民认定法》第 18 条第 2 款第 2 项便对允许出入境审查官对登陆时间、居住和行动范围以及其他认为必要的条件进行限制。由此可见，临时保护下避难者可享有的权利是十分有限的，即使欧盟或各国给予其长期性的临时保护，可这种保护下避难者为《世界人权宣言》所确认的权利是无法得到充分实现的，亦无法正常融入所在国社会。国际法上所在

〔1〕　分别参见欧盟《临时保护指令》第 8 条、第 12 条、第 13 条、第 14 条、第 15 条、第 16 条之规定。
〔2〕　根据日本《出入国管理及难民认定法》第 18 条第 2 款中规定，移民审查官准许登陆并给予临时庇护的包括因《难民公约》第 1 条第 1 款乙项规定的原因或其他相似原因，从可能危害其生命、身体或人身自由的地区逃离并进入日本的人。

国对避难者实施的临时保护确认了一种暂时性的法律地位，然而，该地位下符合难民身份之构成要件的避难者无法正常主张法定难民权利。从欧盟《临时保护指令》来看，这种保护仅限于欧盟理事会认定发生大规模流离失所者涌入时。从表面上这种保护属于对避难者的兜底性保护，但在欧盟或各国立法中临时保护给予了难民所在国暂缓履行对难民权利的保护。不仅如此，尽管欧盟临时保护程序的启动标准较为模糊，可至少能够给予避难者短暂的"喘息之机"。然而，无论欧洲议会与联合国难民署如何呼吁，该程序迟迟未能启动。[1] 与《领域庇护宣言》《难民公约》所期望给予尚未获得庇护许可的避难者预先保护之目的不同，临时保护在实践中已发展为缔约国所负难民权利之保护义务的暂缓执行。这种暂缓在事实上属于对尚未取得难民地位的避难者权利的限制，而这类避难者中绝大多数确为法定难民。

三、特殊措施的免除

《难民公约》第8条禁止缔约国仅因国籍而对来自某国的难民之人身、财产、利益采取限制措施，并规定即使这与缔约国国内法之规定无法相协调，缔约国有义务免除对此类难民适用此类措施。第8条在阐述得免除特殊措施之难民时，使用了"形式上为该外国国民的难民"这一措辞。1949年《日内瓦第四公约》第44条规定缔约国不得依法律上的国籍将事实上不受任何政府保护之难民以敌侨待之，此处的"事实上不受任何政府保护"与《难民公约》第8条中的"形式上为该外国国民的难民"具有相同的内涵。

（一）国籍不得单独构成限制依据

国际法上国籍确有个人权利保护义务的指向功能，可国籍仅属于确认义务承担者及其顺序的联结因素，个人权利法律上的义务承担者与事实上的义务承担者或不一致。国籍并不能真实反映出个人权利保护之状态，且一个人同一时间内只能获得一国之保护。即便是多重国籍者，实际上同一时间内也只能接受其某一国籍国的保护，而无法同时享有所有国籍国对其权利的保护。

---

　　〔1〕　See Elspeth Guild, Cathryn Costello etc., Enhancing the Common European Asylum System and Alternative to Dublin, European Union, Brussels, 2015, available at http://www.europarl.europa.eu/supporting-analysis.

无论是《难民公约》还是《日内瓦第四公约》，均表明一旦国籍国拒绝或无法为公民提供保护，那么该公民与该国之间的权利义务关联就仅存在于法律上。实践中，一国对另一国公民采取某些限制措施，往往是希望借此对该公民的国籍国施加某种压力。但是，对于《难民公约》所界定的难民而言，其原在国已不顾及或无暇顾及其权利保护，此时单凭国籍便决定对避难者施以限制是毫无意义的。

《难民公约》第 8 条规定的缔约国特殊措施免除之义务并非任何情况下均存在的，公约只排除了"仅仅因其所属国籍"这一种情形下的特殊措施免除。当缔约国以难民之经济、社会活动为由对其人身、财产或利益施以限制时，并未违反其于公约下的义务。若缔约国以事实上不存在的关联作为对难民采取限制措施的理由，那么难民于公约下所享有的权利便很难实现了。在联合国难民和无国籍人地位的全权代表会议第 34 次会议（以下简称"第 34 次会议"）上，加拿大代表认为倘若将是否免除某一国的避难者之特殊措施的决定权交由缔约国，无异于将"用一只手拿走另一只手给予的东西"[1]——缔约国将其基于《难民公约》给予难民的权利又收回。但是，不可否认的是，国籍是缔约国判断是否对难民适用特殊措施的依据，尽管这一依据须与其他合理依据同时存在才能构成实施措施的正当理由。

此外，国籍不得单独构成缔约国采取特殊措施之依据，也是不歧视原则的必然要求。《难民公约》第 3 条规定："缔约各国应对难民不分种族、宗教或国籍，适用本公约的规定。"可见，公约下种族、宗教、国籍均不得作为缔约国免除庇护义务之理由，缔约国也不得对不同种族、宗教或国籍的难民予以区别对待。当来自某国的难民不构成对于所在国国家利益之威胁时，在同等条件下仅对其采取限制措施，这将造成该难民与来自其他国家的难民处于不平等的地位。

（二）缔约国的国内法之衔接

《难民公约》第 8 条中阐述了这样一种情形——缔约国国内法与该条之原

---

〔1〕 UN General Assembly, Conference of Plenipotentiaries on the Status of Refugees and Stateless Persons: Summary Record of the Thirty-fourth Meeting, A/CONF. 2/SR. 34, UN Conference of Plenipotentiaries on the Status of Refugees and Stateless Persons, 30 November 1951.

则无法协调，此时缔约国的国内法义务与国际法义务是相冲突的。对于那些需要将本国缔结或参与的条约之义务转化为国内法中规定的国家，由此才可以使条约规定在本国内具有法律上的约束力。当条约与国内法存在冲突时，缔约国可修改本国国内法、亦可对存在冲突的条约条款予以保留。但是，两者的结果并不一致。对于使缔约国承担何种程度的特殊措施免除之义务，各国存在较大分歧。在第 34 次会议上，各国代表在特殊措施免除条款上另一个争议的焦点便在于当缔约国国内法不能适用该条款所述之一般原则时应如何处理。从最终的《难民公约》第 8 条第 1 句之内容看，对于符合公约定义之难民，缔约国是完全不能对其适用特殊措施的。但是，《难民公约》第 8 条第 2 句中的"在适当情况下"（in appropriate cases）确实可以另作解释，即如果缔约国认为某一情形不具有"适当性"依然可以仅仅依据国籍而对难民采取限制措施。而至于何为适当性，《难民公约》及其议定书中并未进行定义，这就给予了国内法无法满足第 8 条所述一般原则的缔约国以解释和自主决定的空间。由此，不仅是对《难民公约》第 8 条进行保留的缔约国得对来自特定国家的难民权利、利益进行限制，其国内法无法适用该条之原则时缔约国亦可以情况不适当为由对难民采取相关措施。

第二节　难民庇护请求之不可受理性

尽管，如前述《难民公约》明确了在取得被申请国庇护许可之前避难者亦享有不被推回的权利，并严格禁止缔约国对第 33 条提出保留或在公约规定以外的情形中将之推回。但当发生大规模避难者涌入时，部分国家承担了过重的甄别与安置压力。这也导致了寻求庇护者不能如期获得国际法上的难民地位及对应的权利保护，而难民潮不仅对主要被申请国之国家安全、社会秩序存在影响，也会影响该国所在区域之秩序与安宁。然而，在实践中，不少国家或地区以申请不具有可受理性或本国无管辖权为由，在甄别之前便将寻求庇护者转移。由此造成了避难者长期处于流离失所状态，无法及时取得《难民公约》所规定的权利保护。这些国家或区域通过立法回避了其承诺负担的公约义务，欧盟都柏林体系下的避难者移送便是最为典型的例证。

欧盟《庇护程序指令》第 33 条第 2 款规定了 5 种庇护申请不可受理的情形：另一成员国已给予国际保护；以成员国之外的国家为第一庇护国；非成员国的国家被视为申请人的安全第三国；该申请为后续申请，没有出现《庇护资格指令》规定的或申请人提出的是否有资格被甄别为国际保护受益者的新要素或新发现；申请者的受抚养人在同意申请者将其案件作为申请的一部分提交后又提交申请，没有相关事实证明受抚养者的独立申请是合理的。其中，前两种情形与《难民公约》第 1 条第 4 款之目的具有相似性，即难民已受到国际保护时不得再向他国主张受庇护权，除非前一保护已停止。《庇护程序指令》第 33 条第 2 款 d、e 两项针对的主要是后续再提交的申请，d 项下在无新证据的情况下缔约国不必对已认定的申请再行审理，e 项则以避免对同一避难者进行重复审查为目的。d、e 项下避难者申请的不可受理性并非由于其已受到庇护，而是没有再行审查之必要，故这两项条件下避难者是否享有难民地位仍旧存疑，更何谈对难民权利的限制。而 a、b、c 项下避难者已在其他国家获得充分保护，认定其申请具有不可受理性，寻求庇护者后续的权利均无法得到充分保护与实现。无独有偶，除不具受理性外，《庇护程序指令》第三章对一审程序的规定中允许成员国对申请者是否来自安全来源国进行认定，该原则下被申请的成员国亦可拒绝避难者的庇护请求。此外，欧盟都柏林体系还设立了第一入境国原则以确认成员国之间的避难者管辖权归属。因为欧盟申根体系的存在，难民一旦进入其中一成员国便可在欧盟内部自由迁徙，为使各成员国审慎处理避难者申请，欧盟都柏林体系下的第一入境国原则应运而生。

一、第一入境国原则

1985 年，德国、法国、荷兰、比利时和卢森堡在卢森堡边境小镇申根签订了五国政府《关于逐步取消共同边界检查》（以下简称《申根协定》）。1990 年，《关于申根协定的执行公约》（以下简称《申根公约》）颁行，弥补了此前《申根协定》对于难民与庇护问题的遗漏，该公约第二部分第七章对处理庇护申请的责任进行了详细规定。[1]《申根协定》和《申根公约》共同构成了欧洲申根体系的核心，逐渐为更多的国家加入。由于申根体系下各缔约方取消了在共同边界对成员国国民的审查，难民在进入其中一缔约国后得在所有申根国家自由迁徙。因此，《申根公约》第 30 条第 1 款 d、e、f 项规定，应由避难者从其外部边界进入其他缔约国境内的缔约国对该避难者负责，避难者提出多个申请的情况下由第一个处理其申请的缔约方负责。三项规定中虽未提及第一入境国这一措辞，但却确认了第一个接受入境或处理其申请的申根国家应对避难者承担责任。2003 年，《都柏林第二条例》第 10 条第 1 款规定当寻求庇护者从（欧盟成员国以外的）第三国越境进入成员国境内，则庇护申请的审查责任由该成员国承担。"从第三国越境"这一要求表明承担甄别责任的成员国为避难者到达的第一个欧盟成员国，即"第一入境国"，2013 年《都柏林第三条例》第 13 条第 1 款在确认成员国的审查义务时延续了该原则。此外，《都柏林第二条例》第 10 条与《都柏林第三条例》第 13 条在确认成员国的甄别责任时，还确定了"经常居住国"原则。因为，大批避难者通过非法方式入境，不定期进入欧盟成员国或频繁迁徙于各成员国。所以，实践中往往很难确认避难者的第一入境国，此时以其连续居住至少 5 个月的国家负责对此类避难者的庇护请求审查。

"第一入境国"是欧盟内部确认管辖权的基本原则，在大规模避难者涌入时，这两项原则有利于帮助分摊寻求庇护者甄别责任。值得注意的是，无论是《都柏林第二条例》还是《都柏林第三条例》所规定的"第一入境国"均不局限于欧盟外部边界的国家，因为根据规定从第三国越境的方式可以为海路、陆路或航空。当然，由于此类避难者以非正常方式入境，通常不会选择航空，主要还是通过陆路与海路进入欧盟，所以第一入境国大多为欧盟边境特别是地中海沿岸国家。遗憾的是，欧洲难民危机中第一入境国原则为部分国家利用，成为其在甄别阶段将避难者转移至他国的工具。而一些边境国家因承担较大的难民安置压力，且知道避难者理想的目的国是社会福利与经济状况等状况优于本国的那些国家，故索性放避难者入境。申根体系下，大批

---

〔1〕　参见黄云松：《国际难民法之殇：欧洲共同庇护制度中的"都柏林主义"》，载《四川大学学报（哲学社会科学版）》2014 年第 6 期，第 132 页。

寻求庇护者在欧盟内部自由流动。无奈之下，一些欧盟国家宣布重启边界审查，这不但对于欧洲政治经济一体化进程是极为不利的，同时也造成了越来越多的避难者以非法方式越境，对欧盟社会治安造成了相当恶劣的影响。

二、第一庇护国原则

与第一入境国不同，第一庇护国为除欧盟成员国以外的国家。根据《庇护程序指令》第35条之规定，第一庇护国的认定需满足两项条件：申请者在该国已经被认定为难民或申请者在该国已获得包括不推回原则之福利在内的充分保护；申请者能够重新为该国所接纳。前一项条件要求避难者在第一庇护国在法律上或在事实上可获得充分的保护，后一项条件则是为了防止避难者最终无法获得应有的保护。第一庇护国原则下，欧盟成员国得对符合《难民公约》定义的避难者免除庇护义务。该原则能够有效预防难民在获得庇护后向经济发展良好、社会保障体系完善的国家流动，确保国际保护之兜底性、后备性。

《庇护程序指令》第35条确实给缔约国留下了许多解释的空间，避难者的难民地位已得到一国认可与该避难者能够实际获得充分保护之间不应当是选择关系。可是，指令起草者用"或者"（or）作为第35条a项与b项的连接词，这意味着二者满足其一即可。第35条中a项与b项之区分，分别对应了国内法中明确规定的难民地位的国家与国内立法中并不存在难民这一法律地位的国家。不容忽视的是，避难者为法律上的难民并不代表其于《难民公约》下所享有的权利已得到充分的保护。因此，以a项独立作为确认国际保护存在之依据并不妥当，已获得庇护的难民确实可能因另一国能够为其提供更好的待遇转而向该国提出庇护请求。但被申请国应当予以考虑的是，当难民之权利得到充分保护时，避难者是否还愿意再次陷入颠沛流离的境遇。对此，第35条允许申请者针对其所处的特定情形对第一庇护国的概念予以质疑，这就使避难者能够举证证明自己未获得充分的难民权利保护。第一入境国原则与第一庇护国原则的另一项不同之处在于，前者旨在确认由哪一成员国承担庇护请求的审查责任，而第一庇护国原则下欧盟成员国不必审查避难者的请求。二者的相同之处在于，非第一入境国、第一庇护国的缔约国可在其于《难民公约》《难民议定书》下之义务被触发前，将申请者转移至其他国家。

三、安全第三国原则

安全第三国原则是欧盟对难民所在第三国是否符合安全标准的认定，根据欧盟《庇护程序指令》第33条第2款c项的规定，当非欧盟国家成员国的国家被视为申请者的安全第三国时，被申请的成员国可不受理该庇护请求。指令第38条、第39条对安全第三国与欧洲安全第三国之概念作出了进一步规定，前者为所有欧盟成员国以外的国家，后者指的是欧盟成员国以外的欧洲国家。《庇护程序指令》第39条第2款a项要求"欧洲安全第三国"须已批准并遵守《难民公约》的规定，并且不受任何地域上的限制。然而，第38条第1款则仅规定"安全第三国"须尊重《难民公约》下的不推回原则，如存在申请难民地位的可能性被认定为难民后可依据《难民公约》获得保护。可见，欧盟在安全第三国与欧洲安全第三国上不仅存在地域上的区分，同时二者的安全标准是存在差异的。前者以难民能够依据《难民公约》获得保护为认定标准，并不要求该国批准并遵守《难民公约》，后者则特别强调以此为条件。如此，前者较之后者对于安全的认定要更为复杂。

安全第三国原则与第一庇护国原则虽然均关注于该国是否对申请者提供充分保护的问题，但是欧盟对于二者的审查重点不同。《庇护程序指令》并未明确指出安全第三国与申请者之间为庇护国与难民的关系，而仅要求一种可以使避难者前往该国的关联[1]，成员国对于安全第三国的认定重点在于该国是否符合"安全"标准。相较于第一庇护国原则要求难民能够在法律上或事实上在原庇护国得享有充分的权利保护，安全第三国要求的这种关联由于并未明确规定对应的法律地位类型，故更具模糊性与不确定性。不可忽视的是，实践中可能出现这样一种情况，即《庇护程序指令》第35条所规定第一庇护国与第38、39条规定的安全第三国为同一国，这时都柏林移送的依据便更为充分。

---

〔1〕 参见欧盟《庇护程序指令》第38条第2款a项：规则要求申请人与有关第三国之间存在联系，据此该人前往该国是合理的。

与此同时，《庇护程序指令》对于欧洲安全第三国之认定设置了相当详细的条件。首先，该国不仅应已批准并遵守《难民公约》之规定，还不得对公约适用作出地域上的限制。这一规定既保障了避难者可在该国享有公约规定的权利，亦确认了依据安全第三国进行移送后避难者在该国任何地区均不会遭遇推回。其次，该国需存在法律规定的庇护程序。这一条件下该国须已将给予难民之权利与保护的内容明确在其国内立法中。与第一庇护国不同，申请者与安全第三国之间并不具有国际法上难民与庇护国之间的权利义务关系。所以，唯有以其国内法中的规定为依据才能确认该国可为申请者提供怎样的保护。最后，该欧洲国家应已批准并遵守 ECHR 之规定。欧盟在《庇护程序指令》第 39 条第 2 款 b 项与 c 项之间采用了"和"（and）作为连接词，表明二者为并列关系。事实上，从 b 项与 c 项之内容不难看出，欧盟要认定欧盟成员国以外的国家为安全第三国不仅需该国国内法中已明确规定了难民在该国所享有的庇护之内容，同时还要求该国的人权保护状况与基本遵循与欧盟各国相似。在该条款中，c 项确认的是该欧洲国家为难民提供的待遇符合欧盟的标准。《庇护程序指令》第 39 条第 2 款规定的三项要件确认的是第三国可为难民提供保护的不同侧面，a、b 项关注于保护之存在与内容，c 项侧重于保护的程度与充分性。只有该第三国同时满足这三项条件，才能确认该国之安全性。

与之相比，《庇护程序指令》第 38 条对于安全第三国标准之要求，在于确认避难者在该国不会因《难民公约》第 1 条第 1 款乙项而受到迫害，也不存在《庇护资格指令》所述之严重伤害，申请者在该国得主张不被推回的权利，其人格尊严、基本权利与自由在该国不会受到侵犯，且申请者有在该国取得难民地位并基于其地位享有《难民公约》规定之权利的可能。《庇护程序指令》第 38 条第 1 款的规定在事实上无异于第 39 条第 2 款 a 项之要求，因为这 5 项条件均属于《难民公约》下缔约国之义务，且不被推回的权利是公约禁止缔约国予以保留的。《庇护程序指令》第 38 条第 1 款设置的条件除 b 项与 d 项外基本为所有批准并履行《难民公约》之规定的国家所满足。不具备 d 项条件的国家不仅无法符合安全之标准也有违各国于国际法下的人权保护义务，b 项中提到的《庇护资格指令》"严重伤害"（serious harm）是指该指令

第 15 条规定的死刑或处决、酷刑或其他不人道、有辱人格尊严的对待，或由武装冲突等情况造成的对平民生命或人身的严重威胁。《庇护资格指令》第 15 条 b 项与《庇护程序指令》第 38 条 d 项之要求基本相同，是为现行国际人权法特别是《禁止酷刑公约》严格禁止的。武装冲突等情况是较为明显的，且为国际社会所广泛接受的判断一国安全与否的条件，而对于死刑和处决的规定则属于欧盟对于安全第三国之"安全"的认定标准。据此，可以看出欧盟对于欧洲安全第三国的认定是严格于欧洲以外的安全第三国的。

部分欧盟成员国亦在其国内立法中对安全第三国进行了规定，例如德国。《德意志联邦共和国基本法》第 16a 条第 2 款规定："从欧盟成员国或从另一个适用《难民公约》的第三国进入联邦领土的人不得援引本条第 1 款。"该条第 1 款明确了因政治原因受迫害者之庇护权，可见德国将欧盟成员国与适用《难民公约》的国家均视为安全第三国。值得注意的是，适用《难民公约》的国家并不仅限于《难民公约》缔约国，前者的范围要大于后者。根据该条第 2 款之规定，如若申请者被认定来自安全第三国，则德国当局有权采取措施终止其逗留——不必对其履行不推回义务。乍看之下，欧盟对"安全第三国"之"安全"的认定设置了较为严格的标准，似乎为申请者之难民地位的取得与难民权利的实现予以了充分考虑。然而，实践中该原则并未取得良好的效果。第一庇护国、安全第三国等原则下欧盟成员国转移寻求庇护者的行动虽被称为都柏林移送，可是实践中各国当局常使用"驱逐"（deportation）这一措辞。2014 年 1 月，UNHCR 发出呼吁，因为保加利亚已无力为寻求庇护者提供基本服务，敦促各欧盟成员国暂停都柏林体系下将寻求庇护者移送至保加利亚。[1] 不仅是保加利亚，被移送的申请者无法获得妥善庇护，以德国为代表的部分欧盟国家不得不紧急叫停都柏林移送。例如，2017 年，德国联邦宪法法院认为此前德国行政法院驳回叙利亚难民请求时没有充分考虑希腊

---

〔1〕 "UNHCR Calls for Temporary Halt to Dublin Transfers of Asylum-Seekers Back to Bulgaria", UN-HCR, available at https://www.unhcr.org/news/briefing/2014/1/52c691d59/unhcr-calls-temporary-halt-dublin-transfers-asylum-seekers-bulgaria.html.

是否满足《庇护资格指令》第 34 条对难民拥有进入融合场所权限的要求[1]，
暂停将国际保护者的受益者驱逐至希腊。[2]

综上所述，虽然第一入境国、第一庇护国、安全第三国等原则能够帮助
欧盟成员国确认申请者的管辖权、减轻本国所承担的甄别压力。但是，对避
难者而言，这些原则使他们反复辗转于各国之间。以保加利亚与希腊为例，
即便符合欧盟所认定的安全标准，可面对难民潮这些国家自身的财政状况与
安置能力已使他们无力为避难者提供充分的保护。虽然欧盟制定了看似以难
民权利保护为出发点的认定标准，但是实践证实由于现实状况的复杂性与部
分成员国对原则下权力的滥用，许多寻求庇护者未能受到预期的权利保护。
都柏林体系下的这三项原则使得欧盟成员国在甄别之前便将寻求庇护者进行
转移，即使这些申请者最终在他国获得庇护，但是权利未能得到及时保护本
身亦属对权利之侵犯。

四、安全来源国原则

有别于前述三原则，都柏林体系下安全来源国原则允许成员国在对申请
进行独立审查后，对申请者之国籍国或经常居住国是否符合安全标准进行判
断。欧盟《庇护程序指令》第 36 条允许成员国制定适用安全来源国的进一步
的规定与模式，同时指令第 37 条确认成员国有权根据附件一之规定指定安全
来源国，但是应对指定的安全来源国状况进行定期审查，并且要求成员国
"在评估时参考一系列信息来源，包括来自其他成员国、欧洲避难援助办公室
（European Asylum Support Office，EASO）、UNHCR、欧洲委员会和其他相关的
国际组织"。指定欧盟成员国以外的第三国为安全来源国在政治上、法律上都

---

[1] 欧盟《庇护资格指令》第 34 条规定：为了促进国际保护的受益人融入社会，成员国应确保
获得他们认为合适的融合方项目，以便考虑到难民地位或附属保护地位的受益人的具体需要，或者创
造先决条件，保证其有权限进入这些项目。

[2] "Germany: Federal Constitutional Court halts deportation of a beneficiary of international protection
to Greece", EDAL（European Database of Asylum Law），available at https://www. asylumlawdatabase. eu/
en/content/germany-federal-constitutional-court-halts-deportation-beneficiary-international-protection.

是存在重大影响的。欧盟 2005 年《庇护程序指令》[1] 第 29 条曾试图制定"被视为安全来源国的第三国最低共同清单"（Minimum common list of third countries regarded as safe countries of origin），但是这一规定在 2013 年重铸的《庇护程序指令》中并未出现。[2]

2015 年 9 月，欧盟委员会提交了一份安全来源国清单，这份清单最初由阿尔巴尼亚、波斯尼亚和黑塞哥维那（以下简称"波黑"）、北马其顿共和国（以下简称"马其顿"）、科索沃、黑山、塞尔维亚和土耳其等 7 个国家组成。[3] 安全来源国清单的制定提高了成员国审查庇护请求的效率，但该清单在欧盟内部似乎并未得到普遍、一致的承认。在包括西巴尔干国家、土耳其与部分欧盟成员国在内的 12 个国家制定的安全来源国清单中，波黑、黑山、马其顿和塞尔维亚的"上榜率"最高——被 8 个国家认定为安全来源国，其次则为阿尔巴尼亚。[4] 由此可见，各国对于这份安全来源国清单所列国家的承认程度并不相同，而各国制定的适用于本国的安全来源国清单的差异也会造成寻求庇护者在不同国家取得庇护许可的概率不同。毫无疑问，预先指定安全来源国能够使被申请国在进行难民地位的甄别时提高认定原在国保护是否存续的效率，从而提高该国难民甄别的总体效率。然而，实践中各国制定的安全来源国清单的差异反映出了不同国家对于安全的评估标准不同。在此情形下，寻求庇护者在一些国家被拒绝的概率将大大提高。不仅如此，安全来源国清单的存在，意味着被申请国在对庇护请求进行审查之前便能确认申请者是否来自清单上的国家。所以，虽然《庇护程序指令》第 36 条第 1 款规

---

〔1〕 Council Directive 2005/85/EC of 1 December 2005 on minimum standards on procedures in Member States for granting and withdrawing refugee status，本书中简称为"2005 年《庇护程序指令》"，在 2013 年《庇护程序指令》生效后 2005 年《庇护程序指令》已被废除。

〔2〕 See "'Safe Countries of Origin': A Safe Concept?", UNHCR Refworld, available at https：//www.refworld.org/docid/5608e3e94.html.

〔3〕 Safe Countries of Origin Proposed Common EU List, Briefing, EU Legislation in Progress, European Parliamen, 8 October 2015, p. 1, available at https：//www.europarl.europa.eu/EPRS/EPRS-Briefing-569008-Safe-countries-of-origin-FINAL.pdf.

〔4〕 Safe Countries of Origin Proposed Common EU List, Briefing, EU Legislation in Progress, European Parliamen, 8 October 2015, p. 5, available at https：//www.europarl.europa.eu/EPRS/EPRS-Briefing-569008-Safe-countries-of-origin-FINAL.pdf.

定在对申请进行独立审查之后（after an individual examination of the application），第三国可被指定为安全来源国。但是，清单的存在使对安全来源国的认定先于对避难者的甄别。所以，如若被申请国当局对安全来源国清单适用不慎，将造成审查时对来自清单国家的申请者的偏见，而无法对申请者个人的特殊情形予以充分考虑。安全来源国原则的本意在于使欧盟各成员国难民甄别之标准能够统一[1]，但2005年至今欧盟在指定统一安全来源国清单上的尝试效果均不尽如人意。该原则的不当使用造成了来自部分国家的避难者无法在被申请国甄别中获得公平对待，使国籍单独成为来自某些国家的寻求庇护者难民权利难以得到保护的原因，而这是有违《难民公约》第3条所规定的禁止歧视原则。更有甚者，实践中亦发生过被申请国在确认难民来自本国认定的安全第三国时便将之强制遣返，而不给予申请者不被推回的权利与证明自己处于特殊情况的机会。

综上所述，欧盟成员国设置安全来源国、安全第三国、第一庇护国、第一入境国等原则之目的在于分摊成员国的甄别与安置压力、加快避难者的安置效率。然而，由于各成员国滥用相关原则赋予其的权力，将之作为专以难民甄别、庇护责任的工具。我们必须承认，倘若希望建立一个区域内的科学的难民分摊机制，那么欧盟都柏林体系下的这些原则均有利于难民的一线庇护国与避难者的理想目的地国的安置压力。可是，不能遗忘的一点是，无论是分摊难民责任，抑或是加快难民甄别、安置效率，其最终的归宿都是使难民得到充分的保护。都柏林体系下的诸原则有其自身价值，欧盟政治经济一体化程度也决定了其有构建区域型难民团结机制之可能。然而，本节所述四原则在实践中的效果与欧盟难民共同庇护义务的愿景背道而驰，四原则的不当适用反倒成为避难者受庇护权实现的阻碍。现行国际难民法中不被推回的权利贯穿于避难者寻求庇护的始终，但是四原则通过转移管辖权或限制或回避了避难者的此项权利。

---

[1] 参见2013年《庇护程序指令》的"序言"部分（41）。

第三节　国际法上难民地位的终止

《难民公约》第 1 条第 3 款规定，当避难者符合该款 6 种情形中任何一项时，缔约国得停止对该条第 1 款所述之难民履行公约义务。[1] 细观该款所列诸情形，均为避难者原在国已能够为其提供保护、避难者愿意接受其原在国保护或无国籍人获得国籍因而拥有了国籍国保护。此时，避难者便不再具备《难民公约》第 1 条第 1 款乙项中规定的"不能或不愿"受原在国保护这一要件，其难民地位也随之终止。原在国保护存续与否是决定避难者难民地位存续与否的决定性条件，欧盟对安全来源国的认定便是希望借此判断申请者之原在国保护是否存续。以《难民公约》《难民议定书》为核心的国际难民法中仅将寻求庇护者不能或不愿获得原在国保护作为给予国际保护的必要条件，却未对原在国保护存续之时间与空间条件予以更为详细的规定。

在世界各地的管辖实践中，"原在国转移保护"（Internal Protection Alternative，以下简称"IPA"）规则出现，该规则亦被称"国内重新安置转移"（Internal Relocation Alternative）规则或"国内溃逃转移"（Internal Flight Alternative）规则，经常被用作被申请国拒绝为避难者提供庇护的理由。[2] 事实上，国内学者将 IPA 翻译为原在国转移保护并不恰当。因为原在国转移保护也可理解为原在国之间的转移保护，而不仅仅局限于原在国国内的转移保护，IPA 更确切的译法为"国内转移保护"。故，本书所称原在国转移保护并不仅指代 IPA，而是广义的原在国转移保护，包括两种情形：其一为单一国籍的避难者其国内仍有可为之提供保护的地方；其二为双重或多重国籍的避难者当

---

〔1〕 联合国官网中文版《难民公约》第 1 条第 3 款规定："如有下列各项情况，本公约应停止适宜于上述甲款所列的任何人"，而联合国官网英文版《难民公约》对应的 Article 1 Section C 中规定："This Convention shall cease to apply to any person falling under the terms of section A if"，由此可见中文版第 1 条第 3 款中"上述甲款"指的是第 1 条第 1 款，而非第 1 条第 1 款甲项或第 1 条第 2 款甲项。

〔2〕 See James C. Hathaway, Michelle Foster, "Internal Protection/Relocation/Flight Alternative as an Aspect of Refugee Status Determination", in Erika Feller, Volker Türk and Frances Nicholson eds. , *Refugee Protection in International Law: UNHCR's Global Consultations on International Protection*, Cambridge: Cambridge University Press, 2003, pp. 357-358.

某一国籍国未能为其提供保护时可以转而寻求其他国籍国的保护。对于原在国转移保护的认定可以作为评估避难者原在国保护的依据，由此可帮助被申请国确认申请者是否应为国际保护义务的受益人。

一、原在国保护对于难民地位的影响

原在国保护存在与否决定了寻求庇护者是否能够取得国际法上难民地位，原在国保护与国际保护是无法同时存在的，只有当前者不存在时后者才补位出现。当原在国能够提供保护时，即便申请者因《难民公约》第 1 条第 1 款乙项所述事由而权利遭遇侵犯，但应当对其权利进行救济与保护的是其国籍国或经常居住国。当避难者遭遇的迫害是来自其原在国，避难者因此转而寻求国际保护，便属公约所述之避难者不愿接受其原在国保护的情形。此时，原在国保护事实上也并不存在，避难者依旧具备国际难民法中要求的难民地位的构成要件。值得注意的是，原在国保护的认定需考虑时间要素与空间要素。

从时间要素上，原在国保护的缺位可能仅是一时的。《难民公约》第 1 条第 3 款所述 6 种情形无非是阐述了 3 种状况：原在国恢复保护能力；难民自愿重新接受原在国保护；难民取得新的国籍并受到新国籍国的保护。[1] 前两种情形下，原在国保护已不再缺位，避难者的难民地位也随之终止。后一种情形中，避难者与新的国家建立起了公民与国籍国的权利义务关联，此时新的国籍国为其提供的公民权利保护使避难者重新处于原在国保护之中。从空间要素上，原在国保护的失去有可能为避难者所处的原在国区域失去保护能力，如国内发生局部性冲突，但是该国其他区域仍有可能为其提供保护。或者避难者不止拥有一国的公民身份，在其不能或不愿接受某一国籍国保护时，还

---

〔1〕《难民公约》第 1 条第 3 款规定："如有下列各项情况，本公约应停止适宜于上述甲款所列的任何人：（甲）该人已自动接受其本国的保护；或者（乙）该人于丧失国籍后，又自动重新取得国籍；或者（丙）该人已取得新的国籍，并享受其新国籍国家的保护；或者（丁）该人已在过去由于畏受迫害而离去或躲开的国家内自动定居下来；或者（戊）该人由于被认为是难民所依据的情况不复存在而不能继续拒绝受其本国的保护；但本项不适用于本条 1 款甲项所列的难民，如果他可以援引由于过去曾受迫害的重大 理由以拒绝受其本国的保护；（己）该人本无国籍，由于被认为是难民所依据的情况不复存在而可以回到其以前经常居住的国家内；但本项不适用于本条 1 款甲项所列的难民，如果他可以援引由于过去曾受迫害的重大理由以拒绝受其以前经常居住国家的保护。"

可转而寻求其他国籍国的保护。只有在该避难者穷尽其国籍国保护时，才可寻求国际保护。

与此同时，根据《难民公约》第 1 条第 3 款的规定难民地位的终止可以通过两种形式反映，一种是缔约国认定避难者可以重新取得原在国保护，另一种避难者以行动表示重新接受原在国保护。前者表明庇护国享有对避难者难民地位的撤销权，对于庇护国撤销权的规定常见于国际社会针对难民权利保护的立法中。欧盟《庇护程序指令》第 44 条便允许成员国在新的因素或发现出现时重新考虑国际保护的有效性，审查认定是否撤销特定避难者的难民地位。但是，无论是《难民公约》还是欧盟《庇护程序指令》均明确规定难民可拒绝原在国保护的情形。所以，即便避难国已作出避难者的原在国已能够为其提供权利保护的认定后，难民有权寻求救济，并质疑避难国当局作出的决定。对于难民救济权的规定实际上属于对原在国保护的认定，需以原在国事实上能够为避难者提供保护为内涵，仅仅是原在国在法律上或客观上恢复了保护能力是不够，原在国保护要求的是避难者能够真正获得该国给予其的权利保护。原在国保护能力的恢复并不当然导致难民地位的终止，国际法上的难民地位自被申请国给予其庇护许可时开始，至难民重新获得国籍国或经常居住国保护时止。

二、难民地位的存续：一断即止

国际法上难民地位的不可中断性具有两层意涵：难民曾在被申请国取得过庇护许可，在难民地位消失后，再次向同一国提出庇护请求，其难民地位不会自动延续，避难者也并不当然免受甄别；一旦避难者明示或者默示放弃其在某国的难民地位，转而寻求他国庇护，后一被申请国并不因该避难者曾取得他国对其难民地位的认可而对其负有庇护义务。

难民地位不可中断性的第一层意涵是由国际保护的兜底性决定的。根据《难民公约》第 1 条第 3 款的规定，当难民重获原在国保护后，国际保护便无必要存在，难民地位也随之宣告终止。倘若，该避难者再次向曾为其提供庇护的国家提出庇护请求，被申请国依旧需要对本国在申请者保护义务承担国中的顺位进行审查。不仅如此，即使难民原在国保护并未恢复。但是，若难民选择离开前一庇护国自行前往另一国，即便返回原庇护国境内，但是否可继续享有难民地位还需以原庇护国决定为准。欧盟《庇护程序指令》第35条在定义第一庇护国时，特别规定成员国因第一庇护国存在而免责的前提是"他或她将重新为该国所接纳"。如若其第一庇护国不再接纳已经离开本国的难民返回，那么被申请的欧盟成员国便需许可该申请者进入本国的审查程序。可见，难民地位的一断即止性与难民权利庇护义务的兜底性亦是相互联结的。拥有多重国籍的公民可以向任一国籍国主张公民权利，而难民地位是唯一的，避难者不可同时取得多国的难民地位并向任一庇护国主张难民权利。国际保护的兜底性意味着，寻求庇护者的首要动机应当是"畏惧"，而不存在例如获得更大的经济优势或个人自由。[1] 难民仅在前一庇护国之保护、援助停止后才得向另一国提出庇护请求，否则不但很难确认难民庇护责任的承担国，也有违国际保护的兜底性。

难民地位不可中断性的第二层意涵是由于各国享有对其内部事务的主权。即便被申请国为《难民公约》《难民议定书》的缔约国，可是否接受非本国国民进入本国并为其提供权利保护依旧需要该国在对避难者进行甄别后再行决定。即使是在政治经济高度一体化的欧盟，也未能实现对于难民甄别结论的互认。而各成员国在安全来源国认定上的差异亦反映出，同一避难者在不同成员国提出的庇护请求之结果并不必然一致。从《难民公约》第32条第3款要求庇护国在因国家安全或公共秩序将合法在其领土内的难民驱逐出境时，给予该难民一个合理期间"以便取得合法进入另一国家的许可"。这一规定也表明现行国际难民法并不要求缔约方之间实行甄别结论互认，各缔约国不可能放弃本国甄别权、因他国的庇护许可而对难民承担庇护义务。

假如，避难者被认为是难民的依据依旧存在，其在庇护国的难民地位便不会终止。但若避难者自行离开庇护国回到其原在国定居或前往另一国居住、寻求庇护，便可视作避难者放弃其在该国的受庇护权，其在原庇护国的难民地位随之终止。因此，难民地位是一断即止的。国际法上的难民地位并非一个永久性的法律地位，与公民地位不同，国际法上的难民地位一旦中断便告

---

[1] See Matter of Acosta, A‑24159781, United States Board of Immigration Appeals, 1 March 1985, p.221.

中止，不会因新的情形或因素发生而自动恢复。国际法上的难民权利保护亦是一种暂时性的保护，或者说《难民公约》及其议定书的起草者们并不欲使难民地位成为与公民一样的永久性法律地位。虽然，难民之原在国虽有可能无法恢复为其提供保护的能力。可是，正如前文所述，现行国际难民法所构建的难民权利保护体系要求缔约国尽可能在难民与本国权利义务关联更加紧密时，为其提供更为优惠的待遇。国际法上难民问题之长久解决方案既包括为难民提供庇护直到其能够或愿意重新获得原在国保护，也包括给予难民本国的公民或居民地位，使其能够获得更为充分的权利保护。正义的第一原则是第二原则之归宿，难民与公民分别享有权利体系之差异，体现出二者法律地位之不同。倘若难民与公民始终依地位而受到区别对待，长久的相对平等亦属于不平等。故，现行国际难民法构建的难民权利体系允许难民在长期无法重新获得原在国保护的情况下可在庇护国获得更为优厚的对待，而享有权利与待遇的变化也意味着该难民在国际法上地位的转变。难民地位的暂时性决定了该地位存续期间不得中断，中断事由消失后也不得连续计算，而国际法上难民权利体系的延展性也决定了该地位并非一个永久性法律地位——当个人拥有的权利体系发生变化时，其法律地位也随之发生变化。

三、原在国转移保护之认定

"原在国转移保护"这一概念最早出现于 1979 年 UNHCR 发布的《手册》中，联合国难民署在该手册中指出，迫害可能仅发生在一国的某一地区，但并不能仅因避难者可以在该国的其他地区获得保护便将之排除在难民地位之外。[1] 显然，联合国难民署提到这一概念是希望阻止各国将原在国其他地区可以提供转移保护视为本国对避难者无庇护义务的依据。[2] 该手册之陈述表

---

〔1〕 See UNHCR, Handbook on Procedures and Criteria for Determining Refugee Status under the 1951 Convention and the 1967 Protocol relating to the Status of Refugees, HCR/IP/4/Eng/REV. 1, Reedited, Geneva, January 1992, UNHCR 1979, para. 91.

〔2〕 See James C. Hathaway, Michelle Foster, "Internal Protection/Relocation/Flight Alternative as an Aspect of Refugee Status Determination", in Erika Feller, Volker Türk and Frances Nicholson eds., *Refugee Protection in International Law: UNHCR's Global Consultations on International Protection*, Cambridge: Cambridge University Press, 2003, pp. 361-362.

明原在国转移保护不得作为难民地位甄别的唯一要素，亦可被解读为原在国转移保护的存在可以作为判断避难者是否可取得难民地位的参考因素。1989年，德国联邦宪法法院在土耳其国民诉联邦行政法院一案的判决中提出，如果其能够在土耳其的大型城市中获得足够的安全保障而免受政治迫害，那么还必须审查是否存在其他不利于其逃跑的因素。[1] 由此，原在国转移保护这一概念正式出现在难民保护的实践中。

（一）原在国转移保护的两种情形

如前述，广义的原在国转移保护包括两种情形：单一国籍者其原在国境内其他地区可为其提供转移保护；双重或多重国籍者国籍国之间可为其提供转移保护。前一情形并未明确出现在《难民公约》与《难民议定书》中，在《难民公约》起草时各国代表也并未就原在国转移保护之概念予以特别讨论。[2] 但是，《难民公约》第1条第1款乙项明确规定了对于不止一国国籍者的认定，并指出该项中"本国"一词指的是寻求庇护者的每一国籍国。"如果没有实在可以发生畏惧的正当理由而不受他国籍所属国家之一的保护时，不得认其缺乏本国的保护。"[3] 这一要求无疑要求申请者已经穷尽了其全部国籍国的保护，只有这样缔约国才对其承担庇护义务，这亦反映出国际保护之兜底性。1993年沃德（Ward）诉加拿大司法部长一案中，加拿大最高法院在判决中指出："第二国籍国无法提供保护的情况可以在申请者实际接触该国并被拒绝时得以确认。"如果申请者还未接触其另一国籍国，则应假定该国有能力保护其国民。[4]

在以《难民公约》《难民议定书》为核心的现行国际难民法中，并不存在对单一国籍的避难者在国内其他地区提供转移保护的明确规定。"原则上没

---

〔1〕 Bundesverfassungsgericht, Urteil vom 10. November 1989-2 BvR 403/84, 2 BvR 1501/84, 2 BvR 403/84, 2 BvR 1501/84, Germany：Bundesverfassungsgericht, 10 November 1989.

〔2〕 参见晁译：《难民的原在国转移保护问题》，载《中国政法大学学报》2017年第2期，第105页。转引自 Andreas Zimmermann ed., *The 1951 Convention Relating to the Status of Refugees and its 1967 Protocol: A Commentary*, Cambridge：Oxford University Press, p. 448.

〔3〕 参见《难民公约》第1条第1款乙项。

〔4〕 See Canada (Attorney General) *v.* Ward, [1993] 2 S.C.R. 689, Canada：Supreme Court, 30 June 1993.

有理由要求寻求庇护者对于迫害的畏惧是与其原在国之整体相关联的"[1]，但是寻求庇护者不仅需证明其对于迫害的正当畏惧并不限于原在国内特定的地方或居所，还需证明这种迫害的威胁来自其原在国全国。[2] 而这种将原在国国内转移保护纳入被申请国对原在国是否能够为避难者提供保护审查的做法不仅出现在判例中，还被一些国家纳入本国国内关于难民地位构成要件的立法中。例如，1958 年澳大利亚《移民法案》5J "有正当理由畏惧的迫害之定义"中要求"受迫害的真实可能性需与原在国全部地区（all areas of a receiving country）相关联"，并规定如若原在国已采取该法案 5LA 中所规定的"有效保护措施"（effective protection measures）则认定该申请者不具备"有正当理由的迫害"这一情形。泰托塔诉新西兰案，新西兰当局也以基里巴斯采取的应对气候变化的措施足以保护申请者一家于 ICCPR 下的生命权，拒绝了其庇护请求。[3] 可见，在各国审查避难申请的实践中，事实上会将原在国整体的庇护能力与是否存在可提供庇护的区域等纳入对于避难者所受之迫害威胁是否可通过原在国保护得到救济。参考《难民公约》第 1 条第 1 款乙项对难民的定义，显然即便原在国转移保护存在还需考虑避难者是否能够或愿意接受这种国内的转移保护。因此，无论是各国立法还是实践中均将原在国转移保护作为认定避难者是否有正当理由畏惧之迫害的存在。

笔者曾试图从《难民公约》第 1 条第 3 款入手对 IPA 是否与公约规定相协调进行探讨，该条第 3 款在形容公约停止适用的对象时使用的是"任何人"（any person）或者"该人"（he），而非难民。从此前我们对《难民公约》中的一些措辞的分析中可知，该公约通过不同措辞区分出各权利之主体。不难推断，此处并不仅限于已取得难民地位的难民，任何缔约国正在予以甄别的与已取得难民地位的避难者均在此列。且该款所处的位置属于《难民公约》第 1 条定义中，所以第 3 款不仅可作为缔约国终止对于避难者的庇护情形，

---

〔1〕 Guy Goodwin-Gill, Jane McAdam, *The Refugee in International Law*, third edition, New York：Oxford University Press, 2007, p. 123.

〔2〕 See Matter of Acosta, A-24159781, United States Board of Immigration Appeals, 1 March 1985, p. 235.

〔3〕 See Ioane Teitiota v. New Zealand, (advance unedited version), CCPR/C/127/D/2728/2016, UN Human Rights Committee (HRC), 7 January 2020, pp. 2-3.

亦可作为缔约国对申请者进行甄别时排除其难民地位的依据。而该款所述情形中,甲、丁两项并未要求"被认为是难民所依据的情况不复存在",故不必限定解释为原在国恢复保护能力或原在国中避难者所畏惧的迫害已不存在。否则,该款各项所述情形在内容上也会产生混杂。《难民公约》并未就原在国保护是否为原在国整体保护作出规定,避难者自动返回定居或自动接受保护便可作为其难民地位排除之条件,不必考虑原在国是否有能力保护这一问题。至于原在国为难民提供的转移保护是否构成原在国保护,则还须以避难者主观上是否愿意接受为考虑。甲、丁两项中使用的"自动"这一措辞也表明只要避难者之返回是完全出于其主观意愿的,那么缔约国可免除庇护义务。

综上,IPA 规则虽未为《难民公约》所规定,但亦未为该公约所禁止。《难民公约》下国际保护的兜底性意味着避难者需穷尽其国内保护,但是这种国内保护也需是避难者能够获得的。无论是从实践还是某些国家地区立法中,不难看出,对于原在国国内转移保护的认定最终还需回到《难民公约》所述难民地位的三重要件上来,原在国转移保护之存在并不意味着难民愿意或能够接受其原在国保护。不可否认,IPA 规则对于评估难民原在国保护是否存续确有帮助。遗憾的是,部分国家通过 IPA 对原在国保护缺位的认定提出了过于苛刻的要求。澳大利亚《移民法案》对于原在国全部地区的要求、新西兰当局因基里巴斯采取了应对措施认定侵犯不存在的做法,这些均反映出对 IPA 规则的滥用。原在国存在能够提供保护的地区或者采取了积极应对措施,都无法说明避难者合法拥有的权利体系没有遭遇侵犯。以地区、措施为标准衡量原在国保护是没有意义的,即使原在国有其地区、有措施保障公民、居民权利不致受到侵犯,也不代表该保护状态是特定的个人能够取得的。地区和措施反映的均是原在国给予保护的意愿与能力,如果这些地区和措施无法为特定避难者获取,那么依旧符合《难民公约》所要求的难民地位的第三重要件——不能或不愿接受原在国保护。是故,IPA 规则可以为各缔约国甄别避难者提供参考,但不必将之专门纳入《难民公约》之中。原在国内部的转移保护与国籍国之间的转移保护在国际社会的立法或实践中均对难民地位的认定产生影响,从澳大利亚、新西兰等国看,将之纳入《难民公约》是毫无意义的。相反,将使得对原在国保护的认定过窄。

（二）原在国转移保护之合理性的判断依据

原在国转移保护的认定不仅需要原在国能够提供转移保护，还需这种转移保护是具有合理性的。在雅努兹（Januzi）诉英国内政大臣案中，宾汉姆（Bingham）法官指出，如果一个地方既不存在有正当理由畏惧的迫害且亦可获得保护，申请者可以被合理地期待迁居至此地，那么申请者便不可主张自己是出于有正当理由的畏惧而处于本国之外。[1] 根据欧盟《庇护资格指令》第 8 条对原在国国内保护的规定，原在国国内保护不仅需满足申请者在该区域能够免遭有正当理由畏惧的迫害或不存在严重伤害的实际风险、获得指令第 7 条规定的保护，且申请者可以合法、安全地前往该国该地区并合理地预期在那里定居。雅努兹诉英国内政大臣案与欧盟《庇护资格指令》为原在国国内转移保护的合理性之判定提供了参考，亦适用于双重或多重国籍的避难者在国籍国间的转移保护。

首先，原在国转移保护发生的基础是原在国国内或各原在国中能够提供保护。《难民公约》第 1 条第 1 款乙项指出如果没有发生畏惧的正当理由则可以其所属国之一能够提供保护。这同时也是欧盟《庇护资格指令》第 8 条第 1 款 a、b 项之要求，即原在国能够为申请者提供转移保护。无论是原在国国内还是国籍国间的转移保护，首要问题是该地区、该国具备提供保护的能力，且避难者无因畏惧而拒绝该国、该地区保护的正当理由。

其次，原在国转移保护应当是易于到达的，避难者可以合法、安全地前往该地。如果，避难者其他国籍国、国内其他地区能够提供保护，但是避难者无法合法、安全地前往该国、该地区，那么避难者事实上也无法成为该国该地区保护的实际受益人。欧盟提出的合法与安全的要求应当是并列关系，二者缺一不可。同时，合法与安全也是相互关联的关系，不合法的行动是没有法律保障其安全性的，而安全性不足的路径也无法在法律上得到确认。倘使，避难者的国籍国中或者国籍国间存在可以为其提供保护的地区。但是，当避难者前往该地的难度远超其前往另一国寻求庇护的难度时，这种保护的存在便不应被视作排除申请者难民身份的正当理由。被申请国在对申请者原

---

〔1〕 See Januzi *v.* Secretary of State for the Home Department, ［2006］UKHL 5, United Kingdom: House of Lords (Judicial Committee), 15 February 2006.

在国转移保护进行认定时，也应以充分、正当的理由形成最终审查意见。

最后，在原在国转移保护中，特别是国内的转移保护，被申请国在认定一个地区是否符合转移保护标准时，还应对该地区提供保护的稳定性予以考虑。一国内部分地区失去保护能力以后，其他地区的秩序与安全必然会受到影响。所以，有必要评估该地区能够为申请者提供的保护是否具有长期稳定性。欧盟《庇护资格指令》第8条规定的"可合理地期待定居在此地"（can reasonably be expected to settle there），"定居"[1] 意味着避难者在该地的停留并非暂时性的。否则，即便避难者可合法、安全迁居在该地，但不久后又陷入流离失所。此时，原在国转移保护并不能真正使避难者免于有正当理由的畏惧。

对于原在国转移保护合理性之审查需同时将前述三项要件纳入考量范围，由此才能确保原在国转移保护可形成对于申请者的实质性保护。欧盟对原在国国内保护进行了详细而周延的限定，在实践中尚不能完全保证成员国在认定原在国转移保护时有失合理性。以澳大利亚为代表的部分国家在立法、实践中对于原在国转移保护特别是 IPA 时以地域或措施等为标准设置的"僵硬"条件无疑使得避难者更加难以取得该国对其难民地位的认可。

第四节　难民问题的长久解决方案

难民问题的长久解决方案应分两种状况进行讨论，寻求庇护者难民地位终止后的解决方案与使其成为难民的情况长期存在时的安置方案。后一种状况意味着缔约国长期对该难民负有庇护义务，所以不得将之遣返回国。根据前文所探讨的《难民公约》《难民议定书》构成的难民体系，伴随避难者在缔约国居住时间的延长，其与缔约国国民在权利与待遇上的差距便越来越小。缔约国通常会选择接受难民就地融合或将其重新安置，此外，还存在两种缔约国可以免除庇护义务的情形——该难民自愿返回或因威胁缔约国的国家安

---

〔1〕《牛津词典》中"settle"可解释为定居，将某人的家长久安置于此地（make one's permanent home here）。

全、公共秩序被驱逐后另寻庇护。

《难民公约》中并无对难民地位终止后缔约国应如何处理的特别规定，可是，根据公约第 1 条第 3 款与第 32 条、第 33 条的规定，难民地位终止后缔约国便不再对其为公约所规定的权利承担保护义务，特别是不被推回的权利。不被推回的权利是难民其他权利实现的前提，一旦被推回，难民于公约下所享有的其他权利更无向所在国主张之可能。《难民公约》第 34 条关于入籍的规定中提到"应尽可能便利难民的入籍和同化"，显示出公约对于缔约国给予难民本国国民身份之鼓励，但是却并不使缔约国负担接收难民入籍的正式义务。而当避难者在该国的难民地位终止后往往会选择回到原在国接受保护，或者在仍不能或不愿接受原在国保护的情况下，也可能再寻求另一国的庇护。因此，缔约国在避难者的难民地位终止后通常采用的做法包括遣返、协助自愿回国、就地融合与重新安置。

由此可见，前述两种状况下难民问题的长久解决方案均包括自愿回国、就地融合与重新安置，而遣返只能发生在避难者的难民地位终止以后。当避难国当局认定避难者"被认为是难民所依据的情况不复存在"后，其难民地位便终止。"所依据的情况不复存在"意味着使避难者不再具备构成《难民公约》规定的取得难民地位的要件，值得注意的是，此处并不以三重构成要件同时不再存续为要求。只要三重要件并不齐备，缔约国便可主张难民地位之终止，《难民公约》第 1 条第 3 款所述 6 种情形亦证明了这一点。

一、自愿回国

除入籍、同化等就地融合方式外，《难民公约》中明确规定难民地位终止后的处理方式是自愿回国，公约第 1 条第 3 款甲项与丁项分别规定了避难者自动接受原在国保护与自动重返原在国定居的情况。甲项所述自动接受其本国保护不仅包括返回本国接受该国保护，也包括在国外接受原在国的外交保护，如接受其原在国颁发的旅行证件等行政协助。[1] 根据《难民公约》第 25 条第 2 款的规定，难民权利行使的行政协助本应由其原在国负责给予，在

---

[1] See Antonio Fortin, "The Meaning of 'Protection' in the Refugee Definition", *International Journal of Refugee Law*, Vol. 12, No. 4, 2000, pp. 548-576.

难民原在国无法承担此项义务时缔约国当局或其他国际当局应承担此项义务。无论寻求庇护者此前是不能还是不愿接受其原在国保护，但是自动接受本国外交保护意味着该难民愿意接受本国保护且本国亦有能力给予保护。据此，《难民公约》第1条第3款甲项接受其本国保护亦可是在其原在国之外接受其原在国的外交保护。在其原在国内接受保护无须赘述，避难者必然已返回该国。而接受其原在国外交保护的避难者有可能还停留在缔约国境内，自其接受本国外交保护起根据《难民公约》之规定其难民地位便终止。由于其已接受原在国保护，便不存在就地融合与重新安置的情况，该避难者应在其难民地位终止后返回本国。假如，该避难者既接受其原在国的保护，又滞留在缔约国境内不愿离开，缔约国或将其遣返。

值得注意的是，难民地位终止后的自愿回国与《难民公约》第1条第3款丁项所述自愿回国后缔约国不再对其适用公约规定中自愿回国的含义是不同的。前者难民地位已然终止，属于《难民公约》第1条第3款戊、己两项规定情形下的自愿回国，而该款丁项的"自愿回国"还需以定居为要件。"如果难民返回其原在国仅作短暂停留而非重建生活，然后再次返回他被认定为难民的国家中，那么这便不能导致事实上难民地位的丧失。"[1] 但是，在戊、己两项下难民地位终止是由于是避难者成为难民的情况已不复存在，避难者已可以获得其国籍国或经常居住国的保护[2]，避难者自愿返回意味着其主观上愿意重新接受原在国保护。故，两种自愿返回发生的条件与结果或不相同。

二、遣返

遣返与自愿返回的区别在于由谁决定避难者之返回。[3] 遣返通常发生在难民地位终止后，避难者仍滞留于缔约国境内，但不再享有不被推回的权利。

---

〔1〕 See James C. Hathaway and Michelle Foster, *The Law of Refugee Status*, second edition, Cambridge：Cambridge University Press, 2014, p. 474.

〔2〕 See James C. Hathaway and Michelle Foster, *The Law of Refugee Status*, second edition, Cambridge：Cambridge University Press, 2014, p. 481.

〔3〕 See Guy Goodwin-Gill, Jane McAdam, *The Refugee in International Law*, third edition, New York：Oxford University Press, 2007, p. 497. See Jean Francois Durieux, Agnès Hurwitz, "How Many Is Too Many? African and European Legal Responses to Mass Influxes of Refugees", *German Yearbook of International Law*, No. 47, 2004, pp. 105-159.

遣返与驱逐出境不同，《难民公约》第 32 条允许缔约国因国家安全、公共秩序而将难民驱逐，但在该人取得难民身份所依据的情况依然存在时缔约国不得将之送回本国，而仅可将之驱逐出本国。不可忽视的是，在避难者对所在国国家安全、公共秩序等重大利益构成威胁时，缔约国尚有义务给予其一个合理的期间以合法取得进入另一国的许可。那么，在难民地位不再存续时，遣返也需给予避难者合理的容忍期间，在此期间内避难者仍可停留于缔约国国内。不仅如此，尽管现行国际难民法中并未对遣返的具体规定予以明确规定。可是，国际难民问题的实践中存在"安全返回"这一概念，对于"安全返回"之"安全"的评估需同时考虑法律上与事实上的安全。[1] 法律上的安全较易确认，但是事实上的安全便需要缔约国之决定建立在可靠的信息来源上，对避难者在返回其本国之过程中与返回后在其本国内是否安全形成客观认识。2021 年 8 月，由于阿富汗国内局势骤变，德国与荷兰当局宣布暂停将移民遣返至阿富汗。[2] 遣返之决定作出后，若原在国再次失去为其提供保护的能力或对返回存在新的有正当理由的畏惧，此时缔约国便应叫停遣返相关避难者的工作。

三、就地融合

《难民公约》第 34 条以入籍为名，实际上却同时规定了归化与同化两种情形。当然，根据《难民公约》第 7 条之规定，公约起草者期望给予难民尽可能优惠的待遇以保证其至少与在缔约国的其他外国人之平等。甚至考虑到较之其他个人，难民在同样情况下更难充分实现其权利。因此，在部分权利中给予了难民不低于其他任何外国国民的待遇，并期望尽可能缩小难民与本国公民之不平等。然而，正如前文所言，即便经过再长时间，一国想取代个人的母国是相当困难的。"即使经过漫长的等待也不得强迫授予在其领土内的难民以国籍"，因为入籍将赋予入籍公民包括政治权利在内的一系列特权，而

---

〔1〕　See Guy Goodwin-Gill, Jane McAdam, *The Refugee in International Law*, third edition, New York: Oxford University Press, 2007, p. 497.

〔2〕　Frank Jordans, "Germany, Netherlands suspend deportations to Afghanistan", AP News, available at https://apnews.com/article/europe-germany-migration-6e0b7487d1cf274030044ec1fbb0555b.

一个国家想取代外国国民的祖国并非易事。[1] 缔约国在难民地位终止，且该难民与本国未建立更为密切的权利义务关联时，往往会希望避难者之保护义务由其原在国承担。从另一个角度来看，倘若缔约国无法许以与本国公民相似的权利保护，那么避难者长期停留在该国并不能受到尽可能与该国公民平等且非歧视的对待。从法律上，接收外国入籍无异于需给予该外国人与本国公民同样的权利与自由，其中就包括政治权利。而在难民保护实践中，因受宗教、习俗等因素的影响，难民不仅很难融入避难国社会，还可能与所在国国民发生冲突。2016 年科隆火车站新年夜事件的发生，以及彼时德国多地发生接连发生的暴力或抢劫事件，造成了德国民众对待难民的态度转冷。[2] 从《难民公约》第 34 条对于"应尽可能便利""应特别尽力加速办理""尽可能减低"的规定，不难看出公约虽未将接收难民为本国国民为缔约国的公约义务，却也希望缔约国在解决难民问题时尽可能帮助难民就地融合，以避免其长期处于难民地位导致该避难者在缔约国内的不平等处境。归化、同化可使难民在避难国内的法律地位正常化，这是正义之平等侧面与自由侧面的共同要求。难民在避难国的归化与同化，通常会伴随着法律地位的变化。如若给予难民与公民、居民同样的权利、待遇，却不改变其在本国的法律地位，那么将造成这些法律地位的设置本身失去意义。假如，相同的难民地位下难民之间在实际取得的权利、待遇上存在显著差异，不仅会无益于平等的实现，也会引发未受到优待的难民与避难国之间、难民与难民之间的矛盾。

四、转移安置

根据《难民公约》第 30 条与第 31 条、第 32 条的规定来看，公约允许寻求庇护者以缔约国为被申请国或庇护国后再前往另一国重新安置（resettlement），也并未禁止缔约国将合法在其领土上的难民转移。欧盟都柏林体系下虽规定有第一庇护国、第一入境国、安全第三国等原则，但也允许在特定情

---

〔1〕 See Paul Weis, *The Refugee Convention*, 1951: *The Travaux Préparatoires Analysed with a Commentary*, UNHCR published, 1990.

〔2〕 "New Year assaults in '12 German states'", Alarabiya News, available at https://english. alarabiya. net/News/2016/01/23/New-Year-assaults-in-12-German-states.

形下难民的转移安置，而都柏林移送本身便是一种转移安置。国际实践中，广义的转移安置具有两层含义：一是原庇护国不能或不愿继续承担难民的权利保护义务，或避难者的特殊需求无法在原庇护国得到满足，因此该难民需转移至另一国安置，即通常所说的重新安置；二是根据原庇护国的认定该避难者已不再具备构成难民地位的要件，但避难者不能或不愿重新取得其原在国保护转而向另一国寻求庇护。

前一种情形中庇护国无法继续履行难民的庇护义务可能是由于该难民对本国国家安全、公共秩序构成威胁，也可能是庇护国不愿长期为难民提供保护或难民本人希望被安置于更合适其生活、发展的国家[1]。前一种情形下转移安置的发生也有可能是基于难民本人意愿，当避难者在该庇护国处于危险之中或特殊需求无法得到满足时，应将之转移至另一国重新安置。[2] 在前一种情形中，难民的重新安置或需要难民的原庇护国与其他国家达成一致，后者愿意承担难民的庇护义务。此时，不能遗漏一种可能，原庇护国不仅停止给予难民庇护，还存在使其合理畏惧的迫害。在其原在国尚未恢复保护能力的情况下，避难者只能转而寻求另一国庇护。避难者因合理畏惧前一国迫害而向另一国提出的避难申请，被申请国不能因该避难者曾在前一国受到庇护主张该避难者的申请具有不可受理性。欧盟《庇护程序指令》第 35 条允许申请者在前一庇护国存在第 38 条第 1 款所述情形时"根据其特定的情况"质疑被申请国对于第一庇护国的认定。而在国家安全、公共利益受威胁时，原庇护国只需给予难民合法取得另一国入境许可的合理期间，难民自行决定向哪一国寻求庇护即可。而在后一种情形中，难民在前一国的难民地位不再存续，原在国保护依然缺位，此时避难者需转移至另一国。不过，在这种情形下，虽然另一被申请国不必接受前一庇护国的认定，可前一庇护国的决定意味着避难者难以提出证明自己的难民地位仍然存续的新的证据或要素。

从前文的讨论可以看出，转移安置意味着避难者在前一庇护国难民地位

---

〔1〕 参见刘国福：《国际难民法》，世界知识出版社 2014 年版，第 367 页。

〔2〕 See UNHCR, Handbook on Procedures and Criteria for Determining Refugee Status under the 1951 Convention and the 1967 Protocol relating to the Status of Refugees, HCR/IP/4/Eng/REV. 1, Reissued, Geneva, February 2019, p. 140, para. 28.

法律上的终止或事实上的终止。当原庇护国不能或不愿为其提供庇护，甚至对其施以迫害时，避难者的难民地位便形同虚设——其并不能主张该地位所对应的难民权利，原庇护国行为造成其难民地位事实上的终止。当发生《难民公约》第1条第3款所述的情形时，假如不存在新的证据或因素则证明不能将避难者排除出难民地位，那么避难者不再具有在该国的难民地位。前一种情形下，避难者转移至他国安置依旧有可能获得难民地位。而在后一种情形下，除非避难者能够重新具备难民地位的构成原件。否则，即便前一庇护国同意不将其推回，在与另一国达成协议后也可将之安置在其境内。

必须注意的是，在转移安置特别是由于原庇护国不能或不愿继续承担庇护义务而进行的重新安置中，原庇护国应当尽可能地给予难民协助。《难民公约》第30条要求缔约国对以重新定居为目的获准进入另一国的难民应允许其合法转移资产或应对其资产转移给予同情考虑。联合国难民署2019年《手册》中则提出，应对难民的转移安置给予旅行证件等方面的行政协助[1]或合法资产转移上的允许与便利。是故，被申请国或庇护国虽可将难民转移安置至别国，可仍须以难民权利保护为转移安置之宗旨。与此同时，实践中曾出现因原庇护国存在紧急危险，联合国难民署确认需转移的难民并将之重新安置在第三国。2011年5月4日，UNHCR发布《难民紧急转移场所指南：罗马尼亚、菲律宾、斯洛伐克》（Guidance Note on Emergency Transit Facilities Timisoara, Romania/ Manila, Philippines / Humenne, the Slovak Republic，以下简称《紧急转移指南》），该指南确认了在三国设置的紧急转移安置场所（Emergency Transit Facilities，以下简称"ETF"）。《紧急转移指南》规定了6类需紧急安置于ETF的难民，并规定在其他适当情况下也可适用ETF。但是，有别于前述转移安置，ETF只能作为临时性安置场所，被紧急转移至此的避难者后续还需被重新安置于其他国家。[2]可见，ETF所承担的转移安置只是将在原庇护国存在紧急危险的难民长久性转移安置过程中一个暂时性的环节。

---

〔1〕　See UNHCR, Handbook on Procedures and Criteria for Determining Refugee Status under the 1951 Convention and the 1967 Protocol relating to the Status of Refugees, HCR/1P/4/ENG/REV. 4, Reissued, Geneva, February 2019, p. 48.

〔2〕　See UNHCR, Guidance Note on Emergency Transit Facilities: Timisoara, Romania/Manila, Philippines/Humenne, the Slovak Republic, 4 May 2011, p. 1, para. 4.

第五章　国际法上难民权利保护的困与径

UNHCR《2023 年被迫流离失所者全球趋势报告》显示，截至 2023 年底，全世界被迫流离失所者的人数约为 1.173 亿——这意味着全球约 1.5% 的人口被迫流离失所，而全球难民人数已达 4340 万。[1] 两次世界大战之后，国际社会为应对大规模人口非正常跨境流动所带来的人权保护困境，就为原在国保护缺位者提供国际保护达成广泛共识。在此背景下，以《难民公约》及其议定书为核心的国际难民法逐渐形成、发展，成为国际人权法的特殊组成部分。国际法上难民权利保护体系以难民作为人类家庭成员必须且不得被克减的基本权利与自由为原点，以时间为轴线明确了不同阶段下寻求庇护者的权利及实现程度（待遇标准），以普遍人权法之内容为补充和延展，在保证难民与其他任何人之相对平等的基础上，以使其最终拥有与其他任何人相似的权利与自由为导向。然而，近年来一些发达国家开始质疑对于国际保护义务的内在逻辑，国际法上难民权利保护体系的价值也不断被削弱，而该体系自身的缺陷也使得部分国家拥有更多限制避难者权利的空间。

第一节　从自由到许可：难民权利保护之困

早期人类享有不受干涉的迁徙自由，后伴随社会的出现、城邦的建立，人的迁徙自由变成了由法律确认的、约束于社会契约之下的权利，特别是迁

---

〔1〕　参见 UNHCR《2023 年被迫流离失所者全球趋势报告》，载联合国难民署官网，https：//www.unhcr.org/global-trends-report-2023，最后访问日期：2024 年 10 月 21 日。

徙自由中跨越国之边界的那部分。在自然法视域下，人人得享有跨越公共边界并返回的权利。[1] 这种权利亦为《世界人权宣言》所确认，"人人有权离开任何国家，包括其本国在内，并有权返回他的国家"[2]。不仅仅是迁徙自由，生存与发展是人与生俱来的需求，为公共福祉之实现，个人将基于自己意志寻求生存与发展的能力约束于公共意志之下，契约确认了人生存、发展之利益，使人拥有了权利。[3] 可是，国际实践中部分国家为回避本国应承担的国际保护义务，屡屡通过边境审查、拒绝颁发旅行证件等方式高筑"门槛"，"使寻求庇护的权利转变为国家授予的寻求庇护的许可"[4]。许可并非另一种法律所确认的利益形态，但许可在行使权利、自由与实现之间设置了一道屏障，使个人权利、自由可能遭遇不以公共福祉为目的的非必要约束与牺牲。这既是由于国际法构建的难民权利体系自身的缺陷，也因部分缔约国有意回避本国于《难民公约》《难民议定书》下的义务。前者与后者之间是存在关联的，正是法律本身的疏漏使缔约国有空可钻。除此之外，不能忽视难民问题是受到各缔约国的政治意愿与地缘因素影响的。以"阿拉伯之春"后的欧洲难民危机为例，地理位置上的临近让来自大部分叙利亚避难者选择向部分欧洲国家寻求庇护，而非远渡重洋前往美国、加拿大。当然，这也与各国的难民政策、各国政府对待难民的态度有关，庇护体系与社会保障体系完善、避难申请通过率更高的国家自然会面对更多的避难请求。

一、现行国际难民法框架下相关制度的缺陷与缺位

通过前文的讨论，现行国际难民法之优势与缺陷已然清晰。首先，现行国际难民法特别是《难民公约》及其议定书的主要难题与其他国际人权契约一样，在于拘束力。《难民公约》《难民议定书》确认了缔约国所负的难民权

---

〔1〕 参见［荷］格劳秀斯：《战争与和平法》（第三卷），［美］弗朗西斯·W. 凯尔西等英译，马呈元、谭睿译，中国政法大学出版社 2017 年版，第 151 页。

〔2〕 参见《世界人权宣言》第 13 条第 2 款。

〔3〕 参见［法］卢梭：《社会契约论》（第 3 版·修订本），何兆武译，商务印书馆 2003 年版，第 37~42 页。

〔4〕 Maurizio Albahari, "From Right to Permission: Asylum, Mediterranean Migrations, and Europe's War on Smuggling", *Journal on Migration and Human Security*, Vol. 6, No. 2, 2018.

利保护义务，却未指明如若缔约国违反此项义务应如何处理。国际人权契约之拘束力不足是由于并不存在一个凌驾于国家之上的权力。从社会契约的内在逻辑出发，"主权者只能由组成主权者的各个人构成"[1]，国家主权者的权力源自人民，而在人权保护问题上国与国并无组成共同体实现共同福祉之动机，因此很难期待各国愿意为了保护非本国国民的权利而让渡出自己的一部分权利，构成一个凌驾于本国之上的主权者。履约机制与违约机制的同时缺位使得《难民公约》的价值大打折扣，部分国家通过声明、保留、国内立法等方式限制本国所负公约义务。

其次，现行国际难民法中并未设置合理的难民分摊机制。国际社会将难民成为国际保护的受益者，是因为难民权利保护义务的承担者并非某一或某些国家，而至少是以《难民公约》全体缔约国为庇护义务的共同承担者。遗憾的是，实践中各缔约国负担的难民庇护义务并不均衡。并且，经济发达国家并未切实承担起难民接收责任，截至 2023 年底，世界上约 75% 的难民和其他需要国际保护的人被低收入和中等收入的国家收容。[2] 全球现有难民人数决定了难民问题的解决不能单纯依靠某些国家的努力，国际社会对于难民的补充保护义务不仅仅是出于对人类家庭成员的关怀，大规模难民潮的发生往往是因为引发该现象的危机不仅牵涉某一国家或地区，引发难民潮之问题的国际性决定了难民权利保护的国际性。是故，难民分摊机制特别是区域型难民分摊机制的构建是十分有必要的。

再次，现行国际难民法中并无针对避难者与缔约国争端的明确解决机制。《难民公约》并无专门的监督公约落实情况的专家机构，《难民公约》第 38 条以"争端的解决"为名，聚焦于缔约国与缔约国之间的争端。实践中，在雅努兹诉英国内政大臣案、沃德诉加拿大司法部长案、罗姆人案等一系列案例中，避难者似乎只能向被申请国国内司法机构寻求权利救济。在泰托塔诉新西兰案中，申请者在避难请求被拒后，只能向 ICCPR 的履约监督机构 HRC 主

---

〔1〕 参见［法］卢梭：《社会契约论》（第 3 版·修订本），何兆武译，商务印书馆 2003 年版，第 23 页。

〔2〕 参见 UNHCR《2023 年被迫流离失所者全球趋势报告》，载联合国难民署官网，https：// www. unhcr. org/global-trends-report-2023，最后访问日期：2024 年 10 月 21 日。

张被申请国当局侵犯其生命权。而从最终审查意见来看，HRC 参考并关注的依然是 ICCPR 下的个人权利与缔约国义务。尽管，审理意见中提及了国际难民法，但是并未依据《难民公约》对当事人是否为难民进行独立认定，而仅仅对新西兰当局的审理进行评估。这是其权限所决定的，HRC 仅对缔约国是否履行 ICCPR 之规定进行监督，而不负责监督缔约国是否履行其所缔结或参与的其他人权条约之规定。此外，是否接收、庇护难民虽为一国内部主权事务，但也是缔约国承诺承担的国际性义务。《难民公约》下缔约国是否履行义务牵涉的是难民权利，而非其他缔约国之权利。出于对他国国家主权的尊重，其他缔约国并无指责一国是否接受难民或其他移民的立场，而缔约国违约权利受到侵犯的主要是避难者。

最后，现行国际难民法中部分文件之规定具有较强的时代特征。例如，《难民公约》所作难民定义一开始以"1951 年 1 月 1 日以前发生的事情"为限，主要是为解决两次世界大战的遗留问题——大规模的平民流离失所现象。1967 年《难民议定书》取消了这一时间限制，但是在随后的几十年中任凭国际局势如何变化，国际法上的难民定义再无变动。尽管，不再对事件发生的事件进行限制，可《难民公约》中的难民定义依旧是围绕 1951 年以前难民之特征进行的规定。而结合欧盟和一些国家的立法、实践来看，难民问题已愈发复杂，除非对公约定义作出扩大解释，否则并不能直接适用公约规定确认部分避难者的难民地位。并且在实践中，《难民公约》"定义"部分的模糊措辞也使得部分国家得以对难民地位的取得作出进一步限制性规定。黑格尔认为，法律的一般历史价值体现在"按当时情况都有其意义与适当性"，故法律是实定的，也是暂时性的。[1] 法律应当依时运和客观情况而变化，这并非对波斯纳的法律依赖于往昔观点的反驳[2]。只是《难民公约》《难民议定书》颁布至今均已逾五十载，阿拉伯之春后难民问题不断发酵并呈现出新的特征，已成为国际社会现今面临的重大挑战之一。

据此，现行国际难民法虽明确了难民权利及所对应的缔约国义务，并兼

---

〔1〕　参见［德］黑格尔：《法哲学原理》，范扬、张企泰译，商务印书馆 2009 年版，第 8 页。

〔2〕　参见［美］理查德·A. 波斯纳：《法律理论的前沿》，武欣、凌斌译，中国政法大学出版社 2003 年版，第 149~175 页。

顾了缔约国接收能力与难民国际保护的兜底性、迫切性。然而，考虑到"难民与寻求庇护者依旧甚至被拒绝给予临时保护、安全返回或赔偿"[1]，现行国际法上的难民权利保护体系依然是不完整的。

二、《难民公约》缔约国的有限履约

正如前文所言，由于国际法上并不存在凌驾于国家之上的主权者。所以，即使是在政治经济高度一体化的欧盟，成员国对都柏林体系下相关义务的履行状况依旧不甚乐观。根据《2023 年被迫流离失所者全球趋势报告》，伊朗伊斯兰共和国、土耳其、哥伦比亚、德国和巴基斯坦共收容 1460 万名难民和其他需要国际保护者，其中德国接收数量为 260 万。[2] 从报告统计数据看，接收难民数量最多的 5 个国家中仅德国为发达国家。并且，德国也是唯一一个实际接收难民数量与接收新的避难申请数量均在前 5 的国家。可见，实际承担难民庇护义务的国家大多并非难民理想的目的地国。接收申请数量远超实际庇护数量，也在一定程度上反映了《难民公约》缔约国的履约状况。

美国接收新的个人申请数量位居世界第一，约 25.08 万份，但是美国国内实际接收难民数量总计约 30 万。尽管，美国代表在《难民公约》起草时就诸多问题特别是以工资受偿的被雇佣权与互惠豁免条款上均发表了有力的意见。但是，美国并没有第一时间签署加入《难民公约》，而是在 1968 年加入《难民议定书》，并对公约中的部分条款进行声明与保留。美国加入《难民议定书》而未加入《难民公约》也带来了另一个难题，即参与公约的附属性文件是否可以视为其自愿接受公约约束？《难民议定书》第 1 条第 1 款规定，"本议定书缔约各国承担对符合下述定义的难民适用公约第 2 条至第 34 条（包括首尾两条在内）各条的规定"，《难民公约》第 2 条至第 34 条规定了符合公约定义的难民应享有的权利及待遇标准。除非其在加入时已作出声明或保留，否则便需负担保护难民于公约下享有的权利的责任。因此，前一问题

---

〔1〕 Guy Goodwin-Gill, Jane McAdam, *The Refugee in International Law*, third edition, New York：Oxford University Press, 2007, p. 1.

〔2〕 参见 UNHCR《2023 年被迫流离失所者全球趋势报告》，载联合国难民署官网，https：//www.unhcr.org/global-trends-report-2023，最后访问日期：2024 年 10 月 21 日。

的答案是肯定的，但该约束是有别于《难民公约》的缔约国的。例如，美国即使因未履行公约义务所产生的争端也只能由《难民议定书》缔约国请求提交到国际法院。即使，美国《移民与国籍法》对包括难民定义、临时保护在内的诸多问题进行了规定。然而，对于《难民公约》的有限适用也使得其在接收难民的实践中拥有了更多的自主权，从特朗普政府时期的移民"零容忍"政策亦可看出美国在难民问题上的态度。这也引发对于美国履约状况的评估困境，因为它仅仅为一项附属性文件的缔约国，而议定书并不要求缔约国对公约规定的完全遵循。

　　《难民公约》《难民议定书》缔约国履约状况的另一个困境在于对于缔约国声明及保留的允许，特别是保留。相较于 ICCPR、ICESCR 与《禁止酷刑公约》等人权公约，《难民公约》允许保留的程度是非常高的，仅有 7 个条款为禁止保留的。因此，《难民公约》虽未设置克减条款，但是却允许缔约国对大多数条款提出保留，故各国于公约下所负义务或并不一致。《难民公约》对于各项权利之待遇标准的规定是该公约的重要价值之所在，而保留条款的存在使得公约特别是特殊待遇条款的价值大打折扣。不仅如此，部分地区、国家希望通过区域内、国内立法事先排除其公约义务被触发的可能。都柏林体系下部分欧盟成员国利用第一入境国、第一庇护国、安全第三国等原则在进行甄别之前便将避难者移送出本国区域。澳大利亚在其国内法中通过对原在国全部地区均与避难者有正当理由畏惧的迫害存在关联的要求，而将原在国保护缺位的认定限制在一个相当狭小的空间里。与此同时，由于各国对于国际法国内适用所采取的方式不同，在一些国家国际条约之规定只用通过国内立法转化才能在其国内适用，例如英国。而在这个转化的过程中，不可避免地会发生缔约国在国内立法中对公约作出有利于本国的解读。毕竟，即使立法时立法者已尽可能地避免条文可能存在的歧义，但是法律作为规则的概括性意味其必然存在可解释的空间。

三、经济、宗教与地缘因素的考量

　　经济、宗教与地缘因素是国际社会面对并解决难民问题所不可忽视的，也是影响部分缔约国难民政策的主要因素。首先，经济因素是许多国家不愿接收并安置难民的主要原因。庇护难民需要国家财政支持，2008 年金融危机以来部分国家的经济状况持续低迷。受语言等问题的影响，避难者中的大多数人也无法立即成为庇护国劳动力资源的一部分。更何况避难者中不乏相当数量的老人与儿童，不仅难以独立生活，接收后庇护国还需给予其特殊保护。为缓解部分国家的财政压力，欧盟曾尝试以财政手段换取难民配额，以此实现各成员国在难民问题上的责任共担。其次，宗教问题是影响各国难民接收态度的关键之一。"阿拉伯之春"后涌入欧洲社会的难民中有相当数量的伊斯兰教信仰者，宗教信仰上的严重分歧不仅造成这些避难者难以很快融入所在国社会，也对所在国治安造成了恶劣影响。难民营中避难者之间的冲突、难民与所在国国民之间冲突，频频发生的冲突事件使得部分欧洲国家民众对难民的态度发生变化，"宗教问题尤其是伊斯兰教问题已经成为日益严厉的移民政策与言论的关键催化剂"[1]。最后，难民原在国的邻国由于地理位置上临近、易于到达往往会成为难民庇护的一线国家，如土耳其。欧盟国家中那些靠近地中海沿岸的国家往往也因为地缘因素而不得不面对大批避难者，疲于应对包括非法入境者在内的数以万计的难民。而那些距离上难以到达的国家即使财政状况良好，但并不存在较大的边境压力。地缘因素在第一时间便为其隔绝了相当数量的避难者，即使收到庇护请求也可以本国并非第一庇护国等理由主张申请不具有可受理性。

不仅如此，经济与地理也是避难者在选择目的地国时的主要考虑因素，德国等财政状况良好、社会保障体系较为完善的国家由此成为难民的理想目的地国。这也是部分难民在已经取得别国庇护许可后仍前往这些国家寻求庇护的原因所在。特别是在欧盟，此前申根体系下难民流动不会受到内部共同边界的阻拦。于是，难民在进入欧盟一成员国后，得以在各成员国间迁徙，而相关成员国便依据都柏林体系下的诸原则主张管辖权不在本国，由此回避其于《难民公约》下所负庇护义务。即便没有欧盟申根体系的便利，一些国家在知道自己并非难民的理想目的地国后便为其提供旅行证件等行政协助，将避难者转移出本国，而后一被申请国或以本国非第一庇护国拒绝避难者的

---

〔1〕 See Luca Mavelli and Erin K. Wilson eds. , *The Refugee Crisis and Religion: Secularism, Security and Hospitality in Question*, UK: Rowman and Littlefield International, 2016.

庇护请求。无论在前述何种情形下，难民依《难民公约》《难民议定书》规定而享有的权利便难以得到应有的保护。实践中，缔约国通过转移管辖权将本国排除出难民庇护义务承担国的情况并不鲜见。即使，避难者最终能够得到某一国家的庇护，各国的互相推诿也使得难民长期处于流离失所的状态，而这种状态下难民的权利是难以实现的。而权利的延迟取得，在有些时候也会构成对于权利的侵犯。

第二节　气候变化对于现行国际难民法的挑战

20 世纪 80 年代以后，环境因素导致的移民问题重新回到国际社会的视野中。[1] 尽管，近年来部分国家"去气候化"的倾向愈发明显，但全球变暖对于人类社会造成的影响越来越不容忽视。根据世界气象组织发布的《2021 年全球气候状况》，2020 年温室气体浓度再创新高，2013 年至 2021 年海平面每年上升 4.5 毫米。[2] 由此引发的海平面及地表温度上升等问题对社会经济、人类发展与健康、食品安全、海洋生态系统等均产生了深远影响。自 2008 年起，平均每年大概有 2400 万人因灾难性天气而流离失所。[3] 部分太平洋岛国受气候变化、海平面上升影响发生土地盐碱化、饮用水资源变少等问题，随之而来的住房危机、土地纠纷导致这些国家暴力事件频发。泰托塔的原在国基里巴斯便是这样，2013 年新西兰移民与保护法庭审理了泰托塔一家的庇护申请并作出否定判决。随后，泰托塔以新西兰当局侵犯其为 ICCPR 所确认的生命权为由向 HRC 提出申诉。学界关于气候难民或者气候移民是否构成国际法上的难民存在诸多讨论。然而，"任何简单的国际法调整都无法充分回应

---

〔1〕 Benoit Mayer, *The Concept of Climate Migration*: *Advocacy and It's Prospects*, Cheltenham: Edward Elgar, 2016, p. 9.

〔2〕 "State of Global Climate 2021: WMO Provisional Report", Ocean Acidification, available at https://news-oceanacidification-icc.org/2021/11/02/state-of-global-climate-in-2021-wmo-provisioanl-report/.

〔3〕 "The Refugees The World Barely Pays Attention To", NPR, available at https://www.npr.org/sections/goatsandsoda/2018/06/20/621782275/the-refugees-that-the-world-barely-pays-attention-to.

当前关于气候移民的辩论中所提出的问题"。[1] 气候移民问题不仅涉及 UNF-CCC 框架下各国共同但有区别之责任，也牵涉现行国际人权法上这一特殊移民的权利保护。与此同时，气候移民与气候难民是否具有相同的内涵，其在国际法上的地位又当如何确定？

《牛津词典》中将难民定义为"为了逃离战争、迫害或自然灾害而被迫离开其国家的人"，战争、迫害均符合现行国际难民法中避难者产生正当理由畏惧的事由，但自然灾害却并未为《难民公约》第 1 条第 1 款乙项所包含。本书第一章曾通过泰托塔诉新西兰案对气候难民与现行国际法上的难民之差异进行探讨，并发现二者主要的区别在于畏惧产生的事由是否具有政治性。是故，气候难民是否构成国际法上难民地位须以对"有正当理由畏惧之迫害"的认定为前提。值得注意的是，当我们明确了"有正当理由的畏惧"之后，气候难民与气候移民的内涵、外延也随之清晰。

一、合理畏惧与迫害的认定困境

《难民公约》第 1 条第 1 款所述"有正当理由的畏惧"（well-founded fear）或者说"合理畏惧"的事由是"由于种族、宗教、国籍、属于其一社会团体或具有某种政治见解的原因而受到迫害"（being persecuted for reasons of race, religion, nationality, membership of a particular social group or political opinion），此处种族、宗教、国籍、属于其一社会团体或具有某种政治见解是避难者受到迫害的缘由，同时也是国际社会将难民受到的迫害称之为政治迫害的原因。避难者因为这种政治迫害的发生或发生的可能而产生畏惧，存在迫害或存在迫害的威胁是畏惧的正当理由，畏惧之合理性的要求也意味着迫害的严重性及迫害发生的高概率。那些主张气候难民并非国际法上的难民的观点的主要依据便在于气候问题并非《难民公约》所规定的 5 种事由，且气候变化导致的权利受侵犯的状态也不属于迫害。

的确，"迫害"（persecution）在《柯林斯词典》将其定义为"尤指因宗教、政治信仰或种族而受到的残忍和不公平的对待"，"迫害"一词似乎现指

---

〔1〕 Benoit Mayer, *The Concept of Climate Migration: Advocacy and It's Prospects*, Cheltenham: Edward Elgar, 2016, p. 1.

代的便是政治迫害。那么，"气候难民"因气候变化而遭受的权利减损是否又可以被认定为迫害？HRC在泰托塔诉新西兰案的审理意见中确认"环境退化将损害生命权的切实享受，严重的环境退化会对个人福祉产生不利影响，并导致生命权受到侵犯"[1]，那么生命权受侵犯是否可认定为迫害？显然是不可以的，气候变化对于避难者生命权的直接侵犯并不具有政治性，"迫害"需要存在行为主体。欧盟《庇护资格指令》第6条规定迫害的主体为国家、控制该国或该国大部分领土的政党或组织、包括国际组织在内的非国家行为者。根据《庇护资格指令》第9条对于迫害行为的规定，"迫害"是行为人侵犯人权的行为。虽然，各国立法中或许会对实施的主体予以不同的界定。但是，通过《庇护资格指令》我们能够明确的是迫害需要行为者主观上侵犯、损害他人权利的故意，客观上需要有造成权利被侵犯或减损的行为。气候问题对生命权的影响由于并不具有主观意愿与客观行为的介入而不能被称为迫害，气候变化导致的环境问题如海平面上升等直接造成的权利损害结果，这时不是行为造成的损害而是事件。

那气候变化是否会使避难者受到迫害？我们不妨再从泰托塔诉新西兰案来看，无论是新西兰当局还是HRC的审理均关注了同一问题——基里巴斯是否已采取措施减轻气候变化带来的危害。尽管，HRC仅就新西兰当局的认定是否为"武断的、错误的或者等同于拒绝司法"进行了审查。可是，据此不难看出，新西兰与HRC均关注于申请者原在国是否能够应对气候变化的不利影响。而这与安全来源国认定的内在逻辑是相通的，结合欧盟《庇护程序指令》第36条与《庇护资格指令》第7、8条之规定，若避难者在原在国没有受到迫害的有充分理由的恐惧或没有遭受严重伤害的实际风险，且国家、控制国家或国家大部分领土的政党或组织中任一主体愿意并能够提供长期、有效使其免遭迫害或严重伤害的保护，便可认定其原在国为安全来源国。新西兰当局认为，基里巴斯采取的应对气候变化的措施足以保护泰托塔一家的生命权不受侵犯，因此拒绝了他的庇护请求。倘若，基里巴斯未采取应对气候变化的措施，是否还能得出避难者权利未受到迫害的结论？我们认为，答案

---

[1] See Ioane Teitiota *v.* New Zealand, (advance unedited version), CCPR/C/127/D/2728/2016, UN Human Rights Committee (HRC), 7 January 2020, p. 10.

是否定的。在气候变化的不利影响使一国公民权利受损或有受损的危险时，原在国若未采取措施积极应对，或采取的该种措施不足以其公民受到长期、有效的保护。那么，便可认定迫害的存在。前一种情形中，原在国的不作为属于迫害的行为；后一种情形中，已采取措施但不足以保护公民避免其权利受到侵犯，此时损害结果已经发生，如果足以构成严重损害，那么避难者依旧符合不能或不愿获得原在国保护，且具有正当理由的畏惧。所以，只要经评估原在国未能为受气候变化影响的避难者提供长期、有效的保护，便可认定原在国保护的缺位。

　　至于，气候变化是否能够作为避难者之"合理畏惧"的事由，我们必须回到《难民公约》起草的背景进行研究。1951 年《难民公约》诞生于两次世界大战之后，由于接连的战争与动荡，包括纳粹德国对犹太人进行的大屠杀、日本发动全面侵华战争等，1951 年以前发生的事情、种族、宗教、国籍、属于其一社会团体或具有某种政治见解，《难民公约》第 1 条第 1 款对那个时代人权受到侵犯、被迫流离失所者的境遇予以了总结和概括。正如波斯纳所言，法律依赖于往昔。然而，70 年后的今天，引起严重人权侵犯的事由——合理畏惧的事由亦发生了改变，国际难民法也应处于新的历史之中。1967 年《难民议定书》取消了 1951 年《难民公约》中"1951 年 1 月 1 日以前发生的事情"这一时间限制，因为即便两次世界大战已经结束，可人权侵犯现实却依然存在。20 世纪 80 年代之后，环境问题与环境移民问题已不容国际社会所忽视。欧盟与部分国家立法中已不再特别强调合理畏惧的事由，在欧盟《庇护资格指令》中"迫害"与"严重损害"（serious harm）是并列关系，符合其一即可。即使，新西兰拒绝了泰托塔一家的庇护请求、HRC 审理认定新西兰将其驱逐回基里巴斯的决定并不构成对其生命权的侵犯。但不容忽视的是，新西兰法庭承认："虽然，在许多案件中，受环境变化和自然灾害影响的人不在《难民公约》的适用范围内。但并无对此的硬性规定或推定非适用性存在。故，须仔细审理案件的特定特征。"[1]

　　经过前述讨论，气候难民是否构成国际法上的难民，关键点主要在于：

---

[1]　See Ioane Teitiota *v.* New Zealand,（advance unedited version），CCPR/C/127/D/2728/2016, UN Human Rights Committee（HRC），7 January 2022, p. 4.

是否导致权利损害的事由必须具有政治性；现行国际难民法是否能够接受迫害与严重伤害并列。而气候难民属于气候移民的特殊组成部分，根据《世界人权宣言》第 13 条第 2 款与 ICCPR 第 12 条第 2 款之规定，人人均享有离开其本国之自由，气候移民可因气候变化的不利影响而按照自己的意愿选择离开本国。但是，气候难民则不同，气候难民之"难"表明其存在权利受侵犯的不利处境。国际社会并不当然对所有受气候变化影响的移民承担庇护责任，但是气候难民的原在国保护是缺位的。从这个角度来说，气候难民与国际法上的难民亦具有相同的对国际保护的需求。气候难民与气候移民均属于受气候变化影响的国际迁居者，而气候难民则具有寻求权利保护的迫切性，以及权利受侵犯危险的严重性。依据前文中对于法权的界定，这种迫切性与严重性使气候难民的受庇护权具备完整的道德属性。[1] 据此，我们认为气候难民之受庇护权也应得到国际法的确认。而考虑到气候难民同现行国际法上的难民一样，与避难国之间并无紧密的权利义务关联，且国际社会对二者之庇护均属于兜底性保护。故，气候难民完全可适用国际法所构建的难民权利体系。

值得注意的是，这也是气候变化为现行国际法带来的第一重挑战。假使，将气候难民纳入现行国际难民法上的难民范畴，那么难民地位的构成要件随之也需作出调整。而通过我们对于合理畏惧、迫害的讨论，气候变化的不稳定性将使得对于二者的认定困难重重。正如 HRC 指出的那样，气候变化导致的损害可以经由突然发生的事件，也可由缓慢的过程发生。[2] 如此，应如何确定原在国保护是否具有稳定的效果，气候灾害的突发性也造成很难通过原在国是否采取措施判断避难者是否能够取得原在国保护。同时，各国对 UNF-CCC 框架下共同但有区别的责任与《巴黎协定》下的国家自主贡献承诺的兑现程度不一。同为《难民公约》与 UNFCCC 缔约国的国家是否得以本国并非全球气候变暖的主要责任国并已完成本国国家自主贡献承诺为由，主张对气候难民庇护义务的豁免？而那些碳排放量较高、未能兑现减排承诺的国家又是否必然应承担气候难民的庇护义务？从前述种种问题中不难看出，气候变

---

〔1〕　参见本书第一章第一节关于权利（法权）的论述。

〔2〕　See Ioane Teitiota *v.* New Zealand,（advance unedited version）, CCPR/C/127/D/2728/2016, UN Human Rights Committee（HRC）, 7 January 2020, p. 12.

化造成的移民现象牵涉的诸多问题并非对国际法进行简单调节便能够解决的。

二、部分被申请国的安置压力

正如 HRC 的审理意见认定的，气候变化对于人权的侵犯可能是突发的，也可能是经由缓慢过程发生。所以，对于气候难民的国际保护与难民一样既需使其摆脱权利被侵犯的状态，也需防患于未然。而气候难民的庇护存在一个显著的问题，气候变化的影响并不会单单侵犯个别人的权利，且海平面上升导致的土地被淹没等问题可能是无法被逆转的。被申请国一旦认可一个气候避难者的难民地位，便很难拒绝来自其原在国的其他避难者的庇护请求。因为，原在国国土未来极有可能因海平面上升而不复存在。所以，气候难民的长久解决方案中可能并无"遣返"与"自愿返回"这一选项。与现行国际法上难民的不得被推回不同，气候难民或存在无处推回的问题。虽然，由于气候因素具有不稳定性，避难者原在国被淹没的陆地面积未来随着海平面下降仍有重新露出的可能。可是，这种情况发生的概率与发生的时间均是难以预测的。学界关于海平面上升领土递减与既存基线、基点发生变动等问题提出了动态基线与永久冻结基点、基线等方式，前者能够更为准确地反映出物理现实，可动态基线的测量需长期投入高昂的成本；后者有利于减少海洋划界争端的发生，却忽视了海平面变化对于沿海国的实际影响。[1] 据此，不难看出，受气候变化不稳定性影响很难对气候难民适用当前针对难民的长久解决方案。而气候不利影响的不稳定性及其危害的突发性决定了对于气候避难者的国际保护需具有较强的预防性，这种预防性不仅在于预防气候问题对避难者权利的侵犯，还在于应对气候变化时谨慎遵守风险预防原则。

由于气候变化造成损害的难以逆转性，避难国对于气候避难者的安置义务有可能是长期性甚至永久性的。同时，气候变化直接影响的国家通常为其领土部分或全部邻接海洋的国家，特别是海岛国家，是存在领土全部被淹没的风险。因此，地理位置上与其邻近的国家，特别是新西兰、澳大利亚等经济状况较好的国家或成为避难者的主要目的地国。而以基里巴斯、瓦努阿图

---

[1] 参见冯寿波：《消失的国家：海平面上升对国际法的挑战及应对》，载《现代法学》2019 年第 2 期，第 186~188 页。

等为代表的岛屿国家，农业、旅游业便是其国内经济的支柱，很难期待这些国家有足够经济实力构建气候变化应对机制。这意味着，如若气候问题已构成对避难者的严重伤害的危险，那么这些邻近的国家或面临大规模的避难者涌入，由于这些避难者原在国大多为最不发达国家，几乎不可能快速融入避难国社会，其原在国的经济状况也很难使本国国民能够快速适应避难国的劳动力需求。是故，无论是从庇护义务的长期性，还是从被申请国需甄别、安置的人数，抑或是帮助气候难民在本国融合、重建生活的成本来看，如若不能实现国际社会在气候变化应对与气候难民庇护上的责任共担，那么部分临近这些海岛国的国家将承受巨大的安置压力。

三、难民概念范畴的压缩与扩张

从 1933 年《难民公约》对于难民的定义，到 1967 年《难民议定书》取消 1951 年《难民公约》难民界定的时间限制，再到如今气候移民特别是气候难民问题成为国际社会必须直面的难题。伴随国际难民法的发展，"难民"一词的概念范畴也逐渐扩展。虽然，现行国际法并非将自然灾害纳入构成难民地位的事由。可无论是"难民"一词在现代的语义，还是部分国家、地区立法中对难民的定义，难民合理畏惧产生的事由中均包含了自然灾害，例如，前文曾提及的《牛津词典》中难民一词的解释。新西兰当局与 HRC 虽未支持泰托塔一家的庇护请求，但也未能否认气候变化确会造成人权侵犯的结果。欧盟《庇护资格指令》第 6 条对于"迫害"与"严重损害"的并列处理亦表明，即使"迫害"一词只能被限定为迫害，可"严重损害"并不要求合理畏惧事由的政治性，而仅强调权利侵犯的严重性。由此，当自然灾害对于避难者构成了严重损害或严重损害的危险时，那么避难者亦可向欧盟成员国主张国际保护。

不容忽视的是，即便难民概念范畴事实上已发生扩张，且国际社会已存在在立法中对难民进行扩展性解释的尝试。但是，现阶段希望将难民概念之扩展趋势在国际法上予以明确是不现实的。正如本书曾多次提到的那样，即便不对国际法上的难民概念进行调整，部分国家或地区通过保留、声明、区域内或国内立法转化使大批避难者被排除出本国、本区域的管辖范畴。《难民

公约》第 42 条禁止缔约国对公约第 1 条的难民定义提出保留，而第 1 条第 2
款虽规定缔约国通过声明对 "1951 年 1 月 1 日以前发生的事情" 进行解释，
可由于《难民议定书》后取消了这一时间限制，所以公约第 1 条第 2 款的声
明如今也失去了实质意义。可见，《难民公约》事实上并不允许缔约国压缩难
民的概念范畴。然而，庇护申请不可受理性或者对原在国保护的严苛认定，
依然使大批避难者被排除出取得难民地位的范畴。本书第一章第二节曾对国
际法上难民实际取得难民地位的充分条件与必要条件进行讨论，被申请国的
甄别权使符合国际法上难民地位构成要件的避难者在通过甄别之后才得以主
张难民权利。而第一入境国、第一庇护国、安全第三国等原则在实践中使避
难者被阻拦在甄别程序之前，即使避难者得以在移送后取得难民地位，但是
权利的延迟履行亦属于对于权利的限制。从移出国角度来看，能够向其主张
难民权利的避难者范畴借此实际上已经缩小。国际实践中部分国家对于可向
本国主张庇护权的难民范畴的此类压缩，反映出的是这些国家对于承担难民
庇护义务的态度。如此情形下，难以期待国际社会能够就将气候难民纳入国
际法上的难民范畴达成广泛共识。

第三节　国际法上避难者权利保护的法律路径

"国际难民法的形成是为了在原籍国保护之外给个人提供一种后备选
择"[1]，本节聚焦于避难者权利保护而非难民权利保护的原因在于国际法上
难民保护的主要矛盾在于避难者甚至无法获得被申请国对其难民地位的认可。
因此，国际实践中包括本书曾探讨过的大部分关于难民的案件争议点均在于
申请者是否为国际法上的难民。因为，《难民公约》《难民议定书》均规定了
避难者与缔约国之间争端的解决方式。所以，在庇护请求遭到拒绝时，避难
者往往会先向被申请国国内的司法机构提出申诉。在泰托塔诉新西兰案中，
申请者在无法通过被申请国国内司法路径获得救济的情况下，以被申请国拒

---

〔1〕　See Canada（Attorney General）*v.* Ward, Supreme Court Judgments, [1993] 2 S. C. R. 689, Cana-
da: Supreme Court, 30 June 1993.

绝庇护请求会造成对其生命权的侵犯为由，转而向 ICCPR 的履约监督机构 HRC 提出申诉。以具体的权利被侵犯为由申诉，这为避难者权利救济提供了新的思路，目前在国际人权公约中共有 5 个公约规定了个人来文（申诉）制度，即便该制度下审理意见的约束力有限但依然能够对人权保护起到积极作用。

当然，仅仅依靠权利救济路径并不足以为避难者提供充分的保护，难民问题的解决最终还需依赖于国际社会在该问题上团结一致、共同应对。考虑到难民问题的区域性、政治性特征，当前阶段下建立区域主导型立法模式的可能性比达成具有广泛拘束力国际人权公约的可能性高，同时区域内各国政治经济的关联程度较高，这能够为区域型难民分摊机制的构建提供良好的基础。难民权利保护的另一个难题在于大规模避难者涌入使被申请国承担过重的甄别压力，而甄别期过长也不利于难民的权利保护。我们不能全盘否认都柏林移送在难民分摊上的价值，可都柏林移送不仅需要以区域内政治经济的高度一体化为基础，还需要区域内国家与被移送国之间的合意，这并非短期内能够实现的。因此，本书的最后将关注于安全来源国清单的制定，安全来源国清单如适用得当则能够帮助被申请国提高甄别的效率与准确率。

一、个人来文制度在难民权利保护上的适用

国际人权法中存在一个具有准司法性的制度，即个人来文制度，又称个人申诉制度。[1] 该制度以监督缔约国对于人权公约的履行为目的，通过审查申诉人与当事缔约国分别提交的书面材料对该国是否违反公约规定进行认定。"个人申诉程序是以《欧洲人权公约》为范本设计的"[2]，在既存国际人权公约中，ICCPR、《禁止酷刑公约》、《消除妇女歧视公约》与 1965 年《消除一切形式种族歧视国际公约》（以下简称《消除歧视公约》）、1990 年《保护所有移徙工人及其家庭成员权利国际公约》（以下简称《保护移徙工人公约》）均规定了个人来文制度。其中，ICCPR 与《消除妇女歧视公约》是通

---

〔1〕　参见吴双全：《少数人权利的国际保护》，中国社会科学出版社 2010 年版，第 95~97 页。

〔2〕　李将：《〈禁止酷刑公约〉第 3 条项下个人来文及其证据问题论析》，载《时代法学》2017 年第 6 期，第 108 页。

过任择议定书对该制度进行了专门规定，ICCPR 与《消除妇女歧视公约》均明确了条约监督机构不会受理对于非议定书的公约缔约国的个人来文，受理来文申诉的对象必须同时为公约、议定书的缔约国。而《禁止酷刑公约》《消除歧视公约》《保护移徙工人公约》则分别在其第 22 条、第 14 条、第 77 条规定了本公约的个人来文制度，并均要求缔约国"声明承认委员会有权接受并审查"个人来文。所以，以 HRC 为代表的条约监督机构并不具备审查针对全部公约缔约国的个人来文，其审理权限需缔约国以明示的方式承认——加入议定书或声明承认并接受监督机构的审查。前述 5 个人权公约或其议定书均对不可受理的个人来文作出了不同的规定，但均要求申诉者先用尽国内救济途径。此外，5 个公约监督机构的审查均是通过非公开会议的方式。

（一）个人来文制度的机理探析

个人来文申诉制度的审查方式是由认为缔约国侵犯其为公约所载权利的个人在用尽国内补救办法时向公约或其所设监督机构提出具名的书面申请。该机构在认定来文具有可受理性后将转交给被指控的缔约国，便要求该国限期作出解释、答复或对已采取的补救措施进行说明。此时，机构会要求双方递交补充材料，并要求双方对对方进行答复或者就对方的评价发表意见。最后，条约监督机构会对双方的主张以及双方提交的材料举行非公开会议进行审查，并将最终形成的意见告知当事国与申请者。个人来文制度下条约监督机构的审查权限是通过缔约国对接受并承认其审理的明示而得以确认的，该机构的主要作用在于监督缔约国遵循条约规定、谨慎履约，因此只有在个人用尽缔约国国内全部补救手段均不能获得权利救济时才会触发机构对其是否违约的审查。

之所以认为条约监督机构的审理具有准司法性主要在于以下两点：个人来文制度也由审查机构依照公约规定对案件事实进行认定；审查机构最终需将意见告诉申诉者与当事国，由于当事国此前已声明对机构审查的承认与接受，故其审理意见对当事国具有一定影响力。此处之所以使用影响力而非拘束力是因为各人权公约对于个人提交材料使用的措辞为"来文"（communication）而非"申诉"（compliant），既然公约都避免造成审查可以形成有拘束力之意见的印象[1]，亦说明个人来文制度在形式上与法律诉讼十分相似，可是由于无法形成有拘束力的判决，故也只是形似而非神似。

(二) 条约监督机构的职能与权限

个人来文制度虽形式上与司法裁判极为相近，且个人来文制度下申请者也可申请有利害关系的机构工作人员回避，但因不具有法律上的拘束力，性质上依然不能算作司法救济路径。从前文对于个人来文机理的探讨，条约监督机构给出的意见应为缔约国接受、承认。可是，该制度下机构并不能对缔约国采取任何惩罚措施，其审理意见也不会必然导致缔约国履约的效果或使提交来文者获得权利救济。所以，条约监督机构的审查意见对于缔约国主要是具有参考价值。当然，在机构审理认定缔约国确实违反公约之规定造成申诉人于公约下享有的权利受到侵犯以后，申诉人可依据机构的审理意见向当事国申请权利救济。至于，申请是否会为当事国接受，当事国又应如何予以救济，决定权仍由当事国政府掌握。

此外，条约监督机构的另一项重要的职能在于受理个人来文之后可向当事国发出临时保护指令。根据联合国《人权事务委员会议事规则》（Rules of procedure of the Human Rights Committee）第 94 条的规定，为防止部分国家行为对申请者造成无法弥补的损害，委员会可随时要求有关缔约国紧急采取委员会认为必要的临时措施。[2] 机构向受指控的缔约国发出临时保护指令不仅可要求该国暂停对申请者采取某些措施，亦可要求由于不作为而受到指控的缔约国给予申请者暂时的保护。临时保护指令能够保证申诉者的权利在审理期内不致受到侵犯，在奥米纳亚克（Ominayak）诉加拿大案中，HRC 指出加拿大当局批准了一个会造成部落土地进一步退化的项目意味着其并没有积极采取临时措施避免不可挽回的损害发生。[3] 虽然，从实践中看，缔约国对于条约监督机构的临时保护指令并非完全遵循，可条约监督机构的此项职能存

---

〔1〕　[奥] 曼弗雷德·诺瓦克：《国际人权制度导论》，柳华文译，北京大学出版社 2010 年版，第 97 页。

〔2〕　See Rules of procedure of the Human Rights Committee, Rule 94, CCPR/C/3/Rev. 11, 9 January 2019.

〔3〕　See Chief Bernard Ominayak, et al. *v.* Canada, CCPR/C/38/D/167/1984, UN Human Rights Committee（HRC），26 March 1990.

在临时保护的效果，倘若在机构明确发出临时保护指令后缔约国能够谨慎遵循该指令，那么至少可以使申请者之权利与自由免遭难以弥补的损害。条约监督机构的准司法性能够确保申请者的真实权利状态，尽管由于缺乏强制力无法对缔约国形成强有力的约束。倘使，一国完全罔顾条约监督机构的临时保护指令或审理意见，即便这种意见、指令仅存在于个案中，那么又如何能够使其他缔约国相信该国通常会谨慎遵循公约之规定。

（三）个人来文制度与避难者权利保护

毫无疑问，泰托塔诉新西兰案为避难者与被申请国之间的争端解决提供了新的思路。个人来文制度下，避难者可就庇护请求被拒、难民权利遭到限制等问题以具体的公约权利遭遇侵犯为由向相关人权公约的监督机构申诉，特别是 ICCPR 与《禁止酷刑公约》。例如，避难者如若认为被申请国将其遣返的决定会侵犯其于《禁止酷刑公约》下所享有的不被推回的权利，在用尽被申请国国内救济路径之后，便可向《禁止酷刑公约》第 22 条规定的委员会申诉。倘若，避难者认为被申请国对其进行事前拦截侵犯了其于 ICCPR 下所享有迁徙自由，亦可在用尽国内救济路径之后向 HRC 提交来文。不止如此，当难民在避难国权利无法得到充分实现，遭遇歧视待遇等问题的时候，同样可以就具体受侵犯或面临侵犯危险的权利向规定有此权利的公约监督机构申诉。由于《难民公约》并无专门的条约监督机构，因此无法对缔约国是否按照公约规定履行义务进行评估。避难者得利用其他国际人权公约下的个人来文制度维护自己的权利，只要这些权利是为该人权公约在规定的范畴之内。虽然，这些公约的监督机构并无权限就其是否为难民、是否享有《难民公约》所规定的权利等作出认定，且即使作出认定也并不具有法律上的拘束力。但是，只需通过个人来文制度认定缔约国确实构成对于申诉者权利的侵犯，那么申诉者便可据此向缔约国主张权利。此外，向这些人权公约的监督机构申诉意味着当事国不必是《难民公约》的缔约国，如美国，只要该国缔结或参与了这些人权公约及其任择议定书，便可向这些机构提交来文。

不容忽视的是，个人来文制度有其自身的局限性。首先，审查期往往相当漫长，有可能历时数年条约监督机构才能给出最终的审理意见。而对于避难者来说，即使在此期间内能够受到临时保护，但是这种保护的有限性意味着避难者可能需要长期处于权利受到限制的状态。其次，个人来文制度仅能确认避难者在该人权公约下的权利，即使审理意见对其诉求予以肯定，可并不代表避难者必然能取得该国对其难民地位的认可。最后，条约监督机构的审理意见约束力不足。条约监督机构的性质属于为监督各缔约国履约情况而设立的独立专家机构，其职权仅在于对缔约国进行评估。是故，其审理意见的功能仅在于对事实的认定。在泰托塔诉新西兰案与奥米纳亚克诉加拿大案中，HRC 的审理意见围绕基本案件事实或是否来文具有可受理性展开，针对双方存在争议的内容进行认定，却并不会提及违约行为的后果。特别是在奥米纳亚克案中，HRC 虽向加拿大提出了"在 ICCPR 第 2 条含义范围内采取补救措施"的建议[1]，可也只是一笔带过，对具体如何补救、缔约国是否需停止此前的侵犯行为等问题均未予以说明。这就使得条约监督机构的审理意见很难对缔约国起到威慑效果，缔约国是否切实履行公约义务决定权依然在该缔约国自己手中。

二、难民权利保护的涵摄与权衡之困

作为国际法上难民基本权利与自由中的一项，迁徙自由防御功能的关系架构通常仅限于"国家—私人"的二元结构。这并不代表个人的迁徙自由不会受到私人的不当侵害，但在"私人—私人"的架构中，国家充当的角色并不是直接的权利义务承担者，而是以介入者身份承担积极保护义务——应归于基本权利与自由的国家保护义务功能。此处的国家保护义务是狭义的，指国家积极作为以保护公民基本权利与自由不受侵犯，而防御功能仅要求国家权力不侵犯公民基本权利与义务。简而言之，前者要求国家积极作为，而后者要求国家消极不作为。由于国家保护义务通常以国家有管辖权为前提，国家介入并形成"私人—私人—国家"的三元结构后，司法机构的法律适用作业通常围绕国内法展开，实践中私人难以成为侵犯难民迁徙自由的直接或独立的主体，故本书不再进一步展开。

---

[1] See Chief Bernard Ominayak and Lubicon Lake Band *v.* Canada, CCPR/C/38/D/167/1984, UN Human Rights Committee (HRC), 26 March 1990.

（一）涵摄前提的复杂性与推导困境

法律解释是法律适用中必不可少的环节，主张涵摄决定论的学者认为相关法律规范（大前提）与案件事实（小前提）的双重既定性是涵摄的前提，并通过法律规范与案件事实推导出裁判结果。[1] 显然，秉持这种观点的学者着眼于简单的、直观的涵摄模式即前述的司法三段论，而忽略了实践中直接适用大前提与小前提即可推导出 R 的情况是极少的。《难民公约》基于难民特殊的国际法地位及困难处境在非法入境、驱逐依据与申诉、驱逐前的合理期间等问题上给予照拂以保障其迁徙自由。难民获得在缔约国合法的移徙、居留的前提是满足《难民公约》第 1 条规定的构成要件（T），而第 1 条第 1 款乙项所列之要件便属不可直接适用的情形，其中的诸多概念仍需通过其他概念予以阐释。所以，缔约国甄别避难者（a）法律地位的难点在于论证 a 是否满足《难民公约》第 1 条所示 T，遑论进一步推导 a 不被驱逐或推回的迁徙自由是否符合《难民公约》第 31~33 条规定的 T。若采涵摄决定论考察难民之迁徙自由，极有可能面临大小前提均缺位的困境，难道就此便否定涵摄在相关案件中的适用？答案是否定的。即使是法律规定明确、事实简单的案件也可能因为其他因素的缺失或介入而导致论证、推导上的困难，以大小前提之既定性为要求的涵摄无疑会面临"空心化"的结局。

有别于国内法，作为国际社会行为规范的国际法，同时也承担着国际社会共同语言、共同话语体系的职能。[2] 国际条约之缔结以达成更广泛的国际社会共识为目的，这意味着国际条约必然聚焦于缔约国面临的主要矛盾、矛盾的主要方面与普遍性，难以对次要矛盾与矛盾的次要方面、特殊性进行穷尽式列举或者采用不必再以其他概念解释的基本概念为措辞。《难民公约》不同语言版本中措辞的细微区别使得二者存在差异，这在其他国际人权条约中也不鲜见。是故，当事人与缔约国可援引任一版本的文本，国际条约的各语言文本是具有同等的法律效力的。[3] 不同缔约国在援引《难民公约》时尚因

---

〔1〕　参见雷磊：《为涵摄模式辩护》，载《中外法学》2016 年第 5 期，第 1206 页。

〔2〕　参见孔庆江：《习近平法治思想中的全球治理观》，载《政法论坛》2021 年第 1 期，第 5 页。

〔3〕　参见杨宇冠：《〈公民及政治权利国际公约〉中文作准本问题研究》，载《政法论坛》2021 年第 3 期，第 27 页。

文本不同而存在适用上的区分，在避难者与缔约国发生争端时又当以何文本为既定法律规范，这在无形中也增加了推导的难度。

难民寻求法律救济时的主要难题在于法律后果的模糊，国际法特别是已生效的国际人权条约中极少出现明示缔约国违反条约之后果的条款。前述HRC 的审理意见落脚于对当事国行为的判断，其职能亦主要在于审查 ICCPR所载权利受到侵害的受害人来文，而不必判断当事人是否为难民。《公民权利及政治权利国际公约任择议定书》（以下简称《议定书》）肯定了 HRC 对个人来文的审查权，并于第 5 条第 4 款载明 "委员会应向关系缔约国及该个人提出其意见"。虽然，《议定书》未说明意见所包含的内容，但可参考 ICCPR第 41 条第 1 款对于缔约国来文审查的规定，HRC 对个人来文的审查应以友善解决事件为目的的，如达成解决方法则报告书 "应以扼要陈述事实及所达成之解决办法为限"。同时，该款也对未达成解决办法的报告进行规定。不容忽视的是，个人来文制度并不禁止条约监督机构针对争端提供意见。ICCPR 第 41条显示出 HRC 准司法性审查是否在论证 "a 是 T" 后导向 R 主要取决于缔约国对于审查意见的态度。

（二）难民迁徙自由保护立法活动的权衡困境

凯尔森的阶层构造论对法律创设与法律适用的耦合关系予以清晰阐释，尽管为避免集权将立法权与司法权分立进而相互制衡依然是国际社会法治理念的题中必有之义。但制衡的前提是关联，若二者分属不同的体系、处于绝对独立的状态又如何期待二者相互制衡。前述法律适用之困折射出立法上的疏漏，而适用本身及其过程中的论证对立法也能起到阐释与推动作用。因此，对于难民迁徙自由保护 "准司法" 路径下涵摄困境的充分探讨为再谈立法权衡之困提供了思路与视角。

"国际难民法的形成是为在原籍国保护之外给个人提供一种后备选择"[1]，国际法上难民迁徙自由之保护亦然。迁徙自由之于难民是其他权利与自由实现的前提与必要条件，迁徙自由必须限于难民地位之确认而存在并贯穿于难民保护的始终。可见，有别于国际难民法划设体系中的其他权利或

---

〔1〕　See Canada（Attorney General）*v.* Ward，［1993］2 S. C. R. 689，Canada：Supreme Court，30 June 1993.

自由，迁徙自由的保护须先于缔约国的甄别，而此时避难者与缔约国之间几乎不存在任何实质意义上的权利义务关联。将该问题置于社会契约论下观之，社会契约下个人让渡出一部分自由以实现更为广泛的自由，作为公民自觉接受所在国法律的约束并履行该身份对应的义务。难民此前并不对避难国承担其公民所负有的义务，考虑到其现实处境通常也无法履行与避难国公民同等的义务，更何况是法律地位尚未得到确认的避难者。在难民迁徙自由的保护中，缔约国的义务发生于二者产生权利义务关联之前。所以，根据《难民公约》第 31~33 条的规定，缔约国对难民移徙、居留予以的容忍是被约束于合理限度之内的。

而在前文研究中，难民迁徙自由保护的三大问题在于：个人来文制度之准司法性使推导的"法效果"存在不确定性；国际人权条约的固有特征导致了涵摄前提的复杂性与推导上的困难；被申请国甄别权的不当行使。从实践看，前述三个问题均反映出难民迁徙自由与国家主权之间的矛盾是难以通过国际法路径解决的。相关立法活动的"权衡者"难以确定，国际条约的缔结与社会契约下主权的形成截然不同。由于并不存在缔约国让渡而形成的新的"主权者"，无论是条约本身还是其监督机构均不可能担当"权衡者"的角色。作为国际社会普遍共识的国际条约，其缔约国之间在政治、经济上关联远不及某些区域内或联盟内的各国紧密。故，期待国际条约缔约国之间因关联紧密形成制衡而谨慎履约或进行某种程度的主权让渡是不现实的。此外，创设过程中需要根据缔约国情况对适当性与必要性进行分别考察。受国家国体、政体及价值观影响，狭义的比例原则下目的与手段之间效果衡量的结论或将呈现出显著差异。倘若，逐一考量后形成一套统一的规范，通过成本—收益分析予以补充衡量后也将得出立法成本远超收益的结论。

三、区域型难民团结机制的构建

难民问题的区域性、政治性意味着《难民公约》缔约国或国际社会广泛达成关于建立一个以有效应对全球难民问题的公平分摊机制在当前阶段是不现实的。受地理因素的影响，一个区域内各国往往在政治、经济上具有极为紧密的关联，而这种关联能够为区域内难民公平分摊机制的建立提供了基础，因此更容易形成在难民问题上的责任共担，欧盟都柏林体系便是很好的例证。且区域内国家数量相对有限，在地理、文化、宗教等诸多方面具有相似性，在许多问题上亦容易达成共识。在难民分摊问题上，欧盟所尝试的财政手段调节难民配额也为敦促接收国兑现份额内的安置义务提供了参考。但是，不得忽视的一点是，欧盟在经贸领域的高度一体化使这种方案"落地"的可能性大大提高。同时，区域主导型立法能够为将来更大范围的国际性公约或者共识的形成预先打下坚实基础。

（一）《难民公约》及其议定书主导下的区域协作

区域主导型立法模式依旧需要以《难民公约》及其议定书为基本遵循，尽管欧盟都柏林体系在难民问题上进行了许多尝试，可是无论《庇护程序指令》还是《庇护资格指令》均一再强调《难民公约》《难民议定书》的基石作用。《难民公约》及其议定书所构建的难民权利体系之底线已是难民作为自然人不得被克减的那部分权利与自由，区域型难民保护体系给予难民的权利与待遇不得低于公约、议定书划设的底线。地理上的临近使这些区域内的国家在经济、政治、文化上相互关联，如若其中一国负荷过重的庇护压力，极有可能导致区域内安全、秩序与稳定受到影响。此外，若一国发生战争、武装冲突等问题，与该国相邻的国家通常是避难者的主要接收国，无论这种接收是主动还是被动的。

同时，区域协作能够兼顾区域内矛盾的特殊性，在难民权利保护上实现具体问题具体分析。《难民公约》《难民议定书》是国际社会在应对难民问题上所达成的广泛共识，但是这种广泛性亦表明这两项法律文件关注的主要是矛盾的普遍性，因而具有一定的概括性与模糊性，无法实现对于所有难民问题的有针对性解决。从《难民公约》起草时各国代表在许多条款范围、措辞上的分歧不难看出，欲使公约为更多国家接受、遵循，便难以兼顾矛盾的特殊性。TFEU 第 80 条确认的欧盟成员国之间的团结与责任公平分担原则如若可适用于难民问题，不仅可以缓解部分一线成员国的甄别、庇护压力，亦不会造成各成员国的过重负担。避难者大规模涌入某些成员国对于欧盟整体安全与秩序的影响是显而易见的。从避难者角度，安置压力的合理分摊也能够使避难国有能力为其提供更为周延的保护。难民问题的区域性、区域各国之间的紧密关联均要求区域内部以《难民公约》及其议定书为主导协同合作、共同应对难民危机。

应在空间维度构建以公约为圆心的"伞状"保护机制。以 TFEU 第 80 条所确立的基本原则为遵循，2020 年 9 月欧盟委员会提交了一项包含庇护与移民管理的《移民与庇护协定》（Pact on Migration and Asylum），认为欧盟成员国应当以结构化的、灵活的团结机制来实现难民问题上的责任共担。这份新协定的核心支柱之一便是责任的公平分摊与团结，该原则要求成员国在面对难民问题时毫无例外、团结一致，同时委员会也提出了灵活捐款等制度来适应成员国的不同情况与波动的移民压力。由此，欧盟各国在难民管理特别是分配上形成了一份共同但有区别的责任。难民权利与自由保护的涵摄中的法效果存疑与权衡困境在区域团结机制内也更易得到妥善解决，类似欧盟通过财政手段分配难民额度的尝试在区域型治理中才存在"落地"的可能。如前述，难民问题所呈现出的区域型特征通过区域内的立法予以特别规定即可，从成本与收益两端比较区域型立法均优于再就此缔结新的国际条约。

难民权利与自由保护的充分保障主要依靠被申请国，以《难民公约》为圆心建立的区域型团结机制不仅能够约束缔约国谨慎行使甄别权，还可推动其主动通过立法、修法活动践行其在区域内的责任。毕竟，区域型团结机制的建立与运行是以各国权利义务的紧密关联为前提的。区域型团结机制下根据各国实际情况区分出共同但有区别的责任，于区域内国家而言也更易于接受，接收难民的负面影响被科学、有效控制，难民与缔约国之利益才可能协调一致。以《难民公约》《难民议定书》为核心与"伞柄"，以区域型团结机制为"伞骨"，各区域所公平分摊的并非难民配额而是难民权利与自由的保护义务。"伞状"模式下各区域之间的平衡是符合各区域实际与难民现实利益的，各区域协调一致共同支撑起国际法上难民保护的"伞面"，这与人类命运共同体理念中统筹考量国家、区域、世界的要求是相一致的。

（二）区域型难民公平分摊机制的建立

区域型难民公平分摊机制是区域型难民团结机制下的难民分摊基础，需要以区域内各国团结与责任公平分担为前提，在明确区域整体的难民庇护责任的基础上实现对避难者安置压力而非避难者数量的公平分摊。欧盟曾试图在 2015 年年中建成 CEAS,并提议"以各成员国在欧盟的 GDP 份额为主要因素,综合考虑人口、空间问题与失业率等因素"。[1] 较为遗憾的是,该体系迟迟未能落地。

所谓难民公平分摊机制,分摊的不只是避难者数量,而是难民甄别、庇护、应对大规模人员跨境流动的现实压力。虽然,为区域内每个国家按照其接收能力分配该国应当负责的避难者额度是最为直接地提高甄别效率、缓解部分国家安置压力的方式。但是,面对大规模避难者非正常流动,期望合理引流避难者是不现实的。同时,一些客观情况的存在也使得单纯平均分配避难者额度无法达到公平分摊的效果。例如,在欧洲难民危机中,欧盟外部的国家如意大利不仅需要处理数以万计的避难申请,为了维护欧盟的公共秩序与安全还需承担打击地中海沿岸人蛇集团的工作。因此,无论是否平均分配避难者,欧盟外部的这些国家都需事先承担大多数避难者入境、过境工作。以安置能力为依据分配额度,乍看之下兼顾了接收国公平安置能力与难民庇护的实际需求,但是安置能力应如何认定。在欧盟都柏林体系下,最不缺的便是又一套力图客观的评估方案。

"公平分摊机制"应当使区域内各国承担的难民安置义务与其本国具体国情、该国与避难者的权利义务关联等相协调。公平分摊是区域型团结机制正常运转的前提,为了实现公平分摊之目的,区域内各国的难民配额是难以通过一次性分配完成的,极有可能需要统筹兼顾进行多轮分配调整。公平分摊是区域型团结机制之目的,亦是实现区域团结的必由之路——没有难民责任上各国的相对平等、相对均衡是难以将区域内国家团结起来的。与其通过一套难以科学量化的评价工具平均分配避难者数量,不如通过计算应对难民问题的各项成本总和,将成本公平分摊与数量公平分摊相结合。将应对难民问题的压力通过成本反映出来,在难以科学引流、移动避难者的情形下,使一些国家通过对于成本的共担实现对于难民庇护责任的公平分摊。

(三) 以财政手段换取难民配额的可行性

2017 年由于此前达成的难民配额分配制度逐渐失灵,欧盟委员会期望通

---

[1] See Steffen Angenendt, Marcus Engler and Jan Schneider, European Refugee Policy: Pathways to Fairer Burden-Sharing, SWP Comments 36/2013, Stiftung Wissenschaft und Politik (SWP), German Institute for International and Security Affairs, Jan. 2013.

过对拒绝履约方采取财政上的惩罚来应对部分国家不配合的态度。通过财政手段调控难民分配制度在欧洲引发热烈讨论，总结起来主要有两种具体方式：对于拒绝履约方采取财政惩罚措施以及用财政手段平衡难民配额。

针对中东欧的部分国家拒绝承担本国难民配额的做法，欧盟也曾提出过对违规国家采取切断欧盟补贴的方式予以惩戒。[1] 该观点一出立刻引起波兰等国的强烈不满，认为补贴本身的设计初衷与难民分配制度并无干系。财政补贴是基于欧盟国家身份而获得的，故发放与否本身不受难民问题的影响，且作为欧盟国家既得利益，此种情形下被中断势必引起国家间的不满情绪。所以，财政惩罚措施必须事前明确，切不可事后再随意补充。由此可见，欧盟先前施行的难民分配制度在争端解决机制、事前预防和事后惩罚等内容上有所缺失。因此，欧洲难民分摊应当事先敦促各国就违约后的惩罚与补救措施达成共识，以保证各国自觉履约。

运用财政手段平衡难民配额则是部分国家因自身安置能力或宗教习俗等原因提出的一种事前协商的方式，力图建立科学合理的难民分配。我们认为该种方式有两种具体实施路径：欧盟对接收国的财政支持与财政手段换取难民配额。前一种方式是期待欧盟能够通过财政方式鼓励各国积极兑现承诺，2018 年 6 月 29 日，在比利时布鲁塞尔举行的欧盟峰会通过艰难的谈判达成《欧洲移民协议》。[2] 其中，极为重要的一项内容便是由欧盟从预算中拨款设立难民问题专项资金，欧洲理事会同意启动土耳其难民基金的二次付款，同时向欧盟非洲信托基金转入 5 亿欧元。[3] 在这次会议上，各国也就难民压力较大的国家做出了援助和支持的承诺，如在打击地中海沿岸人口贩运、帮助避难者人道主义返回等方面对意大利等一线国家进行援助。[4]

关于后一种解决路径的声音在欧盟内早已有之，考虑到本次难民危机中

---

〔1〕　Tadeusz Iwiński, Transit migration in central and eastern Europe, European Committee on Migration, Refugees and Demography, 13 December 2000, Doc. 8904.

〔2〕　Nina dos Santos, Laura Smith-Spark and James Frate, "EU summit deal reached after Italy demanded action on migrant crisis", CNN, available at https://edition.cnn.com/2018/06/28/europe/italy-eu-summit-migrant-crisis/index.html.

〔3〕　参见 2018 年《欧洲移民协议》第 7 条之规定。

〔4〕　参见 2018 年《欧洲移民协议》第 2、3 条之规定。

申请者的构成，宗教习惯和风俗显然是接收国需要着重考虑的、事关本国融合的要点。除此之外，由于欧盟各国经济实力不均、国情差异较大，要求他们接收与其他国家等额的难民显然是不现实的。近年来，欧洲经济并不景气，2018年由于法国调高油价其国内一度爆发出大规模游行抗议。一方面，通过财政手段换取难民配额的政策不能简单地通过建立"资金池"或者少接纳难民就支付一笔"抵消金"这样的方式，而是应当在评估各国安置能力的基础上划定各国的接收额度，给予接纳数量更多的国家一定财政上的优惠和福利政策。比如欧盟可以在税收等方面对接收国的交通、住房、农业等予以补贴，以帮助其更好地安置难民。另一方面，也能够用相应的优惠政策激励更多国家加入难民安置的行动中来。此外，其他国家对于定额或超额完成难民接收的国家的国民也可以给予一定的优惠政策，这样可以减少本国国内对于接纳难民的不满声。同时，也鼓励国家之间进行合理的难民额度分担，各国在不违反难民权利保护的前提下，可以适当地通过协商进行难民额度再分配。当然，难民额度的分配抑或是再分配均须以难民权利保护为核心，以难民利益最优化为考量。

难民和移民的分配应当是现实且灵活的，难民危机必然会拖慢欧洲一体化的进程。而财政手段则是当前能够形成约束力和推动作用最恰当的手段，欧盟和各欧洲国家均可以运用财政手段来调控本国难民配额。值得注意的是，财政支持手段的前提是区域各国形成的联盟有可支配的财政额度，在世界其他地区并不存在欧盟这样的政治经济高度一体化。因此，在尝试区域协作之初便希望建立一个处于内部事务的"资金池"是不现实的。相较而言，以财政手段换取难民配额的方式需以区域内的政治经济高度一体化为基础，否则将难以落实。同时，欧盟内部有观点认为"难民配额交易"无异于使部分国家通过"现金赎回"的方式逃避本国应承担的难民安置义务。[1] 显然，这是有违区域团结机制的公平原则的。因此，财政手段换取难民配额这一路径有其可行性。但是，如何以公平为导向实现区域内各国在难民问题上真正的责任共担，还需进一步优化财政杠杆在欧盟难民分摊机制中的具体职能，以更

---

〔1〕　Andrés Ortega, "The disgrace of trading refugee quotas", Elcano Royal Institute, available at https：//www. realinstitutoelcano. org/en/blog/the-disgrace-of-trading-refugee-quotas/.

为丰富、合理的运用形式进一步激发其灵活性。通过补贴、预算、税收等多种形式齐头并进，使"财政手段换取难民配额"这一方式不再简单地等同于部分国家通过支付一笔费用逃避难民配额。而是以难民权利保护为目的，从多角度限制区域内国家"现金赎回"，实现区域内各国公平分摊难民配额。

四、动态安全来源国清单的制定

由国际法上难民权利的构造观之，迁徙自由的实现是难民其他基本权利与自由实现的前提。倘若避难者一开始便被缔约国"拒之门外"，便很难期待避难者再基于《难民公约》主张难民地位。因此，难民迁徙自由保护在顺序上不能置于缔约国甄别之后，这从《难民公约》第31~33条的规定中也得到了印证。为保证难民迁徙自由保护与缔约国维护本国国家安全、公共秩序的需求相协调，应在时间维度上构建甄别权行使的层级控制。在时间进程中划分出不同的甄别层级不仅有利于减轻每一层级的甄别压力，同时也能够循序渐进为符合《难民公约》难民身份构成要件的避难者提供周延的保护。特别是在面对大规模难民涌入时，通过初步甄别、确认甄别与例外甄别将避难者身份甄别的时间与经济成本分流从而达到控制总成本的目的。

被申请国不必对避难者均进行三层级甄别，不同层级甄别结果对应不同的保护范畴，适用何种层级的甄别也根据阶段或者本国接收具体情况而定。确认甄别，即对寻求庇护者难民地位的甄别；例外甄别则是缔约国依据《难民公约》第31~33条或避难者原在国情势变化提起的特别甄别。确认甄别与例外甄别在《难民公约》与部分国家国内法中有明确的规定，而初步甄别尽管在《难民公约》第31条中能够窥得其踪迹，但是在既存法尚无系统、完整的模型，在国际实践中较为成熟的尝试是"安全来源国"制度。

虽然，前文曾对安全来源国原则在实践中适用的具体问题进行论述，但是我们不可就此否认安全来源国原则的合理适用的确能够帮助缔约国快速确认申请者是否属于国际保护的受益者。在应对欧洲难民危机时，德国曾在海德堡进行试点，将难民分为四类：获得居留前景良好的申请者、来自安全来源国的申请者、应由他国管辖的申请者以及需要完整避难审批程序移交其他机关审理的情况较为复杂的申请者。[1] 这样的方式不仅有助于提高被申请国的甄别效率，还能有效地避免大批申请者滞留一地等待甄别的现象。前文中我们曾论述过，各国此前制定的安全来源国清单是存在较大差异的。例如，波黑、黑山、马其顿和塞尔维亚在被调查的 12 个国家中"上榜率"最高，并没有任何一个国家被全部 12 个国家认定为安全国。这也暴露出欧盟对于安全来源国尚未形成一个统一的标准，2005 年的《庇护程序指令》曾试图在欧盟内部建立一个最低标准的安全来源国清单，但该计划最终夭折。一方面是因为各国对于难民的态度冷热不均，另一方面在国内人权保护、民主自由程度等问题的评估上，国与国之间也存在较大差异。可见，安全来源国清单的制定并非易事。

2013 年《庇护程序指令》第 37 条对成员国指定第三国为安全来源国予以详细规定，不仅要求成员国应当对被指定为安全来源国的国家进行定期评估确定其依然符合安全标准。此外，该条还要求成员国应当以足够充分的信息作为认定安全来源国之依据，并将其认定的安全来源国告知欧盟委员会。《庇护程序指令》第 37 条第 2 款的规定表明，安全来源国的认定并非永久性的，各国在指定来源国清单后注意依据客观情况的转变而调整清单。此外，安全来源国清单的适用应避免"一刀切"。难民问题本就复杂多变，倘若始终按照一套固定的清单未免过于僵硬，不妨预先制定安全指数评级标准，根据来源国的实际情况对其进行安全评级，并在一定周期内对各国安全级别作出调整或维持的决定，对来自清单中高风险国家的避难者申请予以优先处理。不仅如此，如果区域内各成员国所列安全来源国清单的差异较大，也会导致各国所承担的难民安置压力失衡。所以，维持区域内安全来源国认定标准的一致性是有必要的，当然对于一致性的要求并非以区域内所有国家适用完全相同的安全来源国清单为目的，也应当综合考虑各国在经济、人口等方面的具体特征。安全来源国清单的制定与执行应当由该区域协定所设专门机构如安全级别评定委员会完成，各国如对本国的评定结果存在异议或未来国内情形发生了较大变化可向该机构申请复核或变更，并提交足以证明本国实际情

---

〔1〕 参见伍慧萍：《欧洲难民危机中德国的应对与政策调整》，载《山东大学学报（哲学社会科学版）》2016 年第 2 期，第 5 页。

况确有变化的相关材料。由此，能够增强安全来源国清单的灵活性与合理性，方便接收国腾出手来为真正处于不利境遇中的申请者提供充分、及时的庇护。

分层级甄别并不意味着避难者迁徙自由将面临更多、更复杂的甄别程序，通过初步甄别后避难者便可得到临时性保护，若期望难民地位还须经确认甄别。随后，由接收国根据难民在本国的具体情况决定是否发起特别甄别。三层级甄别的目的、内容与对象存在显著差异，分级后甄别后各级甄别的效率随之提高，通过时间维度进行区分能够平衡公约义务与本国的甄别、安置压力。在三层级甄别之外，缔约国还应考虑针对妇女、儿童、老人与残疾人的特别甄别程序之设立，以家庭团聚权、儿童利益最大化等为基本遵循对此类群体予以特别照拂。

第六章　中国保护难民权利的困与径

　　"阿拉伯之春"后地中海沿岸与欧盟内部的难民危机持续至今，而 2022 年初俄罗斯与乌克兰军事冲突的爆发使得黑海沿岸国家亦面临严峻的难民安置压力。国际局势的不稳定发展导致难民问题愈演愈烈，已发展成为一个全球性挑战。作为负责任的大国，中国曾积极承担印支难民[1]、伊拉克难民、缅甸难民的安置责任。其中，由于缅甸国内宗教分歧、武装冲突等问题的存在，中国不仅接收了大批来自果敢等地区的避难者，同时还直接接收并积极帮助孟加拉国安置大批罗兴亚难民[2]、对几内亚比绍难民进行物资援助。在 2017 年 5 月的"一带一路"国际合作高峰论坛，中国商务部与 UNHCR 签订《中华人民共和国和联合国难民署经济技术合作协定》，该协定明确了中国对于联合国难民署的资金支持，凝聚"一带一路"共建国家的力量致力于对难民的人道主义救援。中国在保护难民权利的实践中遇到的困难不仅包括甄别效率低、安置压力大等被申请国普遍面对的难题，也包括外部力量干预、自身人口压力大等问题。

第一节　中国保护难民权利的实践

　　事实上，中国在难民权利保护上的实践是相当丰富的。1971 年恢复在联合国的合法席位后，中国便积极参与联合国难民议题的相关工作，并于 1979

---

　　〔1〕 "印支难民"指 1978 年起中国接纳安置的 20 余万来自越南、老挝、柬埔寨三国的难民。

　　〔2〕 "罗兴亚难民"指是居住于缅甸若开邦阿拉干地区信奉伊斯兰教的穆斯林族群，由于缅甸国内相关法律制度对其国民身份造成的影响与宗教冲突等原因而被迫流离失所。

年起开始参加 UNHCR 方案执行委员会的活动。不仅如此，1982 年 8 月中国正式加入《难民公约》与《难民议定书》成为该公约及其议定书的缔约国。一直以来，中国也接收并安置了相当数量的难民，例如罗兴亚难民、伊拉克难民。

一、中国接收难民的构成与特征

1978 年起大批印支难民涌入中国境内，截至 1982 年，中国接收的印支难民已近 30 万。[1] 印支难民虽来自越南、老挝、柬埔寨，但其中约 91%为华裔。而随着缅甸国内罗兴亚人与其他族群在宗教、文化等问题上的矛盾不断激化以及缅北果敢地区军事冲突的发生，中国又先后接纳了数万来自缅甸的避难者。2003 年"第二次海湾战争"爆发，中国不仅接收并安置了来自伊拉克的难民，同时还为伊拉克难民营的建立与运转进行援助。在中国收到的庇护请求中，也有部分是来自索马里、卢旺达的避难者。由此可见，在中国接收、安置的难民群体中，绝大多数是来自亚洲的邻近国家，也存在来自其他战争或者持续动荡地区的避难者。

中国接收难民的构成反映出难民问题的地缘政治特征与文化特征，避难者大多会选择与原在国相近的邻国，且宗教信仰、生活习惯等上的相似性也成了影响难民选择的重要参考因素。前者是客观因素引发的必然结果，后者则事关避难者在接收国的融合问题。

二、中国在全球性难民问题应对中的责任

伴随着中国综合国力的提升，有观点认为中国应接收来自叙利亚、利比亚、阿富汗等地的难民。然而，难民的接收并非简单地接纳外国人进入一国境内给予其居留权，难民问题的本质是人权保护。首先，无论从中东难民问题产生的缘由看，还是从中东难民自身的特点看，中国均非中东难民理想的避难国。中东难民无法获得原在国保护的根本原因在于部分发达国家在该地区政治、军事上的博弈。所以，由中国承担这些博弈造成的流离失所者安置

---

〔1〕　参见吴慧：《国际法中的难民问题》，载《国际关系学院学报》1998 年第 4 期，第 12 页。

压力并不合适。其次，中国与这些中东国家在宗教信仰、习俗上的巨大差异极大增加了来自这些国家的避难者的融合难度。与此同时，这些差异也将为中国社会带来极大的安全隐患。

值得注意的是，难民问题已发展为全球性挑战，可解决这一挑战的路径并不仅限于接收难民。在这之前，中国为国际社会共同应对难民问题提供了许多新的思路。在安置阶段，中国为难民实际接收国提供资金、技术上的援助；在团结一致方面，中国通过"一带一路"凝聚各共建国家力量以创造出的良好契机帮助共同解决难民危机。不仅如此，许多国家和地区的难民问题主要来源于矛盾未能得到充分有效解决。因此，中国可利用自身影响力帮助消除避难者所畏惧的事由，这也是大国担当的最直观的表现形式。

面对日益严峻的全球性难民问题，中国兼具着多重责任。首先，作为《难民公约》《难民议定书》以及其他国际性人权条约的缔约国，中国负有条约规定的对于避难者的权利保护责任。其次，中国接收难民的构成反映出难民问题的区域性特征。部分难民的来源国地理位置上与中国临近，地理上的临近不仅会使大批避难者选择前往中国寻求庇护，也意味着该国与中国在政治、经济等方面通常也存在紧密联系。出于自身社会稳定与发展的考虑，中国也有责任帮助该国解决难民问题。最后，"各国相互联系、相互依存，全球命运与共、休戚相关"，[1] 无论是阿拉伯之春还是俄乌军事冲突，均严重威胁着人类社会的普遍安全。中国有权利也有义务参与到解决此类冲突的工作中去，对因此流离失所者提供人道主义援助，引导冲突方坚持对话协商。

三、中国保护难民权利的现实困境

实践证明中国曾多次积极参与对难民的人道主义救援，并直接接收、安置了包括难民、脱北者在内的数以万计的流离失所者。可值得注意的是，中国的难民权利保护始终面临着重重现实阻力。

首先，《难民公约》《难民议定书》对于"难民"的界定具有模糊性，而难民问题本身也极具复杂性。通过前文对"难民"概念范畴的详细论述不难

---

〔1〕 习近平：《共同构建人类命运共同体》，载《求是》2021年第1期。

看出，即便是对于《难民公约》的各缔约国而言，"难民"的定义具体到各国国内法或区域型立法中也存在一些显著的差异性。譬如，气候难民是否属于法定的难民范畴，抑或是立法中是否将外来侵略等明确列为难民离开原在国避难的缘由。对于难民定义的显著差异导致难以正确判断《难民公约》《难民议定书》各缔约国的履约情况，由此便很难确认相关国家应承担的责任。中国处理朝鲜"脱北者"问题的实践中，便发生过因对"脱北者"身份界定分歧导致的一系列恶性事件。这些恶性事件中不乏一些西方国家所谓"人权组织"的身影，既包括组织、帮助大批脱北者非法偷越边境进入中国，也包括多次策划、组织"脱北者"闯入国驻中国使领馆。[1] 朝鲜"脱北者"问题上的最大争议点在于"脱北者"是否属于难民，"脱北者"问题产生的根本原因在于彼时朝鲜国内经济陷入困顿造成的食物紧缺等困难。虽然，经济原因在某些情形下也具备政治性特征，但是朝鲜在 20 世纪 90 年代经济危机的发生主要由于严重的自然灾害。1995 年夏天大雨引发洪水时，粮食危机爆发，而彼时的朝鲜又难以通过进口贸易获得充足的供给。[2] 而自然灾害导致的经济危机并不具有明显的政治特征，将之认定为原在国迫害并不合适。并且，受经济危机不利影响的"脱北者"也不符合《难民公约》第 1 条第 1 款所列的 5 种情形。倘若，将政府短期内无力解决的经济困难列为避难者无法获得原在国保护的事由，那么，来自最不发达国家的避难申请者均可以此为由向《难民公约》《难民议定书》的缔约国主张庇护权。如此，也会引发大规模的人口不正常流动。朝鲜"脱北者"问题反映出了中国保护难民权利的一大难题——作为缔约国无法正常行使甄别权，甄别的目的在于使申请者可以获得与其法律地位相对应的权利。然而，"脱北者"非法越境、闯关等行为不仅对社会治安形成严重威胁，更让大部分真正希望获得帮助的"脱北者"无法获得妥善的援助与保护。

其次，中国应对朝鲜"脱北者"的实践同时也反映出部分国家企图将难

---

〔1〕 参见黄志雄、胡健生：《论朝鲜"脱北者"的国际法地位及我国的对策》，载《时代法学》2014 年第 5 期，第 4 页。

〔2〕 See Eric Yong-Joong Lee, "Protection of North Korean Escapees under International Law", *Asia-Pacific Journal on Human Rights and the Law*, Vol. 1, No. 2, 2000, p. 114.

民问题政治化——将"脱北者"等同于难民借机对中国人权保护状况进行污蔑。不容忽视的是，难民问题如今已成为资本主义国家抨击社会主义国家人权状况的主要武器之一，这一点从美国 1952 年《移民与国籍法》与 1962 年《移居与难民援助法》的相关规定可见一斑。[1] 不论是要求中国分摊中东难民的安置压力，还是在国界筑墙拒绝移民进入，或者在"脱北者"等问题上诋毁中国，资本主义国家在难民问题上似乎一直奉行着双重标准。诸如此类的行为不仅阻碍了中国保护难民权利工作的有序进行，也使得难民问题日益复杂化、政治化。在这种情形下，《难民公约》《难民议定书》所期望实现的难民权利保护效果大打折扣。

最后，作为世界上人口最多的国家，中国承担着巨大的人口压力，若数以万计的避难者在短时间内涌入，会对中国经济、政治、文化、社会稳定等方面造成极为不利的影响。当前，中国尚未与邻近国家形成科学、合理的区域型难民额度分摊机制。所以，如若大批避难者突然涌入，或许难以及时形成高效的安置方案。同时，中国制定难民长久解决方案时也需结合国内人口基数及特征谨慎抉择。在印支难民的遣返中，中国与 UNHCR、老挝政府分批次、有规划的灵活合作方案曾受到高度评价。[2] 可必须注意的是，假如面对的是数以百万计的难民，还应考虑成本问题，照搬此前的方案是行不通的。综上，在尚未形成有针对性的、系统的《难民法》的情况下，中国在难民问题上应遵循《难民公约》及其议定书的规定，并始终秉持审慎态度，兼顾国内外的现实状况，适应本国的实际情况为难民提供尽可能周延的保护。

第二节　中国关于难民权利保护的法律体系

虽然，中国此前在难民接收与、安置等方面已进行过非常丰富的实践，可是，作为《难民公约》《难民议定书》的缔约国，中国目前并未适应公约及议定书的内容制定针对难民权利保护的专门性立法。

---

〔1〕　参见李晓岗：《难民政策与美国外交》，世界知识出版社 2004 年版，第 47～66 页。

〔2〕　参见梁淑英：《国际难民法》，知识产权出版社 2009 年版，第 303～307 页。

一、中国国内法中关于难民的规定

1982 年《中华人民共和国宪法》（以下简称《宪法》）第 32 条第 2 款规定，对于因为政治原因要求避难的外国人，可给予受庇护的权利。[1] 结合该条第 1 款，在遵守中国法律的前提下寻求政治避难者的受庇护权。与 1954 年、1975 年与 1978 年《宪法》相比，1982 年《宪法》针对的群体范围更为广泛。此前的三版《宪法》中均使用的是"由于拥护正义事业""参加和平运动"或"参加革命运动"进行科学工作而受到迫害"，对外国人受迫害原因进行了列举式限定。[2] 并且，前三版《宪法》中仅规定对于此类外国人"给以居留的权利"，居留的实现属于"庇护权"实现的必要条件，但是"庇护权"的概念范畴显然远大于"居留权"。可见，1982 年《宪法》进一步扩大了所保护的避难者及其权利范畴。

根据 2012 年通过的《中华人民共和国出境入境管理法》（以下简称《出入境管理法》）第 46 条的规定[3]，处于甄别期间的申请者可以凭借公安机关签发的临时证件在中国境内停留，通过甄别的难民则可以凭借专门的难民身份证件停留、居留。值得注意的是，早在 1985 年通过的《中华人民共和国外国人入境出境管理法》（以下简称《外国人入出境管理法》）第 15 条中已有对于难民的规定，该条明确了因政治原因避难的外国人在经中国政府主管机关批准后可以在中国境内居留。1985 年《外国人入出境管理法》与 2012 年《出入境管理法》第 46 条规定的对象并不相同，前者规定的是"因为政治原因要求避难的外国人"，后者则为"难民"。此外，后者在前者的基础上肯定了甄别期间避难申请者临时停留的权利，确保申请者在甄别期内可以处于相对稳定的状态、获得临时的兜底保护。显然，《出入境管理法》第 46 条与

---

〔1〕《宪法》第 32 条规定：中华人民共和国保护在中国境内的外国人的合法权利和利益，在中国境内的外国人必须遵守中华人民共和国的法律。中华人民共和国对于因为政治原因要求避难的外国人，可以给予受庇护的权利。

〔2〕参见梁淑英：《国际难民法》，知识产权出版社 2009 年版，第 259 页。

〔3〕《出入境管理法》第 46 条规定：申请难民地位的外国人，在难民地位甄别期间，可以凭公安机关签发的临时身份证明在中国境内停留；被认定为难民的外国人，可以凭公安机关签发的难民身份证件在中国境内停留居留。

《难民公约》的规定保持了一致，对寻求庇护者的权利予以了分阶段的保护。除《出入境管理法》第 46 条外，该法中再无对于难民的专门性规定。但是，该法第 20 条与第 31 条分别针对出于人道原因紧急入境与因人道原因须由停留变为居留的情形进行了规定，而该法第 23 条则规定了因不可抗力或者其他紧急原因需要临时入境的。而《难民公约》所规定的难民地位构成的 5 种情形当然属于"人道原因""不可抗力""其他紧急原因"的题中应有之义。

除此之外，《中华人民共和国反恐怖主义法》（以下简称《反恐怖主义法》）第 2 条[1]中明确拒绝给予任何恐怖活动人员庇护或难民地位。作为《难民公约》的缔约国，《反恐怖主义法》第 2 条的规定无疑与《难民公约》第 1 条第 6 款的宗旨是相一致的。该规定与事实上《宪法》第 32 条第 2 款、《出入境管理法》第 46 条共同划设出中国所庇护的难民范围，只不过前者采用的是排除性规定。根据本书第一章的论述，这个范围并不窄于《难民公约》及《难民议定书》所界定的难民范畴。不仅《宪法》第 32 条"因为政治原因要求避难"的条件限制与《难民公约》所列 5 种情形未形成界定上的明显冲突，《反恐怖主义法》将涉恐人员排除出法定难民之列也未超出公约排除的适用范围。尽管，当前国际社会对于恐怖主义的定义存在分歧，可根据《反恐怖主义法》第 3 条对恐怖主义概念进行的界定与《难民公约》第 1 条第 6 款所称三种情形具有概念范畴上的重合性。

中国台湾地区曾多次提出拟定所谓"难民法（草案）"，但至今并未"成型"，且该草案的政治色彩浓重，偏离国际法上难民基本权利与自由保护的根本原则，是否以对难民的深切关怀为基本价值导向也有待商榷。长期以来，中国发改系统扶贫工作始终关注并致力于解决中国边境难民的发展问题，中国民政部则承担了难民安置、援助的大量工作。此前，民政部曾多次就制定《难民甄别和管理办法实施细则》进行研究、讨论。目前，在部分地区的地方规范性文件中存在对于难民权利保护中一些具体问题的规定，如 2001 年

---

[1] 《反恐怖主义法》第 2 条规定：国家反对一切形式的恐怖主义，依法取缔恐怖活动组织，对任何组织、策划、准备实施、实施恐怖活动，宣扬恐怖主义，煽动实施恐怖活动，组织、领导、参加恐怖活动组织，为恐怖活动提供帮助的，依法追究法律责任。国家不向任何恐怖活动组织和人员作出妥协，不向任何恐怖活动人员提供庇护或者给予难民地位。

广东省《关于解决华侨农场归侨难民青年劳动就业问题的意见》。可见，目前中国关于难民权利保护的法律体系呈现出以《宪法》第 32 条为主导，以《出入境管理法》为指导，各地各部门政策零散分布的特征。

二、中国参与的国际条约中关于难民的规定

作为《难民公约》与《难民议定书》的缔约国，中国有义务保护难民为公约及其议定书所规定的权利。因为，中国对于《难民公约》第 14 条后半部分"艺术权利和工业财产"的国民待遇、第 16 条第 3 款在经常居住国以外国家就法院申诉事项的国民待遇与《难民议定书》第 4 条争端解决方式提出保留。所以，中国需给予难民除上述两项权利的国民待遇以外其他一切由《难民公约》及其议定书所规定的权利。不容忽视的是，中国对于给予第 14 条与第 16 条所述权利之国民待遇的保留并不等同于中国拒绝保护难民的这两项权利。"保留"仅意味着中国政府并不负有在这两项权利上给予难民国民待遇的必然义务，可依然需要依据《难民公约》第 7 条第 1 款至少给予其一般外国人待遇。

此外，中国所负有的难民权利保护义务并不仅仅来源于《难民公约》及《难民议定书》。作为 ICESCR 与《禁止酷刑公约》《儿童权利公约》等多个国际性人权条约的缔约国，中国有义务根据缔结或参与的国际人权条约中的规定对难民予以保护。中国对于难民权利的保护工作必须遵循的这些国际性人权条约相关规定——既包括对于难民权利的直接规定，如《儿童权利公约》第 22 条关于儿童难民的规定；也包括适用于所有人类家庭成员基本权利与自由保护的规定。前者可视作对于《难民公约》《难民议定书》规定内容的延展与补充，后者则明确了作为自然人的避难者不必依据其难民地位便可享有的权利与自由。

在中国与一些国家签订的引渡或刑事司法协助条约中也存在涉及难民的相关规定，其中较为典型的是政治犯罪不引渡或拒绝协助的规定。[1] 值得注意的是，此类条约中的相关规定通常是以保障难民权利为目的。以 2019 年

---

〔1〕 参见刘国福:《中国难民法》，世界知识出版社 2015 年版，第 44~45 页。

《中华人民共和国和越南社会主义共和国引渡条约》为例，根据该条约第 3 条第 2 项的规定，被请求引渡人构成难民地位时则属于应当拒绝引渡的情形。[1] 拒绝对于难民的引渡请求能够保障难民受庇护权的实现，与中国依据《难民公约》所负有的难民权利保护义务是协调一致的。

综上所述，中国关于难民权利保护的法律体系是以《难民公约》《难民议定书》的规定为基本遵循，以 1982 年《宪法》第 32 条为主导，以《出入境管理法》第 46 条为指导，以中国参与的各类国际条约中的相关规定为基础、补充或保障，由各部门、各地区的详细政策为落实依据的。作为《难民公约》的缔约国，中国国内立法与公约规定相适应。《宪法》第 32 条明确了难民的受庇护权，而《出入境管理法》第 46 条则确认了避难者在甄别期间与获得难民地位认可后在中国境内的合法停留或居留。不仅如此，中国与他国签订的刑事司法协助、引渡等方面的条约也遵循了难民权利保护的基本原则，而中国各部门、各地的难民政策则为难民地位所对应的具体权利之落实提供了保障。

第三节　难民权利保护的中国因应

一、中国保护难民权利相关法律制度的完善

结合前文对于其他国家、地区难民法律制度的研究，不难看出中国现行法律制度中并无对于难民权利保护的系统性、专门性规定，相关部门性、地方性文件中的规定也比较分散、未能体系化。而《难民公约》及其议定书的相关规定也不够细致、未能也无法直接"照搬"到国内难民安置的实践中。由于，中国各地接收难民的实际状况并不相同，故各地并无必要遵循完全相

---

〔1〕《中华人民共和国和越南社会主义共和国引渡条约》第 3 条"应当拒绝引渡的理由"第 2 项规定：被请求方有充分理由认为，请求引渡的目的是基于被请求引渡人的种族、性别、宗教、国籍或者政治见解而对该人进行起诉或者处罚，或者该人在司法程序中的地位将会因为上述任何原因受到损害。

同的规定。但是，这并不意味着无须适应《难民公约》《难民议定书》的规定进行相关立法、修法活动。难民权利保护涉及国家政治、经济、文化、治安等方面面，所以有必要进行有针对性的专门立法。刘国福教授在其著作《中国难民法》第十三章附上了《难民法》与《难民条例》的学者建议稿及详细的说明，参考部分国家移民法、难民法中的相关内容，从难民甄别到后续具体权利保护、入籍等内容进行了详细规定。此处笔者仅从前文研究中发现的亟待立法解决三个方面入手，对中国保护难民权利的相关法律制度之完善提出建议。

首先，应当在立法中对难民甄别的条件、程序等进行清晰地规定。甄别是被申请国对于申请者是否构成难民地位的认定路径，也属于一国决定是否接收非本国国民入境的内部主权事务之一。申请者只有通过了甄别才能够享有法律所规定的全部难民权利，民政部多次将《难民甄别和管理办法实施细则》的制定列入研究计划，可该细则却迟迟未能落地。《难民公约》《难民议定书》虽对难民进行了界定，但所规定的难民身份的构成要件却过于笼统。假如，仅依据公约及其议定书的规定，其模糊、笼统的描述会导致甄别效率不高。部分国家与地区的立法以《难民公约》《难民议定书》作出的定义为基础，结合本国或本地区的具体情况进行了补充和细化。例如，欧盟《庇护程序指令》《庇护资格指令》遵循公约精神，就难民来源国、具体甄别程序、申请是否具有可受理性等内容予以详细规定。如此，在甄别时可快速、准确定位申请者所属的类型，并作出接收与否的决定。甄别效率与准确率的提高可以避免使难民权利长期处于失去保护的状态，并减轻被申请国在甄别压力下的治理成本。

其次，有必要在立法中结合《难民公约》《难民议定书》的规定对难民权利及待遇的实现、权利救济路径等内容进行详细规定。参考其他国家、地区的关于难民的相关立法不难发现，《难民公约》对于难民权利与待遇的具体规定在各国或各地区适用时，须考虑其与该国、该地区既存法中相关规定的关系。作为缔约国应如何将条约义务具体落实到本国难民保护的实践中，这就需要判断是否将根据公约、议定书的规定展开立法、修法活动，同时还当明确公约、议定书中未予以规定或规定较为笼统的难民权利保护的执行机构、执行标准以及避难者权利救济的具体路径、相应条件。当前，中国尚未出台专门的《难民法》，《宪法》与《出入境管理法》中的规定未能对难民权利保护的具体内容予以详细展开，而这将影响《难民公约》《难民议定书》下难民权利保护义务的具体落实。难民问题在全球范围内的持续发酵与此前部分国家、地区难民危机的爆发显示出该问题的解决需要国际社会的一致努力，各国不仅应就难民问题的应对达成广泛共识，对内也应完善相关立法、提高应对能力。中国作为缔约国与负责任的大国为落实《难民公约》《难民议定书》所规定的义务，应当总结其他国家的经验并进一步完善相关立法。明确的立法不仅有利于提高义务履行的质量与效率，还有助于直观反映出难民在本国的权利保护状态。不容忽视的是，实践表明难民权利实现的具体状况是受到难民自身特征的影响的，应特别关注妇女、儿童、老人等特殊群体的权利保护，充分考虑到这些群体相对弱势的地位并给予其特别照拂。

最后，中国在对于难民权利保护的相关法律制度进行完善的过程中应注意相关立法活动聚焦于矛盾的普遍性，各地、各部门的具体政策制定则需关注矛盾的特殊性。矛盾的普遍性与特殊性不仅包括中国面对的难民问题本身的普遍性与特殊性，同时也包括中国自身发展中所显现出来的各类矛盾及其普遍性与特殊性。以难民问题的长久解决方案为例，无论是就地融合还是在畏惧事由消失后帮助其返回原在国，均须对难民及其原在国的具体情况予以分析、判断，以人权保护为出发点进行考量。为提高效率、保证相关决定不致造成不利影响，在立法中明确不同处理方式适用的条件、标准就显得尤为重要。特别要注意的是，难民在中国的安置需要结合中国的具体国情，考虑到难民是否可以良好适应并很好融入所在地社会。例如，中国的民族分布特点是"大杂居、小聚居"，部分难民较多的边境地区居住着生活习惯、文化等均具有鲜明特色的少数民族，在安置难民时考虑难民的宗教信仰等是否与当地居民存在强烈冲突或差异。宗教、文化等方面的差异正是欧洲难民危机中呈现出来的最为尖锐的矛盾之一。是故，在难民融合问题上，各地政府应当注意到这些矛盾的特殊性，在本地政策制定与难民安置的具体工作中切实做到具体问题具体分析。

二、区域型难民团结机制的探索

无论是"阿拉伯之春"后的欧洲难民危机,还是缅甸罗兴亚难民问题都呈现出极强的地缘政治特征。避难者原在国的周边国家由于易于到达以及风俗、文化、生活习惯等方面的相似性往往会承担巨大的难民安置压力。联合国难民事务高级专员菲利普·格兰迪提到,2022 年俄乌冲突发生后 7 天内便有逾 100 万难民逃离乌克兰。联合国难民署的数据显示,截至 2022 年 3 月 11 日已有超过 250 万难民从乌克兰逃离至邻国。[1] 无疑,这意味着乌克兰周边国家在短时间内需要承担大量避难者的接收与安置压力。倘若,俄乌冲突短期内无法得到妥善解决,有效的区域难民分摊机制的缺位将导致周边国家的财政、社会安全等方面受到极为恶劣的影响。乌克兰周边的罗马尼亚、斯洛伐克等多个邻国为自乌克兰入境的人员提供了临时免签等便利,以保证这些人员及时脱离危险。[2] 不过,类似措施并非长久之计,并且需要地区内国家的协同合作。否则,不仅难民安置压力会过于集中,对接收国造成不利影响,还会使难民权利无法得到周延的保护——在超负荷时即便接收国希望使难民得到妥善安置也无能为力。

以欧洲难民危机的前车之鉴为镜,如果区域内各国无法形成切实可行的难民团结机制,不仅会造成某些国家超负荷承担难民安置的压力,同时也将对区域整体发展造成不利影响。以罗兴亚难民为例,罗兴亚人聚集于临近孟加拉国的若开邦阿拉干地区,因此,孟加拉国成为罗兴亚避难者首选的避难地。[3] 然而,大批难民的涌入使孟加拉国承受了极大的压力。所以,近年

---

〔1〕 See "Ukraine emergency", UNHCRAsia Pacific, available at https://www.unhcr.org/asia/ukraine-emergency.html.

〔2〕 参见《中国驻乌克兰大使馆:为中国公民自乌克兰入境周边国家提供协助》,载国家移民管理局官网,https://www.nia.gov.cn/n741440/n741542/c1474597/content.html,最后访问日期:2024 年 10 月 21 日。

〔3〕 根据 UNHCR 的统计显示,亚太地区登记的罗兴亚难民中逾 90% 为孟加拉国所接收。截至 2021 年 2 月,孟加拉国考克斯巴扎尔地区已收容罗兴亚难民近 88 万人。参见《难民署:罗兴亚危机需要可持续的解决方案》,载联合国难民署官网,https://www.unhcr.org/cn/14527-联合国难民署:罗兴亚危机需要可持续的解决方案.html;《孟加拉国罗兴亚难民营大火致至少 15 人丧生 联合国提供紧急援助》,载联合国官网,https://news.un.org/zh/story/2021/03/1080762,最后访问日期:2024 年 10 月 21 日。

来，以 UNHCR 为代表的国际机构与包括中国在内的部分亚洲国家一直致力于解决罗兴亚难民问题造成的区域安全隐患与人道主义危机。欧盟都柏林体系虽在应对难民危机时弊端日显，但是也为区域型难民分摊机制的构建提供了许多经验。难民问题的地缘政治特征意味着区域内公平分摊机制的建立能够提高接收国安置能力与难民寻求庇护诉求之间的匹配度，加快难民安置速度的同时兼顾区域内的发展、和谐与稳定。区域内各国之间是"辅车相依，唇亡齿寒"的关系，倘若，某一国在经济、治安等方面存在极大的隐患，那么区域内其他国家必然也将受到影响。

此前，中国在"一带一路"国际合作高峰论坛上与 UNHCR 达成的协定，这对团结共建国家力量致力于难民问题的解决能够起到十分积极的作用，也为形成国际社会在难民问题上的责任共担提供了许多可能性。共建"一带一路"为中国与相关国家打造了政治互信、经贸往来与文化交流的平台，而该平台一方面能够使共建国家形成责任共担的命运共同体，另一方面有利于各国实现共同繁荣——为区域型难民团结机制的构建提供了必要性与可行性。可是，正如前文所言，短时间内难以促使国际社会在难民权利保护上形成更为具体且有针对性的共识。所以，在《难民公约》《难民议定书》构建的难民权利体系下通过区域型团结机制进一步细化难民责任分摊、权利保护与长久解决方案的具体路径。由此，公平分摊区域内各国的难民保护责任以转移部分国家的甄别、安置压力，适应避难者的实际需求与接收国的安置能力使难民权利得到更为充分、周延的保护。当前，共建"一带一路"为中国与共建国家建立了在政治、经贸等方面更为紧密的联系，这种紧密联系能够为区域型难民团结机制的建立提供良好的基础与充分的必要性。

三、全球难民问题发展趋势与中国因应

俄乌冲突发生后，一时之间无论是周边国家接收难民数量还是乌克兰境内的流离失所者数量剧增。在欧洲难民危机尚未得到根本性解决，气候变暖使更多人流离失所的今天，俄乌冲突无疑使得全球难民问题雪上加霜，难民危机已然成为国际社会必须正视的挑战。从全球难民的构成与难民问题所困扰的国家、地区分布不难看出，难民问题的影响范围在不断地扩大，单纯依

靠某一或某些国家的力量是难以从根本上解决这场人道主义危机的。作为休戚相关的命运共同体，各国在应对难民危机时应"在追求本国利益时兼顾他国合理关切，在谋求本国发展中促进各国共同发展"[1]。

人类命运共同体理念下，中国应团结国际社会在共同应对难民危机时须从国家、区域、世界三个层面进行考量，而"一带一路"所构建的共建国家在经贸、文化、政治上的紧密联系则为区域型难民团结机制的构建提供了便利。作为负责任的大国，面对难民问题这一全球性人道主义危机，中国不仅应直接承担难民的庇护义务，同时还可从以下两个方面入手为国际社会应对该问题贡献力量。

首先，中国应利用自身政治影响力积极敦促冲突各方以协商对话代替武力冲突，并团结各国适应新形势、根据新问题制定有利于国际社会发展的新规则。近年来，随着难民问题的不断发酵，1951年《难民公约》与1967年《难民议定书》的缺陷日益暴露，即便是多次"更新换代"的都柏林体系在当前危机下也显得力不从心。"法者，治之端也。"法律制度应当适应问题的特征与变化做出调整，使治理有法可依。从成本上看，有效的协商对话成本低、收效好。团结各国依据客观情况调整现有规则、制定新的规则，有利于提高国际社会的风险预防能力、从根本上解决难民问题的症结。

其次，中国可以利用自身优势参与国际社会援助难民的实践。共建"一带一路"与人类命运共同体理念从实践上、思想上为团结更多的国家参与到难民问题的应对中创造了更多可能，为未来区域内难民团结机制的建立与国际社会关于难民权利保护的更广泛合作提供了良好的前提。而中国的优势并不仅限于此，中国制造业生产效率高、产能巨大，面对突如其来的危机能够快速应变，能够快速为避难者提供充足的物资保障。此前，中国接收难民的构成较为复杂，积累了丰富的安置、遣返难民的经验，可以为 UNHCR 的人道主义救援工作提供有力帮助。

一直以来，中国政府始终谨慎遵循人道主义精神，认真履行以《难民公约》《难民议定书》为核心的难民权利保护义务。不仅直接接收并安置了大批

---

〔1〕 胡锦涛：《坚定不移沿着中国特色社会主义道路前进 为全面建成小康社会而奋斗——在中国共产党第十八次全国代表大会上的报告》，载《前线》2012年第12期。

难民，为他们在中国的长期居留提供充分保障，还积极参与国际社会对难民进行人道主义救援的各项工作，包括但不限于对 UNHCR 以及其他接收难民的国家进行资助、利用政治影响力引导冲突各方协商对话。与此同时，人类命运共同体理念明确了在国际性挑战的应对与责任承担中各国应从国家、区域、世界这三个视角进行统筹考量。事实上，中国长期致力于促进自身健康发展、带动区域协调发展、团结世界共同发展，充分展现出大国的实力与担当。难民问题已逐渐演变为威胁全球安全与发展的难题，而该问题的核心在于对避难者人格尊严、基本权利与自由的尊重和保护。未来，中国仍需在科学理论的指导下，为难民问题的根本性解决不断提高自身实力、凝聚区域内国家力量、努力帮助实现国际社会在该问题上的广泛合作。

结　论

　　伴随国家主权理念的发展，国与国之间的有形与无形之界似乎愈发明显。"法律旨在创造一种正义的社会价值。"[1] 国际法上的难民权利保护应以实现难民之平等与自由为归宿，以《难民公约》《难民议定书》为核心的现行国际难民法构建了一套底线明确的难民权利体系，该体系以时间为轴线，伴随避难者与避难国权利义务关联得愈发紧密而给予难民更接近避难国内其他任何人的权利范畴与优惠待遇。国际法上的难民权利体系恰好符合约翰·罗尔斯在《正义论》中所述的正义的两个原则，社会与经济客观上的不平等被合理安排以使之符合每个人的利益，《难民公约》缔约国最初仅负担保护难民生存、发展所必需的那部分基本权利的责任，此时难民与避难国公民处于相对平等的地位。当难民与避难国之间的权利义务关系愈发紧密时，难民应逐渐拥有与避难国其他任何人相似甚至相同的权利体系——无差异的权利与自由，这是现行国际难民法所期待实现的最终平等。平等与自由是正义的题中应有之义，国际法上的难民权利保护期望通过实现难民与其他人之平等的自由，与难民自身自由的平等以实现正义的价值。而在具体评价时，正义价值之判断应考虑国际法上的难民权利体系是否是有序地排列组合的，这影响着整体正义的实现；秩序价值之判断需考虑难民权利体系之构成以及与国际法上的人权体系这一整体的关系。只有各部分有序排列组合、协同运作时才有利于实现难民之平等的自由——至少是与其他任何人相对平等的自由，并逐渐靠近绝对平等的自由。国际法上的难民权利保护意在使避难者获得公平的正义，

---

　　[1] [美] E. 博登海默：《法理学：法律哲学与法律方法》，邓正来译，中国政法大学出版社2004年版，第330页。

难民权利保护需要从甄别到安置、从避难者权利行使到避难国义务履行的各环节、各部分有序运转。

国际法上的难民权利保护，仅着眼于对权利类型的规定是不够的，避难国义务与难民权利是难民权利保护的一体两面——没有避难国的难民权利保护义务之履行，那么难民享有的为法律所规定的权利便不具有实质性意义。作为社会一员的难民，其权利在未获得国家主权许可前是难以实现的。被申请国的庇护义务或来源于公约，或来源于区域型分摊机制下的承诺。除此之外，考虑到一国对于其内部事务的主权，被申请国同时还拥有两项权力——对避难者的甄别权与对难民的驱逐权。社会契约下，国家有了对内支配其成员的权力与为公共福祉之实现、对外维护本国利益的权力，这种为公意所指导的权力便是主权。被申请国通过行使甄别权明确申请者是否为国际保护的受益人，以此确定本国庇护义务存在与否。被申请国通过行使驱逐权将危害本国国家安全、公共秩序者，即使其为难民，驱逐出本国，以防止本国社会公共福祉遭遇侵犯。

《难民公约》作为国际人权法特殊且重要的组成部分，价值之一便是规定了每项权利的待遇标准。待遇标准即缔约国对于权利的执行标准，反映的是权利的实现程度，在《难民公约》起草时，各国在不同权利之待遇标准的划定上便存在较大分歧。国际难民法中难民权利待遇的底线是一般外国人待遇，考虑到难民所处的不利处境，避难国在结社权与以工资受偿的被雇佣权上给予了避难者最惠国待遇，对难民权利中最为基础的保障性权利予以特别关注。不仅如此，《难民公约》还通过互惠豁免要求缔约国在符合公约规定的情况下给予难民更为优惠的待遇。这项要求意在使长期居于避难国或与避难国建立了更为紧密的权利义务关联者获得与该国国民尽可能相似的对待，以帮助难民在该国地位的正常化，使其尽可能快速融入该国社会。与此同时，现行国际难民法还关注于难民中的某些特殊群体。无论是国际法还是部分国家国内立法、区域立法中均给予了妇女、儿童权利与权利保护上的优待，而国际法对于家庭团聚权的保护也旨在使避难者更为充分地实现其权利。

现行国际难民法上的难民权利具有不可克减性，但这并不等同于缔约国在任何情形下均不得对避难者进行必要的限制。在部分区域、国家立法中，通过转移避难者的管辖权在甄别之前将避难者转移出本国，如第一入境国、安全第三国、安全来源国等原则均未能切实达到合理分摊避难者的效果，而是以避难者来回辗转于各国之间、长期颠沛流离为结果。而对于原在国保护的不当认定，也使得部分避难者难以主张受庇护权。甘地认为："一个国家的文明程度取决于如何对待少数人。"实践中，部分国家利用相关原则逃避庇护义务的做法无疑违背了国际法上人权保护的基本遵循，也切实反映出难民权利保护的困境。从自由到权利再到许可，国际法上的难民权利保护这一命题在实践中分化出了对立的两面。气候变化所带来的移民问题又使现行国际难民法甚至现行国际法面临巨大挑战，简单地对某些规则进行调整是无法适应当前移民问题的复杂性的。而面对前述种种问题，除在当前国际人权法框架下另寻权利救济路径外，构建区域型难民团结机制实现难民公平分摊，制定动态安全来源国清单提高甄别效率才是面对大规模人口非正常流动时国际社会的破局之道。

涂尔干认为自然状态下的人是彼此独立、相互没有联系的。[1] 在社会特别是城邦出现以前早期人类便是处于自然状态下的，人之自由是不受外界限制的，只服从于自己的意志人之生存、迁徙、发展均不受除自己以外任何人的约束。当然，自然状态下个人权利保护的义务承担者也只能是其本人。伴随着社会的逐渐形成，社会契约下为公共福祉之实现，个人让渡出部分权利与自由构成政治体（主权）[2]。而法律与主权同时出现，法律确认了主权应当保护的个人利益与自由。值得注意的是，个人所享有的权利体系中有一部分权利是经由法律确认的利益——主权者授予此种利益免遭侵犯的权威，如结社权；而有一部分则是人与生俱来的权利，这部分权利便已具有不容侵犯性，如生命权、自救或寻求保护的权利。即使，通常这部分权利亦会为法律所确认保护，可是其不容侵犯的权威却并非来源于主权者的授予。由此，社会契约下个人让渡权利以获得来自主权的广泛保护，也受到来自主权的限制。

---

〔1〕 参见［法］爱弥尔·涂尔干：《孟德斯鸠与卢梭》，李鲁宁、赵立玮、付德根译，上海人民出版社 2006 年版，第 92 页。需要说明的是，涂尔干认为自然状态即一种和平的无政府状态。

〔2〕 参见［法］卢梭：《社会契约论》（第 3 版·修订本），何兆武译，商务印书馆 2003 年版，第 38~41 页。

个人权利保护的义务承担者通常是获得了其让渡出的权利的主权——国籍国或经常居住国。是故，并非所有国家都甘愿承担对于难民的兜底保护义务，因为难民并非主权所服从的普遍意志的主体。《难民公约》允许缔约国行使甄别权确认寻求庇护者是否为国际保护的受益者，难民为国际法所确认的权利须经被申请国许可才得以实现。逐渐地，这种许可并不直接因符合国际法上的难民定义便可取得，避难者因申请具有不可受理性、原在国可提供转移保护等原因而无法获得权利保护，甚至在到达被申请国边界前便被拦截、驱逐。寻求庇护者向被申请国寻求的权利保护逐渐转变为寻求该国的主权许可[1]，即使获得避难国许可后避难者可获得权利保护，但是被申请国所确认的往往仅是避难者受到庇护的资格，而非本国对于避难者的庇护义务。关于难民权利保护的国际法发展所面临的真正挑战是国际社会对于人权保护的决心，甄别、分摊的根本目的在于使真正的难民能够获得切实的保护。然而，正如詹姆斯·哈撒韦教授所言，现行国际难民法的价值正在遭遇缔约国权利滥用所引发的信任危机。

　　国际法上的难民权利保护并不以《难民公约》所规定的权利与待遇之实现为终点，而是以保护难民更广泛的权利与自由为目标。社会的形成与发展在某种程度上对人类的自由形成了限制，个人让渡出部分权利以形成公权力。然而，权利的运转并不以对个人权利的限制为最终目的，且只有在紧急状态下法律才允许政府十分有限地克减其权利保护的义务。个人自愿接受公权的限制通常是以获得更广泛的权利与自由为目的的，国际法上的人权保护并不止步于人权条约规定的内容。难民权利保护意味着国家需承担起保护非本国国民之权利与自由的责任，由于避难国此前并非避难者让渡个人权利的对象。因此，现行国际法所确认保护的难民权利范畴十分有限。可无论是难民自身发展的需要，抑或是伴随社会发展人格尊严与价值的实现对个人享有的权利、自由之范畴及其待遇不断提出的更高诉求，均表明国际社会、区域、避难国均应从不同维度给予避难者更为周延的保护。国际法上难民权利保护的核心并非使难民长期处于某种有限的保护之中，对于难民与避难国公民或其他外

---

　　〔1〕　See Maurizio Albahari, "From Right to Permission: Asylum, Mediterranean Migrations, and Europe's War on Smuggling", *Journal on Migration and Human Security*, Vol. 6, No. 2, 2018, p. 126.

国人的不平等安排仅是暂时的。国际法上的难民权利保护应当以使难民能够平等地享有与其他任何人所拥有的最广泛的权利与自由为归宿，如此才能实现罗尔斯所阐释的公平的正义价值。

后 记

　　"莫问野人生计事，窗前流水枕前书"，大抵可以描绘我在完成书稿过程中的状态，这是一段可以心无旁骛地埋在书堆里的时光，紧张、安宁又满足。在 2016 年冬天泮池畔国际公法的课堂上，我第一次接触到国际法上的难民问题，至今已有 8 年。

　　感谢我的导师马呈元教授，在本书写作过程中对我的帮助与指导。2019 年冬天第一次向老师提出希望以难民保护为方向为我的博士毕业论文主题，2020 年秋天向老师提交了第一份较为完整的大纲，至 2021 年深秋时完成初稿，在这个过程中老师与我常常就相关问题进行交流。老师不仅对我的初稿予以详细、耐心地指导，生活上也给予了我极大的帮助与关心。2021 年初秋，北京突遇大幅度降温。彼时，初稿正写到关键点，一次去办公室向老师请教问题，老师注意到我在十月便早早裹上了厚厚的袜子。没多久，收到老师的信息告诉我办公室里有电暖器可以使用。平日里，老师看到相关的书籍、资讯会发送给我，并就其中需要关注的重点、难点与我进行讨论。从选题到写作的整个过程，老师总是不厌其烦地为我解答疑惑。有时，写作遇到困难我会背上电脑去办公室向老师请教，常常一聊就是几小时。攻读博士学位期间，老师在国际法领域的高深造诣、严谨求实的科研精神、平易近人的学者风范让我看到了知识分子的实然与应然之一致，也让我愈发坚定了从事国际公法研究之决心。如果没有老师的用心教导、鼓励与帮助，本书是难以顺利完成的。"师者，所以传道受业解惑也。"我的导师让我深刻理解了何为"三尺讲台系国运"，他的治学态度也深深影响着我、激励着我。

　　感谢我的博士后合作导师孔庆江教授，老师对我的研究给予了慷慨的指导。孔老师谦虚、谨慎的治学态度与开阔的研究视野让我获益良多，听老师的课、与老师交流总是能够帮助我打开思路、加深对研究内容的理解。我常常震撼于老师深厚的学术功底和多元的研究视角，也常常以老师为榜样勉励自己。在站期间，在老师的指导下对于前期写作中未能展开的点予以深入研究。老师对于相关问题的敏锐度以及驾驭宏观问题的能力让我意识到未来在国际法学领域的研究任重道远。感谢老师、师母对于我学习、生活无微不至的关心，使独自在外求学的我倍感温暖，工作后的许多个夜晚是在师门有趣的交谈中度过的。

感谢中国社科院的赵建文教授认真地阅读了论文并提出诸多宝贵的意见与建议，使我受益匪浅。感谢国际法学院郭红岩教授、林灿铃教授、朱利江教授与高健军教授在攻读博士学位期间对于我的教导。三年里，有幸在课堂上、在各类丰富的学术活动中、在日常学习遇到疑惑时得到老师们的指导，由此对所学有了更为深切的认识与理解。感谢王传丽教授，我接触的第一本国际经济法教材便是由王老师主编的，集体指导课上王老师曾这样问过我们："仕子何以治学？我们做学问是为了什么？"那一刻，年过七旬的老者立于三尺讲台前的样子，至今记忆犹新。

感谢上海大学法学院的李本教授一直以来给予我的关爱，硕士研究生的第一堂课上李老师说："希望经过三年的学习之后，你们能够更加自信和从容。"在老师的指导下，我完成了自己的第一篇国际经济法小论文。老师耐心地告诉我学术论文应当怎样选择关键词，又应如何清晰地传达论文逻辑。在李老师的鼓励下，我鼓足勇气报考马呈元教授的博士研究生，继续我的学术生涯。2020年冬天有幸与老师在北京见了一面，在得知我的选题以后，李老师说："这很好，这个领域很艰深，要能扎根下来深入研究。"每当老师看到与我研究相关的论文、新闻、会议信息都会转发给我，帮助我尽可能地掌握前沿信息。无论是在硕士期间还是攻读博士学位阶段，李老师始终是我的学习榜样。她让我看到一名优秀的女性学者一丝不苟的治学态度、坚韧独立的精神世界与对生活的热爱。"不怕风狂雨骤，恰才称，煮酒笺花"，第一次读到这首词的时候，脑海中浮现的便是李老师的形象。2020年初，李老师将她的诗集《秋月曲》寄给了我，隔离在家的那段时间，有时读着诗仿佛可以看到老师哼着歌走过蔷薇盛开的山墙，手持绣线菊向友人细数路边肆意生长的枝丫……

　　书稿的完成之于我既是终点也是起点，在这个漫长的过程中，如果没有来自家人的爱与支持，我是难以顺利完成的。感谢我的爷爷、奶奶，我的成长离不开他们悉心的照料与无条件的关爱，他们养育了我的母亲又呵护我长大。感谢我的舅舅、舅妈、小姨、姨父，他们从未缺席过我人生中的每一个重要时刻，让我在幸福的大家庭里茁壮成长。感谢赵梓钦同学在本书撰写过程中从数学角度给予的帮助，我常常在与他讨论后豁然开朗。感谢杨雨昕同学从不吝啬于分享一些颇具启发性的观点，与她的交谈通常是精彩、愉快的。

　　感谢我的父母，他们给予我的毫无保留的爱、理解与照顾，使我得以毫无顾虑地追求自己的理想。在决定读博的时候，我请父亲写了一幅字赠我——"西天取完了经，东边应该还有"。博士毕业那年生日，他又写下"山光满几"赠我。因为有想要实现的目标，多年来离家求学，作为女儿自私地缺席了许多父母需要我在身旁的时刻。然而，我的父母对此毫无怨言，无私地对我倾注了全部的爱，特别是我的母亲。母亲在事业上十分出色，可为了照顾家庭她错过了许多很好的工作机会，她总是告诉我"有梦想就去努力试一试，不试怎么知道不可以"。一直以来，我都在书包里装满自以为的梦，固执地相信荒野也会开满玫瑰。而父母永远保护、陪伴着我，为我在小孩和大人的转角盖了一座城堡。这些年在电话的那头，他们听我絮叨着生活、学习里的琐碎，将我的那些微不足道的小事当作最重要的事。在被问起近况时，却从来报喜不报忧。"时间的电影结局才知道"，我不知道我的任意门会通向哪里，也不知道未来究竟有多远，但我知道父母始终站在我回头就能看见的地方。

　　2015 年，艾兰·库尔迪（Aylan Kurdi）沉睡般躺在土耳其海滩的照片引起了国际社会对于难民困境的关注。稚子何辜，究竟是什么让原本充满可能性的生命过早地凋零？在完成硕士毕业论文时，我意识到或许我离这个问题的完整答案还有很长的路要走。于是，我确定了攻读博士学位期间的主要研究方向与论文的主题。有时，面对一些触目惊心的资料、数据或图片，我会庆幸自己生活在一个和平的国家，而和平是如此来之不易。于难民而言，他们的真实生活可能无法回答"那黑的终点可有光，那夜的尽头可会亮"。库尔迪失去了长大的机会，萨尔瓦（Salwa）以为每天的爆炸声是有人在和她做游戏，基里巴斯的许多家庭因为饮用水资源短缺、土地盐碱化而面对着频繁发生的暴力冲突，难民的世界或许没有那么多英雄电影的情节。

伴随研究的不断深入，我逐渐意识到难民问题的症结并不在法律。满目疮痍的背后，是贪婪越过了底线。但是，正如《荀子·君道篇》中所言"法者，治之端也"。法律能够给予避难者兜底性权利保护，法律可以降低个人权利与自由受侵害的可能性，法律可以维护公平的正义，而这些正是国际法上难民权利保护的目的与价值。约翰·列侬在"Imagine"里描绘了一个没有杀戮、死亡、贪婪和欲望，紧紧凝聚在一起的世界，所有人生活在和平之中。而我始终相信这并非不可到达的乌托邦，筑起城墙不是为了阻挡所有自由渴望，人们生存的尊严不应淹没于战争、冲突、上升的海平线、对于领土与资源无休止的掠夺之中。

撰写书稿的过程仿佛是对过去几年的回顾，时常写到某处时会回想起在读某篇文献、写某篇论文或翻译某个案例时发生了些什么。在此谨向中国政法大学出版社的编辑老师们表示由衷的感谢，没有各位的辛苦付出，本书是难以面世的。在一期一会的人生旅程中，感谢我的朋友们，我们搭着肩环游无法遗忘的光辉世界。感谢五月天的歌在耳机里陪我走过日升日落，陪我看天地辽阔。完成初稿的那一刻，出乎意料地没有觉得如释重负，终于写下正文最后一个句点的同时一段旅程似乎也即将到达终点。很幸运，人生中可以有这样一段心无旁骛读书的时光。"走过的叫足迹，走不到叫憧憬"，期待未来的旅程中也同样有热爱、有遗憾、有未知的前程。或许，在未来贫瘠小行星也可以种出一棵玫瑰。

汪　阳
2024 年 5 月
于蓟门桥南小月河畔